Au creux de nos bras

Au creux de nos bras

Jeanne Yliss

ROMAN

ISBN papier 978-2-9567470-9-3
Dépôt légal : novembre 2022

Édition Indépendante

Jeanne YLISS-12450 LUC
Crédits photos couverture et 4ème de couverture : Boskorelly - DepositPhoto / Arisara Tongdonnoi - Istock
Relecture et correction : Émilie Robert

DU MÊME AUTEUR

Pas sans lui
Dis-lui au revoir
Et je suis devenue le vent
Le mensonge des mères
Le silence du violoncelle
Les cocottes bleues

Retrouvez tous mes romans en scannant le QR code ci-dessous

Retrouvez-moi sur mon site internet jeanneyliss.fr
Suivez mon actualité sur Instagram et Facebook @jeanneyliss

TÉLÉCHARGEZ LE BONUS DE LECTURE À LA FIN DU ROMAN

DÉDICACE

Il est des femmes qui sont mères, d'autres qui ne le sont pas. Certaines qui l'ont été, et qui ne le sont « plus ». Il existe des femmes qui ne deviendront jamais mamans, alors qu'elles en rêvent, et d'autres qui refusent de le devenir, même si elles n'osent pas toujours l'affirmer. Il est des mères avec des enfants qui ne sont pas ceux dont elles avaient rêvé. Il existe des mères malades, des mères absentes, des femmes qui se sont noyées dans la maternité, des mamans solos. D'autres qui ont vécu des parcours PMA avec, au bout du chemin, des espoirs déçus, un vide jamais comblé, ou au contraire, une lueur. Des mamans qui se sentent seules, dépassées, égarées, abandonnées et d'autres qui sont comblées, épanouies, réalisées et complètes. Des mères qui ne sont pas les génitrices, des belles-mères, des mères par adoption, des mères de cœur.

Parce qu'il n'existe pas qu'une façon d'être femme et qu'être femme ne signifie pas devenir mère obligatoirement.

À vous, à toutes les femmes, que vous soyez mères, ou pas, ou « plus ». Que vous aspiriez à le devenir, ou non.

Vous êtes admirables.

Vous êtes des héroïnes.

Ne laissez personne juger votre façon d'être femme. Chacune est unique, chaque parcours est singulier. Ces récits sont les vôtres. Merci de m'avoir ouvert votre cœur.

Avec toute ma bienveillance,

Jeanne.

PARTIE 1

Loïse, Olga, Mia

1 — LOÏSE

Fin juin

Il y a des matins, lorsque tu te réveilles, tu te dis : « Ah, ça, c'est une belle journée qui s'annonce ! ». Et puis, sans que tu le voies venir, ça dérape. Aujourd'hui est une de ces journées, traître, déloyale, qui me récompense de ses foutus dérapages incontrôlés. Pourtant, les oiseaux chantent. Le soleil brille. Les platanes frémissent sous l'effet d'une brise frénétique. Le tableau semble idyllique pour une agréable après-midi en famille le long du canal du Midi. Pas pour un coup de massue.

Après avoir installé Paul dans sa poussette tout-terrain, j'attache Frimousse au bout de la laisse de footing. Je visse le casque sur la tête de Côme avant qu'il ne grimpe sur son tricycle.

— Tout le monde est prêt ?

Frimousse aboie, oreilles au vent, truffe à l'affût. Faisant vibrer son casque, Côme secoue son crâne avec vigueur pour confirmer. Je n'attends pas de réponse de Paul. À dix mois, il est aussi bavard et amimique qu'une girafe. Parfois, cela m'inquiète. Le pédiatre balaie systématiquement mes objections.

En signe de départ, je lève le pouce.

— Allez, les champions, go !

— Go, répète mon perroquet en écho avant d'appuyer de toutes ses forces sur ses pédales.

Notre quatuor avance glorieusement. Frimousse, queue frétillante, m'entraîne avec la laisse ceinturée autour de ma taille. On trottine vaillamment en mouvements désaccordés. Mon téléphone sonne, je réponds grâce à l'oreillette toujours prompte à effectuer son job.

— *Hey*, ma douce ! Tu cours ?

— Le mot est ambitieux, mais c'est l'idée, dis-je dans un éclat de rire.

— Apéro à l'appart avec les potes ce soir, possible ?

Mentalement, je demande la permission à mon agenda. Demain, c'est jeudi. Qui dit jeudi, dit petite journée.

— C'est tout bon pour moi !

À l'autre bout du fil, Ben claque sa langue contre son palais. Je l'imagine lancer un clin d'œil en accompagnement de son bruitage.

— Cool. Je gère !

— Ça marche, *my love*. À tout' !

— À tout', ma douce.

— *Redade* maman, je suis aussi fort que papa, s'enthousiasme Côme, les yeux pétillants.

Il nous a devancés d'une vingtaine de mètres, ce qui le réjouit. Il reprend sa course, penché sur son guidon, poussé par le vent qui a forci.

— C'est vrai, mon cœur, tu es fortiche !

Soudain, un monstre géant à poils longs s'approche de nous. Frimousse, totalement inconsciente de ses mensurations, décide de le défier. À moins qu'elle ait un ego démesuré, je n'ai pas encore tranché ! Elle se sent pousser des muscles et sort ses crocs (qui ressemblent davantage à des dents de lait) ce qui excite son congénère. Ce dernier passe de l'indifférence au grognement franchement menaçant.

Paul surréagit, comme souvent lorsqu'un bruit le dérange. Il se met à hurler et à battre des pieds. Le monstre saute sur notre jack russel qui boxe dans la catégorie poids plumes (ou poids poils). Tandis que je suis secouée comme un cocotier dans la tempête par leur close combat, j'ordonne au gros chien de déguerpir. Sans grand succès, je dois l'admettre. Mon gabarit de têtard ne doit pas l'impressionner outre mesure. Frimousse lâche un cri déchirant, proche de celui d'un train lancé à toute vitesse et qui freine brutalement. Le maître du monstre arrive, tout essoufflé, dégoulinant de sueur, enveloppé dans un pull à col roulé et un pantalon en velours. Cet idiot a dû oublier de vérifier la météo avant de sortir. Pourtant, il y a un indice incroyable pour informer qu'il est temps de ranger les fringues d'hiver : on est fin juin !

— Brutus, au pied ! Au pied !

Mais Brutus s'en bat les cacahuètes. Degré d'autorité de ce foutu maître en carton : zéro. Qu'il s'achète un chihuahua plutôt ! Paul porte ses paumes à ses oreilles et s'agite de plus belle. Je tire sur la laisse pour dégager Frimousse tandis que le maître en carton attrape son Cerbère par le collier. De l'autre main, je secoue la poussette pour bercer Paul. Ou l'assommer, vu l'énergie que j'y mets. Ses petits poings serrés, il s'égosille. Il vire au rouge à en faire pâlir de jalousie la plus belle des tomates d'été. Côme est descendu de son vélo et court vers nous le plus vite possible. Il s'entrave, tombe, se relève rapidement. Frimousse continue à gémir, elle saigne. Mon fils aussi, son genou est écorché. À croire qu'ils ont décidé de concourir à qui participerait au don du sang le premier. Je voudrais leur expliquer qu'ils sont trop légers, trop jeunes, et trop canidé pour l'un des deux, mais le moment paraît mal choisi.

Brutus grogne, bondit sur place, immobilisé par son maître qui le tient serré au collier et se confond en excuses. Si je n'étais pas coach en développement personnel, je testerais sur le champ l'efficacité de mes cours de Krav-maga. Mais mon mental surpuissant neutralise mon genou docile qui abdique, bien qu'il meure d'envie de heurter (par inadvertance) l'entrejambe de cet abruti. Je grommelle un vague « C'est bon » et m'accroupis. J'évalue les dégâts chez Côme et chez Frimousse.

Maître de Brutus s'excuse une nouvelle fois avant de disparaître du paysage, emmitouflé dans ses vêtements d'hiver. Sans même proposer son aide. *Pauvre type !* Il devrait s'offrir un chihuahua ET un tee-shirt ET des cours de savoir-vivre. Je peux lui dresser sa liste de Noël s'il manque d'idées.

— Comment ça va, mon petit cœur ?

Côme n'est pas qu'un perroquet. C'est aussi un super héros. Il n'a pas de cape, mais c'est tout comme.

— Même pas mal !

Il exhibe fièrement sa blessure sous mon nez.

— T'es vraiment un champion.

Je cherche un mouchoir en papier que j'humidifie et le lui donne. J'ajuste sa cape invisible comme à chaque fois qu'il relève un défi sans sourciller. Puis on choque nos poings en signe de victoire. Pendant qu'il nettoie sa blessure, j'inspecte notre chienne.

— Pour Frimousse, par contre, je pense que c'est plus grave.

La queue basse, les oreilles aplaties, elle reste vautrée au sol en mode descente de lit à poils ras. Elle gémit toujours tandis que je remarque un filet de sang qui s'écoule d'une de ses pattes. Je ne peux m'empêcher de grogner entre les dents.

— Connard !

— T'as pas le droit. Tu mettras le euro dans la boîte magique.

Sous les reproches de Côme, moi aussi je prends mon air de chien battu. La boîte magique, instaurée depuis que notre fiston parle, nous paye des restos. Avec Ben, elle se remplit assez vite. C'est un vrai charretier ! Surtout quand il regarde un match de rugby.

— Je crois qu'on va devoir faire un tour chez le véto. On remballe, va chercher ton vélo.

Je jette un œil à Paul qui m'ignore. Le niveau sonore s'est abaissé, il a retrouvé le calme qui le caractérise. J'empoigne Frimousse et la cale sous mon aisselle en lui murmurant des mots rassurants. Des mots simples. Même si Ben dit avec grande fierté qu'elle comprend tout, elle n'a pas un Q.I. de fou non plus ! Je crois que son maître se voile la face quant à ses réelles capacités. Et elle aussi ! Elle vient de nous en donner une belle démonstration.

La vétérinaire nous reçoit en urgence. Une de ses auxiliaires propose de surveiller les garçons pendant que j'entre dans la salle de consultation avec Frimousse. C'est une blessure superficielle. Les points ne sont pas nécessaires.

Lorsque je ressors, je remercie la baby-sitter de fortune qui m'assomme :

— Votre petit, il est autiste, non ?

J'ai pas compris. Elle est auxiliaire vétérinaire ou pédiatre ?

2 — OLGA

Fin juin

Perdue, je regarde le morceau de papier qui encombre mes doigts, où s'imprime une belle liste élaborée avec amour. Ce moment unique devrait s'inscrire dans le registre de ceux que l'on grave à l'encre indélébile dans une parcelle de notre mémoire, pour se le raconter encore et encore, avec délice, à soi, aux autres, telle une sucrerie, suave, moelleuse, réconfortante que l'on mignote du bout de la langue.

Je frissonne, ferme les yeux, respire un grand coup pour vaincre l'oppression qui parcourt mes veines. Je rouvre les paupières ; rien n'a bougé, rien n'a changé, je suis toujours plantée dans ce magasin, égarée au milieu des doudous, de la layette et de divers accessoires de naissance, alors que ce que je voudrais, c'est me téléporter chez moi, me plonger dans un livre et grignoter des crackers, des biscuits ou des olives, qu'importe, pourvu que je soulage mes angoisses. Je laisse mes pensées s'envoler vers ce déballage d'articles de puériculture. Cet étalage de vêtements, tapis, hochets édulcorés et duveteux, sur fond de musique enfantine, me propulse dans un passé à la saveur amère. Dans cet autrefois, j'ai à peu près tout acheté : le nécessaire, le ludique, l'éducatif, le sécuritaire, le superflu jusqu'à l'absurde, avec l'espoir que rien ne pourrait m'être reproché. Pour m'approcher de ce qu'une mère parfaite doit faire et doit être. Pour m'assurer que personne ne puisse se douter et me démasquer.

Sans être invitées, culpabilité et honte rappliquent et, sur le ring, le duel débute pour savoir qui va mettre la raclée à qui. Ces fidèles rivales ont établi leur campement dans mon esprit, elles y ont leurs petites habitudes depuis le temps qu'elles s'y frottent sans ma permission. Avoir maille à partir avec leur présence relève du quotidien.

Alors que je me débats avec mes ressentis grisâtres, une jeune femme s'extasie devant une barboteuse molletonnée, caressant son ventre rebondi. Je laisse les aigus de sa voix m'envelopper. J'aimerais que son euphorie parcoure mon échine, la remonte pour aller transpercer mon cœur afin de me l'approprier. J'aurais tellement voulu connaître cette promesse de jours heureux. La jeune femme fourre son nez dans la barboteuse et un chapelet de superlatifs dévale de sa bouche, un sourire sur ses lèvres, des strass dorés dans ses yeux. Elle la pose, en saisit une autre, tâte, compare la couleur, la douceur du tissu. Elle tient à choisir le mieux, le plus merveilleux pour son futur bébé. Elle est accompagnée de sa mère. Moi, je préfère aborder ce nouveau cap en compagnie de ma solitude.

Je me ressaisis, je dois me lancer. Liste en main, je reprends mon inspection générale en balayant les rayons à proximité, sans savoir vers quelle section me diriger. Je décide d'avancer à pas de loup dans une allée au hasard et tente de trouver les articles sélectionnés par les jeunes parents. Sur le ring, les coups pleuvent sans discontinuer, et comme si cela ne suffisait pas, je sens la migraine se mêler à ma lutte intérieure, c'était prévisible.

J'erre depuis trop longtemps dans cette boutique, une vendeuse s'approche de moi :

— Puis-je vous aider ?

Ses yeux enjoués me dépouillent tandis que mes lèvres restent closes.

— Vous voulez que nous regardions ensemble ce qui pourrait convenir ? insiste-t-elle en penchant la tête vers le bout de papier.

Je pioche en moi la force de me déguiser d'un sourire, puis évalue les prix sur la liste de naissance. Le lit évolutif combiné caracole en haut avec son coût exorbitant, j'imagine que ce cadeau ravira Alice.

— Je vais prendre le lit.

— Bien sûr, se réjouit-elle.

— Avec le matelas. Et l'alèse.

Sous le sourire de la vendeuse qui n'en finit pas de s'élargir de satisfaction, je me sens obligée d'ajouter dans un murmure :

— Et la couette.

La culpabilité a planté ses griffes acérées et a mis à terre la honte avec une stratégie invincible : tout mettre en œuvre pour racheter les sentiments grossiers qui dépècent mon cœur de mère. Je m'en veux, mon menton commence à trembler et des perles d'eau ourlent mes cils.

— C'est votre premier petit-enfant ? me demande la vendeuse avec un sourire attendri.

J'opine en silence.

— C'est normal, c'est beaucoup d'émotions, m'explique-t-elle de la voix experte de celle qui a l'habitude de recevoir des grands-mères réjouies par cette perspective.

Mes épaules se voûtent, mon regard s'évade. Ma conscience en lambeaux, je comprends que devenir grand-mère ne m'apportera pas davantage de joie que d'être devenue mère. C'est ma plaie. Une plaie purulente qui suinte au compte-gouttes, jour après jour depuis trente-trois ans, qui souille ma dignité dans la plus grande solitude.

Si c'était à refaire, je ne serais pas grand-mère parce que je ne serais pas mère.

3 — MIA

3 juillet

Superbe ! Le reflet, que me renvoie la vitrine de l'institut de beauté d'où je sors, me satisfait. Ma jupe à mi-cuisses moule à merveille mes rondeurs équilibrées, mes sandales mettent en valeur mes jambes fuselées, mes cheveux mi-longs et blonds parfaitement lissés retombent sur mes épaules. Je déteste les femmes qui se laissent aller au prétexte qu'elles sont enceintes ou qu'elles viennent d'accoucher. Ne serait-ce que par respect pour elles-mêmes. Mes talons claquent dans la ruelle toulousaine, aux briques rouges arrosées par le soleil, alors que je me dirige vers ma berline garée à quelques pas. En vitrine d'un magasin, une somptueuse robe de naissance m'aguiche. Romy a déjà plus que le nécessaire, mais je suis dingue d'elle avant même de l'avoir rencontrée. Je craque, entre dans la boutique, m'empare de l'objet de désir, paye sans me soucier du prix. Je l'imagine dedans. Ainsi vêtue, elle sera magnifique pour les photos de naissance.

Je rentre chez moi et me prépare un en-cas. Perchée sur un tabouret, au comptoir de la cuisine de notre villa contemporaine, je palpe mon ventre pour la deuxième fois depuis le début du repas. Je ne suis pas de nature inquiète, je laisse ça aux autres. Cependant, depuis hier soir, je n'ai pas senti les petits pieds de Romy me labourer. Même pas née et déjà facétieuse ! Je ne l'imagine pas autrement qu'espiègle, déterminée et courageuse. Le temps de la réflexion, à travers les baies vitrées ouvertes, je laisse mon regard parcourir le jardin parsemé de taches rouge orangé grâce aux dahlias et aux gerberas.

Thomas déjeune à la pharmacie, son officine est ouverte toute la journée. J'hésite à lui passer un petit coup de fil. Je grignote un dernier toast tartiné de houmous avec de la roquette, de l'avocat et des tomates séchées puis me ravise. J'appellerai plutôt Émilie lorsque j'aurai fini de manger. C'est la décision la plus efficace. Inutile d'alerter Thomas pour des broutilles. Je ris ! Je deviens comme toutes ces femmes qui s'affolent pour un rien en fin de grossesse. Quand je vais raconter ça à Thomas ce soir, il va s'esclaffer. Les hormones me transforment, je ne peux pas le nier ! Heureusement, ce n'est que passager. Le manque de certitudes, l'angoisse, très peu pour moi.

Deux heures plus tard, je débarque à la clinique où je suis venue la semaine dernière pour mon rendez-vous de contrôle du neuvième mois. Je me dépêche, sinon j'arriverai en retard à mon cours de yoga prénatal qui débute dans trente minutes. Je me dirige vers le service maternité que je connais sur le bout des doigts. J'y exerce comme gynécologue. Émilie, la consœur qui a assuré le suivi de ma grossesse, m'accueille, détendue.

— Je te manquais à ce point ? dit-elle sur le ton de la plaisanterie alors que nous marchons en direction de son bureau.

— Tu me manquais follement !

Nous n'entretenons pas une relation d'amitié, mais nous nous entendons bien. Nous buvons parfois un verre ensemble après le travail.

— On va gagner du temps et passer direct à l'écho. Installe-toi.

Si une sage-femme m'avait prise en charge, j'aurais eu droit au monitoring. J'aime autant aller droit au but, l'échographie lèvera tous les doutes. Elle barbouille mon ventre de gel, puis elle tourne l'écran de façon que je ne puisse rien voir. Elle sait que si quelque chose cloche, je le détecterai en même temps qu'elle. Avant de m'ausculter, elle me raconte :

— Il m'en est arrivé une bien bonne hier ! Une de mes patientes a déboulé dans une ambulance militaire escortée par quatre motards, pour une urgence. Je la reçois aussitôt. Sa grossesse est compliquée depuis le début, j'étais inquiète par cette arrivée tonitruante. Elle avait des contractions et des saignements, elle craignait de faire une fausse-couche. Comme elle exerce dans l'armée, elle s'est rendue à l'infirmerie militaire. Tu ne devineras jamais ce que lui a répondu le médecin colonel !

Elle marque un temps d'arrêt, se décide enfin à balader sa sonde sur mon abdomen, puis poursuit :

— Mais moi je n'ai pas vu de femmes enceintes depuis mes études, je ne fais que des vaccins ! Voilà pourquoi il nous l'a envoyée si bien entourée ![1]

Je la soupçonne de chercher à me divertir, aussi je ris avec elle. Même si je me moque de son histoire. J'aime les gens rapides et efficaces et Émilie fait partie de ces personnes qui en font toujours des tonnes, qui digressent, expliquent, s'attardent. La seule chose qui m'importe en ce moment, c'est le cœur de mon bébé. Je préférerais qu'elle se concentre sur cet objectif au lieu de jacasser.

Le rire d'Émilie s'éteint avec trop de brutalité dans sa gorge. Je la vois qui fronce les sourcils, me jette un regard furtif puis promène la sonde avec davantage de ferveur.

— Tourne l'écran vers moi.

— Attends, je...

— Émilie ! Tourne l'écran vers moi ! Je veux voir !

La mine décomposée, elle le dirige lentement vers la table d'auscultation. Rivée à la sonde, sa main reste immobile sur mon ventre. Là où le cœur de Romy devrait cavaler, tambouriner, je n'entends que le silence de son inactivité.

— Je... je suis désolée.

Face à moi, mon bébé. Inerte.

— Son cœur ne bat plus.

« Je suis désolée, son cœur ne bat plus ». Cette phrase, que j'ai déjà prononcée, m'est aujourd'hui destinée. À moi. Elle concerne *mon* bébé.

Au même moment, je sens une lourdeur dans mon bas ventre qui me paraît soudain tout à la fois plein et vide, qui semble mou sous ma peau hypertendue. Cette lourdeur, ce « ploc » que m'ont rapporté certaines mamans, indique en effet que Romy a cessé de vivre. L'information met quelques secondes à atteindre mon cerveau. Je vois la main compatissante d'Émilie sur mon avant-bras, ses yeux brouillés

---

[1] Merci à Charlyne pour l'anecdote ☺

de larmes qui me fuient, l'image de Romy à l'écran, aussi figée qu'elle l'est dans mon utérus. Mais je ne comprends pas encore tout à fait. Ce que je constate n'a pas de sens. Ce n'est pas ce qui est prévu. Je dois accoucher d'une Romy en pleine forme dans trois semaines après une grossesse parfaite ; c'est ça, le bon scénario. Et puis je dois me rendre à mon cours de yoga prénatal qui démarre bientôt.

Enfin, « Je suis désolée, son cœur ne bat plus », une phrase habituellement chargée de neutralité, vient fracasser mes oreilles dans une violence inouïe.

— Noooooooooooooooooooonnnnnnnnnnnnnnnn. Non, non, non !

Un cri de bête sauvage à qui on a arraché les entrailles résonne dans tous les recoins de la maternité. Je m'agrippe au bras d'Émilie et la secoue. Elle ment, elle se trompe.

— C'est pas vrai, tu dis n'importe quoi ! dis-je en hurlant.

— Je suis désolée.

Elle baisse la tête. J'explose en sanglots. En écho à celui de ma fille, mon cœur cesse de battre. Il y a deux minutes, je riais. Soudain, tout a basculé. Les murs de l'horreur viennent de se refermer sur moi.

4 — LOÏSE

Fin juin

Depuis les tribunes réservées aux proches des joueurs, j'assiste au dernier match de la saison. Mon homme est rugbyman professionnel au Stade Toulousain. Eh ouais, ça claque ! Son club, c'est comme une deuxième famille. Ils étaient présents pour la naissance de Côme, il y a bientôt quatre ans. Ben séjournait alors en clinique de rééducation pendant plusieurs semaines, à la suite d'une mauvaise blessure. Tous ses potes du club avaient pour ordre de veiller sur moi en son absence. Ah, ces mâles alpha ! À croire que je ne leur semblais pas capable de m'assumer ! Chaque soir, je devais impérativement me présenter au siège du club, pour qu'ils s'assurent que j'allais bien. Avec ma valise au cas où. De vrais petits anges gardiens, sans l'auréole, mais avec beaucoup de muscles. Je trouvais ça mignon et attendrissant, d'autant plus qu'aucun d'entre eux n'était encore papa. Ben et moi, on est le vieux couple de la bande, on s'est connus au lycée. Déjà quatorze ans d'amour !

Le jour J, j'étais donc sur place. Leur journée de travail était terminée, il restait l'entraîneur et deux joueurs. Lorsque je leur ai annoncé que je devais me rendre à la maternité sans plus attendre, panique à bord. D'abord, ils ont voulu m'emmener avec la voiture du coach, un coupé sport BMW, seul véhicule disponible. L'un des collègues de Ben était venu à vélo et l'autre en trottinette électrique (ça me faisait marrer ce mastodonte sur sa trottinette !). Dans un moment de lucidité, ils ont réalisé que la position assise avec les genoux au niveau du menton serait inadaptée. Ma propre voiture était garée devant le club, cependant, à partir du moment où j'ai articulé « emmener maternité », plus rien de rationnel ne s'est produit. Ils semblaient avoir perdu toute capacité à réfléchir posément.

Ils ont foncé chercher une autre voiture et ils ont décidé de m'accompagner tous les trois. Sans doute pour se soutenir mutuellement ! Le premier conduisait, le second hurlait dans les oreilles du chauffeur d'accélérer, le troisième me demandait toutes les trente secondes si ça allait. J'étais celle qui maîtrisait le mieux ma nervosité du quatuor.

Lorsqu'on est arrivés à la maternité, ils m'ont fait descendre devant la porte principale. L'un des gars m'a accompagnée à l'accueil, tandis que les deux autres sont partis garer le véhicule.

— Vous êtes le père, je suppose ? a demandé la secrétaire, qui saisissait les informations administratives notées sur les papiers que je venais de lui fournir.

— Pas du tout ! a répondu mon copain du tac au tac.

La secrétaire a levé aussitôt sa tête de son ordinateur et m'a jeté un œil suspicieux. Puis, les deux autres potes sont revenus, mais, en chemin, l'un d'eux a réalisé qu'ils avaient oublié ma valise dans le coffre. Il est reparti la chercher et le second joueur nous a rejoints, seul. La secrétaire lui a posé la même question et obtenu la même réponse. Lorsque le troisième est arrivé, tout fier, valise en main, elle a affirmé, sûre d'elle :

— Donc, c'est vous le père !

J'ai tellement ri que j'aurais pu faire pipi dans ma culotte (déjà trempée par la perte des eaux) devant l'air désorienté de cette pauvre femme lorsqu'il s'est exclamé : « Absolument pas ! »[2]. Ce souvenir a renforcé davantage des liens bien tissés, quasi fraternels, entre Ben et certains collègues. Pour moi aussi, ils représentent une deuxième famille.

En ce jour de match, sur les joues de mes fils et les miennes, j'ai tracé un trait rouge et un trait noir, couleurs emblématiques du Stade. Écharpes, casquettes, toute la panoplie bicolore nous accompagne. On

---

[2] Merci à Charlyne pour l'anecdote ☺

est au summum de notre forme, prêts à en découdre avec nos adversaires. En découdre à distance et à coups de sifflet. Rien de plus, on sait se tenir !

Le public semble au bord de l'orgasme, et ça empire quand les joueurs pénètrent dans le stade. En transe, les supporters soufflent dans leurs trompettes, sifflent, martèlent des pieds, agitent des banderoles. Paul se met à pleurer. C'est la première fois que je l'amène. C'était une erreur. Surtout que, depuis mercredi, la phrase de l'auxiliaire vétérinaire me turlupine.

Le soir, quand les potes de Ben sont venus boire l'apéro, j'ai observé mon cadet avant d'aller le coucher. Il est resté indifférent à l'appel de son prénom, il ne s'intéressait pas à son environnement. À son âge, Côme était bien plus éveillé. Plus agité aussi. Paul dort beaucoup, il est très calme ! Même un koala a plus de tonus. Sauf quand il y a du bruit, il devient râleur comme le schtroumpf grognon. Alors, pour le préserver (Paul, pas le schtroumpf grognon), j'impose un maximum de silence à la maison. Ben trouve ça pesant, mais je le rassure. Je lui dis qu'en grandissant, ça ira mieux. J'aurais été prête à parier que dans quelques mois, il exigerait de ses fils de la mettre en sourdine.

Je n'en suis plus si certaine.

Je sors Paul de sa poussette-canne et l'assois sur mes genoux, face à mon visage. Je m'étais déjà fait la réflexion, c'est étrange, j'ai l'impression qu'il regarde à travers moi. Comme si j'étais aussi transparente qu'un verre de cristal. Pourtant, j'ai plutôt l'habitude de ne pas passer inaperçue. Avec mes iris dorés, mes taches de rousseur et mon épaisse tignasse roux écureuil qui se balance dans mon dos quand je marche, on dirait que je clignote. Le tout cent pour cent naturel, s'il vous plaît !

Impossible d'apaiser Paul. Il ne veut pas davantage de la sucette que de mes bras. Un mulot lâché dans les rues de Toulouse ne serait pas plus apeuré que lui. Je me résigne, mon fils semble en souffrance, je préfère rentrer. Dans le fauteuil voisin, Côme est happé par l'ambiance. Tout petit et déjà rodé. Un supporter de compétition dans un corps d'enfant. J'attrape son bras pour attirer son attention. Pour tenter de couvrir le bruit ambiant, je hausse le ton :

— On va rentrer.
— Où ça ?
— À la maison.
— Moi je veux pas, il a même pas commencé le *mats* de papa.
— Ton petit frère n'aime pas tout ce bruit.
Côme se braque, croise les bras en boudant.
— Je veux pas ! Il m'énerve, mon petit frère.
— Allez, mon super héros, sois cool, on regardera le match à la télé avec du Coca !
Des lumières pétillent dans ses yeux. Il en salive déjà et se lèche les lèvres.
— Une grande cannette rien que pour moi ?
— Rien que pour toi !
— Avec une paille ?
— Avec une paille !
— Deux Coca ?
Je fronce les sourcils. Paul hurle toujours dans mes oreilles et se cambre pour se jeter en arrière. Je le maintiens de toutes mes forces, mais il commence à peser.
— Dis donc, le négociateur, faudrait pas exagérer. Allez, *go* !
Côme m'aide à rassembler les affaires et on sort des tribunes. Paul s'apaise au fur et à mesure qu'on s'éloigne du vacarme.

Lorsqu'on arrive à l'appartement, j'allume la télévision, son au minimum. Côme s'installe (se vautre plus précisément) dans le canapé. Paul dans les bras, je vais chercher le butin promis au cours de notre négociation. Frimousse a déjà rappliqué aux pieds de Côme, elle tournoie sur elle-même, expression de sa joie. Elle se contente de peu !
Malgré la chaleur, je ne peux pas ouvrir les fenêtres. La semaine dernière, j'ai remarqué que les bruits de la rue incommodaient Paul. Il sursaute, en alerte, lorsqu'une voiture klaxonne, lorsque quelqu'un crie. Je déshabille les garçons, Côme en slip, Paul en couche. Heureusement qu'on n'est pas des épis de maïs, sinon, on se transformerait en pop-corn. Ce début d'été frise la canicule. Vivement qu'on déménage !

Ben gagne très bien sa vie, on recherche une maison à acheter en périphérie toulousaine. Un bout de verdure, une balançoire, un barbecue et une piscine. Notre petit paradis rêvé. En attendant, on s'entasse dans ce soixante mètres carrés non climatisé, aux murs en carton-pâte. Le salon rétrécit, encombré du parc de Paul et des jouets de Côme. J'emmène les garçons dehors dès que je le peux, au jardin public, au bord du canal. Les congés de Ben approchent, il pourra me seconder un peu plus. Il exerce davantage dans la catégorie papa rigolades que papa contraintes, et il excelle dans son domaine de compétences ! Quand on me demande combien j'ai d'enfants, je réponds trois garçons : mes deux fils et mon homme.[3]

Avant de m'asseoir à côté de mon aîné, j'envoie un message à Ben pour le prévenir de notre départ précipité. Puis, je m'oriente vers la rediffusion du match. Incapable de me concentrer, j'observe Paul, assis au milieu de son parc.

Côté psychomoteur, rien à signaler. Il suit les étapes, réglé comme un métronome. Se retourner vers sept mois : validé. Tenir assis seul sans soutien vers huit/neuf mois : validé. Et depuis peu, il amorce un début de quatre pattes. Dans cette position, il bascule d'avant en arrière. Ce n'est pas une boîte automatique. Il n'a pas encore trouvé l'embrayage ni la première, mais ça ne saurait tarder. Il attend ainsi au point mort, en se balançant, avant de s'écraser comme une crêpe sur le ventre.

Côté tout le reste, en revanche, le doute s'immisce. Il est là, planté au milieu de ses jouets, statique, digne d'une carotte dans un jardin. Il ne saisit aucun des jeux d'éveil supposés le stimuler. Il utilise peu ses mains, quand j'y réfléchis. Il a souvent le regard vague. Rien dans son environnement ne paraît retenir son attention.

— *Redade*, c'est papa ! rugit Côme de sa voix fluette, en se levant d'un bond.

Il se met à sauter sur le canapé, cannette en main, et crie :

— Papa ! Papa !

Stimulée, à quatre pattes, oreilles dressées, Frimousse jappe en

---

[3] Petit clin d'œil à Alicia

direction de la télévision. Paul chouine, agacé par le vacarme. Tel un geyser, le coca rejaillit sur le sol et sur la housse qui recouvre le canapé. Côme s'énerve, la cannette s'est vidée de plus de la moitié. Frimousse saute à terre et lèche les flaques, la queue frétillante, la truffe reniflante. Cette chienne mange et boit tout ce qu'elle trouve, mais les sodas sont proscrits pour les animaux. Je m'empresse de l'éloigner de cette mare empoisonnée.

— J'en ai presque plus, dit mon super héros au bord des larmes, louchant vers le fond de sa cannette.

À cet instant, je veux juste du silence, pour m'entendre penser. Je cède sans discuter et vais chercher une nouvelle munition, assurance de quiétude. Je nettoie le sol, passe un gant sur le buste collant de Côme puis l'abandonne devant la télévision. Je veux en avoir le cœur net. Dans la chambre, je récupère mon ordinateur portable, puis reviens auprès de mes garçons. Je m'accroupis devant la table basse. Dans mon champ de vision, mon cadet.

Je tape « Signes d'autisme bébé ». Google, dans toute sa bienveillance, me propose des milliers de pages en moins de deux secondes. Il me fait même d'aimables suggestions : « Signes autisme bébé 4 mois », « Autisme bébé 1 mois », « Photos bébés autistes ». Cette dernière recommandation me laisse perplexe. À ma connaissance, l'autisme est invisible. Enfin, je crois.

Je clique sur le premier site, entre incertitudes et hésitations. Et si ce que je m'apprête à découvrir établit des liens effrayants dans mon esprit ?

5 — OLGA

Fin juin

Ma journée de travail se termine. Garée sur le parking du Conseil Régional où j'exerce, je m'apprête à attacher ma ceinture de sécurité lorsque mon téléphone bipe. C'est Théo, il s'invite à dîner. Il ne s'embarrasse pas de demander la permission, notre table est toujours ouverte. À vingt-huit ans, célibataire devant l'éternel, il considère la maison de son enfance comme une annexe de son appartement où l'on peut se restaurer, déposer son linge sale, et séjourner quelque temps quand *son* besoin de repos devient pressant. Si ce n'était sa stabilité professionnelle, il flirterait avec une vie de bâtons de chaise.

Un collègue passe auprès de moi, il me souhaite une bonne soirée à travers la vitre ouverte. Je souris, range le téléphone dans mon sac, démarre et, en roulant, établis l'inventaire de mon réfrigérateur pour anticiper le menu. Théo a un bon coup de fourchette et Philippe, mon époux, n'a rien à lui envier. Malheureusement, j'ai prévu de pousser le caddie demain, j'ignore ce que je vais pouvoir mitonner avec les réserves actuelles. Peut-être pourrais-je m'arrêter à l'épicerie puis à la boucherie ? L'heure me rappelle à l'ordre : je devrai me débrouiller avec les victuailles disponibles. Je dois me rendre chez mes parents, ce qui m'oblige déjà à effectuer un détour d'une grosse demi-heure aller-retour, sans compter le temps passé auprès d'eux. Chaque mardi, jeudi et samedi, je leur rends visite pour m'assurer de leur santé et de leur confort. Fille unique, leur charge m'incombe compte tenu de leur autonomie décroissante, et ils considèrent que le respect de leurs cheveux blancs leur attribue une priorité incontestable. Au diable le dîner élaboré !

Lorsque j'arrive à la maison, Philippe n'est pas encore rentré. Nous habitons dans un pavillon que nous avons fait construire dans les années quatre-vingt à Saint-Orens, en périphérie toulousaine. L'environnement, calme initialement, s'est peuplé peu à peu, nous sommes à présent entourés de maisons, d'immeubles. Néanmoins, notre logis demeure notre havre de paix, et nous aimons nous y retrouver. Philippe exerce comme commercial, ce qui l'amène à s'absenter régulièrement pour son travail, parfois plusieurs jours d'affilée. J'ai acquis l'habitude d'assurer seule le quotidien, ce qui laisse peu de place pour ma grande passion : les mots. Mon père, agrégé de lettres, et ma mère, linguiste, m'ont nourrie à la syntaxe et au structuralisme, unique pont entre eux et moi. J'ai toujours eu cette sensation de les encombrer, de les déranger. Aimer les mots représentait l'unique moyen que j'avais déniché pour me rapprocher d'eux. Et ce qui aurait pu rester un subterfuge s'est transformé en une passion dévorante.

Dans une autre vie, j'aurais été romancière. Dans cette vie, je suis mère.

Sans prendre le temps de m'octroyer quelques minutes de décompression, je rejoins la cuisine. J'inspecte les placards, le réfrigérateur, le congélateur. Davantage pour le plaisir de feuilleter un livre que par réelle intention de me surpasser, je saisis un des nombreux guides de recettes alignés sur une étagère. Une mère doit préparer des repas sains, équilibrés, variés afin de ne pas exposer ses enfants à d'éventuelles carences ni au fléau de l'obésité. Ainsi, au fil des ans, livres après livres déposés au pied du sapin, ma collection s'est agrandie alors que j'aurais préféré me délecter de Proust, de Zola ou de Stendhal. Le message implicite ne se limitait pas au subliminal : je devais cuisiner ! Par la force des choses et grâce au plaisir que m'apporte la caresse veloutée de ces pages illustrées, je me suis muée en une virtuose de la poêle et un prodige de la casserole. Enfin, je me le figure, puisque les oisillons n'ont de cesse de revenir au nid pour picorer, voire dévorer, à coups de grandes becquées.

La sonnerie du téléphone m'arrache de la contemplation d'un plat de pâtes sublimées par un contre-jour, grâce au talent du photographe culinaire.

— Alors ça, c'est incroyable ! Tu ne devineras jamais ce qui m'arrive !

Alice, l'aînée, qui ne s'encombre jamais ni de « bonjour » ni de « comment ça va ? », a tendance à croire que le monde tourne autour de ses envies, qui deviennent des besoins, et de son existence où tout se transforme en urgence vitale. Je ne parviens pas à m'opposer à ses assauts, même si je dois admettre qu'ils me pèsent. Malgré moi, lorsque je vois son nom s'afficher sur l'écran, j'ai systématiquement une seconde d'appréhension. Mes membres se raidissent en un réflexe animal, primaire, ancré dans mes veines où, subitement, mon sang devient plus chaud, plus épais, et s'écoule avec pénibilité. Je crains toujours de ne pas avoir la solution, de ne pas savoir comment la réconforter, d'être la racine de ses problèmes réels ou imaginaires.

Ce qui contient sans doute une part de vrai. Si, bébé, je l'avais mieux accueillie, mieux aimée, mieux écoutée, elle aurait évolué autrement et nos relations aussi. Les pédopsychiatres ne nous ont-ils pas abreuvés de l'importance des interactions mère-enfant pour forger la personnalité de ce dernier, pour consolider son équilibre émotionnel ?

— Bonjour, Alice. Non, je ne devine pas.

— J'ai crevé en revenant de mon cours de préparation à l'accouchement. Je me suis garée au bord de la route, je faisais de grands gestes et personne ne s'est arrêté ! Pourtant, ça se voit que je suis très, très enceinte, non ?

Je n'ai pas le temps de confirmer, elle poursuit sans attendre ma réponse.

— Dong était encore au travail, j'ai dû appeler une dépanneuse. C'est incroyable ce manque de savoir-vivre !

J'acquiesce et je mets le téléphone sur haut-parleur afin de commencer la préparation du dîner. Puisque les réserves sont à l'agonie, nous mangerons une salade de pâtes, non sublimées par un contre-jour. J'espère que Théo ne m'en voudra pas et appréciera ce repas très simple concocté sur le pouce ; après tout, à cheval donné, on ne regarde pas les dents. Je me retiens de picorer tout en cuisinant, mes formes généreuses sont suffisamment entretenues par mon gros défaut de grignotage.

Alice m'explique ensuite le déroulé de sa journée, me parle de ce qu'elle éprouve à quelques semaines de l'accouchement, m'expose tout ce qu'elle anticipe déjà : comment elle voit le bébé, la hâte qu'elle ressent de faire sa connaissance. Elle m'a expliqué tout cela des dizaines de fois, car ces derniers mois, toutes les conversations n'ont qu'un seul sujet, l'arrivée de Yon, cette petite fille tant espérée.

Yon ira chez une nourrice jusqu'à son entrée en maternelle. Pour la suite, Alice a déjà tout organisé et compte sur les grands-mères pour assurer la garde des mercredis et des vacances scolaires. Je n'ai pas acquiescé, nous discuterons de cette fonction attribuée contre mon gré au moment opportun. Dépanner ponctuellement me paraît dans l'ordre de l'acceptable ; en revanche, devenir la solution à tous les problèmes de manière systématique relève de l'infaisable. Je ne souhaite pas renouveler mes expériences passées, d'autant plus que l'histoire appartient toujours au présent. Car, bien qu'adultes, mes trois enfants requièrent autant d'attention et de disponibilité de ma part. Ils continuent d'aliéner mon temps : invitations imposées, appels intempestifs, demandes d'aide, à chaque jour sa sollicitation, partant du postulat que je suis disponible et disposée à intervenir. Ils devraient avoir acquis une certaine autonomie, pourtant, j'ai souvent la sensation d'être vampirisée par eux, ils me volent ma liberté, me vident de mon énergie, de ma sérénité. Sans compter que le téléphone portable a sonné l'avènement de l'esclavagisme maternel : je dois rester joignable et opérationnelle partout, tout le temps, même absents, même loin, je les sens, là, à côté de moi.

Alice et moi venons de raccrocher lorsque j'entends la porte d'entrée claquer. Je reconnais les pas de Théo qui martèlent le carrelage, puis sa silhouette apparaît dans l'encadrement de la cuisine, devancé par son parfum aux notes de cèdre. Il s'avance.

— Salut, maman !

Du haut de son mètre quatre-vingt-trois, il m'embrasse sur la tête. Il me désigne le sac qu'il tient dans la main.

— Je le dépose direct dans la buanderie ?

— Si tu veux.

Il plonge deux doigts dans le plat de pâtes tièdes que je m'apprête à agrémenter de tomates cerises, d'olives noires et de vinaigre balsamique.

— Tu as fait simple !

J'ai envie de jeter la salade de pâtes à la poubelle et de lui rétorquer qu'il n'a qu'à dîner au restaurant. Que si lui aurait apprécié déguster autre chose, moi, j'aurais adoré me fourrer tôt dans mon lit pour savourer mon roman en cours ! Mais plutôt que de le houspiller, je m'emploie à arrondir les angles.

— Désolée, les placards sont vides.

— Pas grave, dit-il avec un clin d'œil, ce sera super bon, comme d'hab.

Ses yeux me sourient, mon cœur demande pardon.

6 — MIA

3 juillet

Mon visage est baigné de larmes acides qui ruissellent jusqu'à mon entrejambe où ne vit que la mort. Clouée dans ce lit de maternité, j'écoute pleurer les bébés des autres. Seconde après seconde, en attendant l'arrivée de mon mari, la violence des paroles d'Émilie m'a envahie jusqu'à l'effondrement.

Mon effondrement.

Thomas pénètre dans ma chambre comme un fou, des perles de sueur sur ses tempes, le col de sa chemise ouverte. Il s'assoit avec douceur sur le rebord du matelas. Il me prend dans ses bras, me presse contre son torse puissant. Il m'embrasse sur le front puis murmure mon prénom.

— Mia, oh Mia ! C'est terrible. Pourquoi ? Pourquoi il nous arrive ça ?

La sage-femme se présente. Elle nous parle d'autopsie, d'incinération, de morgue, du jardin des anges de la maternité, d'enterrement, de notre envie de la voir ou pas, alors que je devrais entendre des mélodies telles que berceau, allaitement, layette. Elle nous parle de mort alors que je venais pour donner la vie. C'est un grand écart irréel. J'entends, mais je n'écoute pas. Thomas est aussi paumé que moi, qui, pourtant, connais déjà tout ça. Nous répondons au hasard « Oui », « Non », « Peut-être ». Nous communiquerons nos décisions définitives un peu plus tard.

Puis, Émilie fait son apparition. Elle salue Thomas qu'elle a croisé lorsqu'il a assisté aux échographies. Elle doit m'administrer les médicaments qui permettront de préparer l'ouverture du col et de déclencher les contractions. J'obéis, sans réagir. Je connais la procédure. Thomas n'a pas bougé d'un pouce, anéanti.

— Voilà, tu vas pouvoir rentrer chez toi, me dit Émilie avec douceur.

— Rentrer à la maison ? répète Thomas, choqué.

— Je viens de lui donner des médicaments pour enclencher le travail. Lorsqu'il sera bien entamé, elle pourra revenir pour l'accouchement.

Hébété, Thomas insiste :

— Mais vous ne pouvez pas la laisser comme ça ! Notre bébé est mort. MORT. Et vous voulez qu'on rentre chez nous avec le bébé mort dans son ventre ?

Émilie cherche mon soutien du regard. Je ferme les yeux. Je n'ai pas le courage, pas la force. Moi aussi, j'aurais préféré une césarienne, être délivrée dans l'instant, ne pas participer. Cependant, un accouchement par voie basse est préconisé pour aider au travail de deuil. Je me prends en pleine figure une triple souffrance : la mienne, celle de Thomas, et celle de mes anciennes patientes qui ont vécu cela elles aussi. Je réalise toute la rugosité et l'atrocité de la situation : rester ici, dans cette clinique où je venais pour un simple contrôle. Ou bien regagner mon domicile en sachant que ma toute petite Romy ne respire plus.

— On va rentrer, Thomas, je ne veux pas rester ici.

Dans les couloirs peints de rose et bleu pastel, je croise une sage-femme, tout sourire.

— Et alors, c'est le grand jour ?

Je me fige une fraction de seconde, puis Thomas m'entraîne par le coude. Je passe devant elle sans un mot. Comment dire l'indicible ?

Dans la cuisine, le pot de tomates séchées me nargue depuis le plan de travail. J'ai à nouveau envie de pleurer. Je me revois quelques heures plus tôt en train de les manger avec insouciance. Le décès de Romy, je l'envisageais comme impossible. Je pose ma main sur mon ventre. Il reste impassible. Tout me paraît irréel, abstrait. Pourtant, il y a cette cruauté bien concrète à affronter : nous devons nous préparer à accueillir Romy sans vie. Je ne la connaîtrai jamais espiègle, déterminée et courageuse.

Je passe devant la porte de sa chambre. J'hésite. J'entends Thomas qui téléphone à ses employés, il les prévient qu'il sera absent jusqu'à la fin de la semaine, ils devront gérer l'officine sans lui. Sa voix s'éteint. Il a raccroché. Le silence. Puis ses pas qui approchent. Il se cale dans mon dos et murmure à mon oreille :

— Tu veux entrer ?

Je ne sais pas, je ne sais rien, je ne sais plus rien. Hier encore, je préparais l'arrivée de Romy. Lors d'une ultime virée shopping, je m'étais laissé tenter par des vêtements trop craquants, et ce matin par une robe, bien que sa commode déborde déjà. J'avais aussi acquis quelques accessoires de décoration supplémentaire. Notamment ces quatre lettres colorées, débordantes de joie, qui semblent danser sur la porte de notre princesse : R.O.M.Y.

Quatre lettres que je m'étais empressée de fixer à peine arrivée. Et que, maintenant, je voudrais arracher. Mon cœur dégringole dans mon ventre et je me mets à tambouriner la porte :

— Pourquoi ? Pourquoi ?

Thomas m'enveloppe et tente de m'apaiser en me berçant. Sans ses bras pour me retenir, je m'écroulerais à terre, comme une poupée de chiffon. Nous sommes de formation scientifique tous les deux : lui docteur en pharmacie, moi chirurgien en obstétrique. Plus que jamais, j'ai besoin de me raccrocher au rationnel, à des explications concrètes, alors que je suis bien placée pour savoir que je devrai patienter jusqu'à l'accouchement, voire jusqu'à l'autopsie pour identifier la cause du décès. Il m'entraîne vers le canapé, m'allonge et part me préparer un thé. Quand il revient, il me couvre avec un plaid. Je grelotte malgré la chaleur estivale, aussi coupe-t-il la climatisation.

Au bout d'un long moment de silence, Thomas prononce les mots redoutés :

— Je vais appeler mes parents et tes parents. À moins que tu ne veuilles le faire.

D'un signe de tête, je réponds par la négative. Il a la décence de s'éclipser pour passer ces appels. Je ne saurai rien de la conversation, de ce qui s'est dit, des réactions et je ne veux rien en savoir. Seule ma douleur, brute, sauvage, indomptable m'importe. Bien que proche de mes parents, je ne suis pas en mesure de supporter leur souffrance, tout aussi légitime que la nôtre.

Le reste de la soirée s'étire avec une longueur sans fin qui dure au-delà de la nuit où je ne dors que par intermittence. Je sens le sommeil agité de Thomas qui tourne et retourne dans le lit. Au réveil, je trouve le courage de pénétrer dans la chambre de Romy, en apnée. Tout s'efface autour du vide du berceau qui remplit la pièce de son immensité. Mon sang se retire de mon corps, je me retiens au mur pour ne pas flancher. Le chagrin a pris possession de ma tête, de mon cœur, de mes pieds et de mes mains. Je ne parviens plus à penser, à bouger, je ne sais plus pourquoi je suis entrée.

Dans un sursaut, je raccroche mes pensées. Je dois préparer l'arrivée de Romy. J'avais commencé à rassembler des affaires dans son sac pour la maternité. Finalement, une seule tenue sera nécessaire, je peux le vider. Je la choisis avec soin. Ce sera l'unique fois où je l'admirerai dans un des habits que j'ai achetés avec tant d'amour et de joie.

Dans cette situation dramatique, mon métier me donne un avantage sur les autres parents : je sais à quoi m'attendre. Et je sais que si je refuse de la voir, de la porter, je le regretterai amèrement. Même si l'idée de caresser son visage déjà abîmé par la mort m'enserre le cœur. En revanche, j'ignore ce que Thomas décidera.

Agenouillée dans la chambre de Romy, sa layette en coton tissé de promesses éparpillée sur le parquet autour de moi, j'hésite entre trois pyjamas. Le rose avec des paillettes que Thomas et moi avons acheté ensemble lorsque nous avons appris le sexe. Le beige, d'un velouté incroyable et sur lequel j'ai fait graver son prénom. Le mauve, offert par ma mère la semaine dernière. Je suis fille unique, elle allait devenir grand-mère pour la première fois…

— Qu'est-ce que tu fais ?

Sans me retourner, je réponds à mon mari :

— Je choisis sa tenue.

— Tu veux que je t'aide ?

— Non. Ça ira.

Si on m'avait dit qu'une mère pouvait passer tant de temps à choisir une grenouillère, je crois que j'aurais trouvé ça ridicule. Il y a bien des choses que je jugeais ridicules jusqu'à quelques heures en arrière. Mais la vie vient de me donner une claque immense qui remet tout en question.

Thomas se racle la gorge et reprend, toujours dans mon dos :

— Mon père viendra m'aider à...

Sa voix s'évanouit quelques secondes, puis il prend sur lui et s'efforce de poursuivre.

— Il viendra m'aider à vider la chambre. Quand tu seras à la maternité.

Mon thorax écrase mon estomac. Je baisse la tête, étouffe un sanglot. Du bout des doigts, j'efface la larme qui s'échappe et glisse sur ma joue.

— Merci, dis-je d'une voix étranglée.

Dans mon malheur, j'ai la chance d'avoir un époux qui gère tout ce que je suis incapable d'assumer. Vider la chambre de Romy, c'est la tuer une seconde fois. Je n'aurais pas pu. Mais je sais qu'au retour de la maternité, mes bras remplis de son absence et de mon chagrin, je ne supporterai plus les signes matériels d'une présence qui n'est pas.

J'opte pour le pyjama que Thomas et moi avons acheté ensemble, avec le bonnet assorti. Ce sera ma façon de lui offrir ce cadeau fait en commun. Je termine son sac et les premières contractions se font ressentir. J'en informe Thomas qui se propose de me conduire à la maternité. Je refuse. Je préfère patienter ici, tous les trois. Je préfère la garder le plus longtemps possible auprès de moi, en moi, avec moi. *Laissez-la-moi encore, encore un peu.* Je ferme les yeux. Que c'est dur ! Que c'est violent ! Personne ne peut être préparé à ça. Strictement personne, même les *femmes fortes* comme moi.

Assis côte à côte sur le canapé, nous caressons mon ventre, nous parlons à Romy. Nous échangeons aussi sur les heures à venir. Thomas souhaite rencontrer Romy, la porter, la prendre en photo. Il veut profiter de tous les instants qu'on nous accordera avec elle. Nous décidons de prendre en charge nous-mêmes les funérailles, d'enterrer notre enfant dans le caveau familial. Hors de question pour nous de confier son corps à la clinique. Thomas me dit qu'il aimerait m'alléger de ma souffrance. C'est impossible.

Dans la nuit, les contractions deviennent trop rapprochées pour attendre davantage. Je me prépare pour la maternité comme je me préparerais pour la guillotine.

Émilie assiste à l'accouchement, même si sa présence ne paraît pas utile. Le personnel se montre bienveillant à mon égard. Excepté l'anesthésiste.

— Bonjour ! lance-t-il en entrant dans la salle d'accouchement.

Une contraction me lacère, je ne réplique pas.

— Ça te coûterait de répondre ?

J'ai envie de lui cracher à la figure. Je les connais par cœur, lui et son manque de tact. Pourtant, je ne l'ai jamais remis à sa place. Ça ne m'atteignait pas qu'il puisse s'adresser ainsi aux patientes. J'ai laissé faire et aujourd'hui je le regrette vivement.

— Col dilaté à deux ? Et tu veux déjà la péridurale alors que t'es primipare ? Ben faudra pas chialer quand elle fera plus d'effet et que t'auras pas encore accouché ! Enfin, t'es grande ; c'est toi qui vois.[4]

Ce discours, je l'ai déjà entendu le débiter. La douleur physique et morale me broie, je n'ai pas la force de répondre. Thomas, en revanche, ne laisse pas passer.

— Soulagez ma femme, faites votre job. C'est tout ce qu'on vous demande.

— Elle est pas en sucre.

Je sens Thomas à deux doigts de lui envoyer son poing dans la figure.

— Accoucher d'une fille morte, c'est déjà assez. Elle n'a pas besoin de vos remarques déplacées.

L'anesthésiste hausse les épaules en signe d'indifférence puis me donne les consignes avant de planter l'aiguille.

Au bout de vingt minutes, la douleur physique s'atténue. Pas la douleur morale. Thomas ne me lâche pas la main, nous restons silencieux la plupart du temps. Moi qui voulais garder Romy le plus

[4] « Anecdote » vécue par votre humble conteuse…

longtemps en moi, à présent, je ne souhaite qu'une chose : sa naissance. Je veux que le travail s'arrête, qu'elle sorte, qu'on en finisse. Tout ça me paraît interminable. Je suis allongée sur cette table depuis près de sept heures. Même si je sais que ça n'a rien d'anormal pour un premier accouchement, c'est long, trop long. Je passerai plus de temps à accoucher qu'à caresser mon enfant.

Alors que la sage-femme m'annonce qu'elle voit sa tête, les sanglots me saisissent à nouveau. Je réalise qu'une fois expulsée, une fois dehors, il ne me restera que quelques heures à partager avec elle. Ensuite, plus rien. Le néant pour l'éternité.

Je ne veux pas. Et au lieu de pousser, je résiste, jusqu'au moment où je ne peux plus empêcher le travail naturel de s'effectuer. Romy naît sans un cri, sans un bruit. Je ne l'ai pas sentie glisser entre mes jambes. Je ne vois pas la sage-femme retirer le cordon qui s'est enroulé trois fois autour de son cou. Je ne vois pas Thomas le couper. Mon corps est là, mais ma tête s'est absentée, comme si mon cerveau refusait d'enregistrer ces images.

7 — LOÏSE

4 juillet

Pour être certaine de ne pas être dérangée, j'active le mode avion de mon téléphone. Mon prochain rendez-vous est prévu dans une demi-heure, ce qui me laisse le temps de malmener un peu plus mes pensées. Agrippée à la souris de l'ordinateur, ma main semble endormie. Cette feignante refuse de bouger.

Malgré l'ambiance zen de mon bureau, ma nervosité gagne tout mon corps. Je le kiffe vraiment, c'est mon havre de paix. J'en suis locataire, mais, heureusement, j'ai pu l'aménager à mon goût. Parce qu'il était sacrément moche quand j'ai emménagé ! À présent, une verrière en bois sépare les deux espaces de travail. L'un est meublé d'un bureau étroit en bois brut et clair, j'y reçois mes clients la première fois. L'autre, plus détendu, est destiné à la conversation, aux ateliers pratiques avec des fauteuils crapauds, des tapis, des plantes, des poufs.

Sur les murs blancs, j'ai accroché des tableaux terriblement clichés pour évoquer le zen. J'adore les clichés ! Ce sont des repères, des limites, ça rassure, ça enveloppe dans un cocon, ça envoie un signal familier. Le premier, une photo, est illuminé par une myriade de bougies qui éclairent un empilement de cailloux laiteux avec des bambous floutés à l'arrière-plan. Le second est une représentation graphique du yin et du yang. Le dernier est une photo prise en bord de mer. Elle met en scène une femme de dos, tête légèrement penchée en arrière, qui étire ses bras face à l'horizon où se consume un coucher de soleil flamboyant. Peut-être qu'en les voyant mes clients se disent que mon coaching s'annonce foutrement ennuyeux ou banal.

Quel ennui ces bougies, ces petits cailloux et ce coucher de soleil !

Si c'est le cas, alors j'espère qu'en repartant ils ont une autre opinion. J'aime bien les accompagner dans leur éclosion (ouais, je trouve que c'est classe de le formuler comme ça !), les guider sur le chemin qui les mène vers eux-mêmes, vers leurs objectifs, qu'ils soient professionnels ou personnels. J'aime qu'ils soient surpris par leurs capacités, qu'ils découvrent possible ce qu'ils croyaient impossible. Tout ça grâce à mon accompagnement bourré de clichés ennuyeux !

Je desserre la souris de l'ordinateur, allume une bougie, fais brûler du papier d'Arménie, me plonge quelques secondes dans mes tableaux clichés.

La zénitude infuse une petite minute.

Prête. Je suis prête. J'appuie sur *entrée.*

Mes yeux parcourent ce qu'ils savent déjà pour l'avoir lu le week-end dernier. Et avant-avant-hier. Et avant-hier. Mais j'ai besoin de le compulser encore, de m'en imprégner, comparer, sous-peser, objectiver, contredire. Je n'ai rien révélé de mes soupçons à Ben. Il n'apprécie pas les contrariétés, les ennuis. Il aime quand c'est facile, quand ça glisse. Le potentiel *problème* (je ne sais pas comment appeler ça) de notre fils pourrait représenter un sacré nid de poule de la taille d'un troupeau de mammouths sur la route plate et parfaitement goudronnée de nos existences heureuses. Je préfère avoir des arguments infaillibles avant d'aborder le sujet avec lui.

« De 0 à 6 mois, on relève une absence de sourire social (3 mois), une indifférence aux sons, des anomalies du regard : évitement, fugacité, regard vague, un défaut d'ajustement postural : bébé mou, bébé raide.

De 6 à 12 mois, on relève un désintérêt pour les personnes et les objets, une non-réponse à son prénom, une aversion au contact physique, une absence de réactions joyeuses à l'arrivée des parents, une attention difficile à fixer, un regard difficile à capter, une absence de geste d'anticipation : ne tend pas les bras quand on va le chercher, une absence de babillage, une sensibilité exacerbée aux modifications de l'environnement. »

À chaque description, je déroule le film des réactions de Paul. Paul ne sourit pas, ne nous regarde pas, ne fixe pas, ne pleure pas quand je le dépose à la crèche, ne montre pas de joie quand je l'y récupère, ne babille pas, ne produit quasi aucun son, ne s'intéresse pas à son environnement, ne supporte pas les bruits soudains ni les lumières trop vives auxquels il réagit par des bonds extrêmes ou des crises de larmes intenses, ne nous fait pas de câlin.

Paul est très certainement autiste.

Je lève les yeux de l'écran pour reprendre mes esprits. Non, je me trompe, je me laisse influencer. Il est très différent de Côme, mais ça n'en fait pas un enfant autiste au prétexte qu'il se montre plutôt... *rêveur* ?

Déterminée à me convaincre de mon erreur de jugement, j'ouvre une autre page. Google, toujours bien informé, m'avertit que je l'ai déjà consultée à plusieurs reprises. Merci, je sais.

« Avant 6 mois : vous avez la sensation qu'il y a quelque chose d'anormal, votre enfant est trop calme, ou au contraire trop excité. Il ne sourit pas, ou très peu (3 mois). Il semble avoir le regard vague ou fuyant, qui ne suit pas ni ne fixe. Il semble avoir un défaut de la posture (bébé trop mou ou trop raide) et vocalise peu.

Entre 6 mois et 12 mois : votre enfant ne répond pas à son prénom. Il n'imite pas son entourage et ne manifeste pas d'émotion particulière quand il est séparé de vous ou lorsqu'il vous retrouve. Il ne tend pas les bras lorsque vous allez le chercher. Il a du mal à fixer son regard, et n'apprécie pas les contacts physiques. Il peut aussi présenter un retard moteur et des troubles de l'alimentation. Il fait peu ou pas de mimiques, babille peu ou pas du tout. Il ne cherche pas à imiter vos gestes (faire " bravo " ou " au revoir "). »

Trouble de l'alimentation. Voici un nouveau signe auquel répond Paul. À dix mois, il s'alimente essentiellement de lait. Il commence à accepter les compotes, mais le nourrir est laborieux. J'ai essayé d'introduire des petits morceaux, des boudoirs fondants. Systématiquement, il est pris d'une envie de vomir. Mon pédiatre m'a reproché de ne pas suffisamment diversifier son alimentation. Cependant, il ne m'a apporté aucune solution pour m'aider à y parvenir. Je me demande à quoi il sert, à part à me faire sentir hyper incompétente ?!

Paul est très certainement autiste.

Je me laisse absorber par le jeu des aiguilles de la pendule murale.

Paul est autiste.

Je ferme les yeux, je visualise mon petit Paul, si mignon, si différent de son frère. Si… lui-même !

Paul. Est. Autiste.

Et je n'ai rien vu. Rien remarqué.

Je referme brusquement l'écran de mon ordinateur portable. Stop ! Je refuse. Je me trompe, il n'est pas autiste. Il n'est pas *handicapé*. Pas lui, pas mon fils.

La sonnette de l'entrée retentit, la porte de la salle d'attente claque. Je replonge dans la contemplation de mes tableaux en respirant profondément. Mon rythme cardiaque a bien du mal à s'apaiser malgré mes efforts, et mon esprit divague vers les foutus descriptifs de ces foutus sites internet.

J'accroche un sourire sur mes lèvres, puis me mets debout. Il n'y a pas de place pour mes doutes et mes peurs, je dois me reprendre pour ma séance de coaching.

En fin de journée, lorsque je récupère Paul à la crèche, je demande à une auxiliaire de puériculture si elle a relevé quelque chose de particulier.

— Rien de spécial. Pourquoi ?

— Je me pose des questions. Je trouve Paul si différent de son frère.

— C'est normal ! Un enfant ce n'est pas une science exacte, les variations sont énormes à cet âge-là, de l'un à l'autre.

Elle n'a pas tort, ses propos me rassurent. J'ai une incroyable capacité à me monter le bourrichon pour rien. Mes parents ont toujours dit que j'avais une imagination débordante ! Ils me voyaient déjà scénariste ou écrivain. Malheureusement, ils n'ont pas des compétences folles en voyance.

Sur le chemin du retour, je ne peux pourtant pas m'empêcher de jeter des coups d'œil à Paul dans le rétroviseur. Je l'appelle, agite mes mains, chantonne. J'espère une réaction. Mentalement, je le prie, je le supplie, je l'implore de réagir, de faire un truc, n'importe quoi, ce qu'il veut, mais un truc. Même un bidule, s'il préfère.

Rien. Il ne fait rien. Il reste figé dans son siège-auto, indifférent à mes singeries, le regard dans le vague. Comme un corps vidé de son âme.

À deux heures du matin, tandis que Ben dort à poings fermés, je saisis mon portable. Je recherche des témoignages de parents. Ce que je lis m'effare. Si mon cœur de mère a raison, si Paul est effectivement porteur d'autisme, alors je crains qu'on ne soit pas suffisamment armés pour affronter le parcours du combattant qui s'annonce. De la pose du diagnostic à la prise en soin, chaque étape paraît parsemée d'embûches.

À commencer par la première. La plupart des parents évoquent le déni du corps médical, la non-prise en compte de leurs alertes. Je pense à mon pédiatre, à mon médecin traitant, au personnel de la crèche. Tous semblent dire que Paul va bien, qu'il n'a rien d'anormal. Qui croire ? Eux, ou mon ressenti ? Je suis perdue, épuisée, apeurée. J'ai envie de me tromper, je ne suis pas prête pour la grande bascule. Ben encore moins, je le crains.

Je me lève, j'entre dans la chambre de Paul. Yeux grands ouverts, dans le noir, il se balance dans son lit à barreaux. Cette vision m'ébranle. Depuis quelques nuits, j'entendais ce bruit, un claquement sec, régulier. J'accusais les voisins. Ils n'y sont pour rien. Je prends mon bébé et explose en sanglots contre sa peau douce, chaude et qui sent bon le savon à l'amande. Je n'ai rien d'autre que mes soupçons maternels et pourtant, j'appréhende déjà l'immensité de la montagne à gravir. Je le tiens là, contre ma poitrine, il ressemble à tous les bébés de la Terre, je devrais être la plus heureuse. Cependant, en cette minute, je ressemble à un ramassis d'angoisses. Mon cœur boxe comme un dingue dans ma poitrine.

Paul, oh mon petit Paul ! Comment va-t-on s'en sortir ?

8 — OLGA

4 juillet

— Ma moune chérie !

Fanny, ma benjamine, me fait la surprise de me cueillir à la sortie du travail, m'embrasse, m'enlace, me traite toujours comme le cadeau le plus précieux de sa vie.

— Viens, je t'emmène boire une limonade.

Elle m'attrape le coude et, bras dessus, bras dessous, nous avançons jusqu'à la première terrasse de café qui se trouve sur notre chemin. Nous parlons de tout, de rien, nous rions. J'aime ces instants de légèreté, où être mère devient un plaisir plus qu'une contrainte remplie de stress. Tout s'est toujours révélé plus simple avec Fanny. Je crois qu'elle sait, qu'elle a deviné le poids que je traîne, et qu'elle s'emploie depuis lors à alléger mon fardeau.

N'ayant pas aimé ma première expérience maternelle avec Alice, on pourrait s'étonner que j'aie décidé d'avoir d'autres enfants. J'ai espéré qu'avec Théo les choses s'amélioreraient, que, l'expérience aidant, je parviendrais à l'accueillir avec plus de sérénité et que mon amour pour lui jaillirait avec instantanéité. Ça n'a pas été le cas, l'histoire s'est, hélas, répétée. Quant à Fanny, elle s'est invitée, je n'ai pas envisagé d'autres options que de la garder, et Philippe se serait opposé à l'idée de l'avortement. J'étais déjà enfermée dans ma prison de mère ; un enfant de plus ou de moins ne changerait rien à ma privation de liberté.

Quand elle est venue au monde, j'avais l'expérience des précédents, je savais à quoi m'attendre. Alors je ne l'ai ni fantasmée ni enjolivée. Alice et Théo prenaient une grande place, elle a appris à partager à peine née, elle demande peu, donne beaucoup. Avec moi, c'est la moins exigeante de tous. Au fil des ans, sa délicatesse, son optimisme, sa tendresse, son énergie m'ont aidée à apprivoiser l'autre face du travail maternel. Elle m'offrait le meilleur, m'enveloppant avec la force de ses petits bras, caressant ma joue du bout de ses douces lèvres.

Bien qu'elle soit celle à qui je me suis le moins consacrée, accaparée par les précédents, puis par mes parents, avec elle, tout glisse, dans l'insouciance et l'aisance. Elle est celle avec qui j'ai l'impression d'avoir réussi, au moins partiellement. Fanny paraît comblée et notre relation coule avec fluidité. Quand elle plonge son sourire dans mes yeux, elle a cette faculté d'apaiser ma respiration, d'éteindre mes migraines, de me faire penser que je ne suis peut-être pas une si mauvaise personne que ça.

— Tu es belle, moune, tu as changé de couleur, ça t'illumine.

Je passe une main dans mes cheveux coupés au carré, j'entortille une mèche châtain, teintée un ton à peine plus clair qu'à l'habitude. Fanny, c'est ça, c'est l'observation, le sens du détail, des compliments, de l'amour en barre, la gentillesse cascade en permanence de ses lèvres.

— Merci, ma fille.

Ma fille. Deux petits mots, simples et délicats, qui chantonnent la puissance d'une relation unique entre deux êtres. Deux mots que j'ai mis des années à prononcer. Avant, lorsque j'évoquais mes enfants, je disais Alice, Théo, Fanny, comme des personnes distanciées de moi-même. Quand je rencontrais un inconnu, je ne lui disais pas : « Voici ma fille aînée, Alice », je résumais l'existence de cette enfant à mes côtés par « Alice ». Si je devais prévenir la crèche d'une absence par exemple, je disais : « Alice est malade, elle ne viendra pas ». « Ça s'est bien passé, Théo a fait sa rentrée en petite section sans larme », synthétisai-je à Philippe au téléphone quand il m'appela pour prendre des nouvelles, le soir, depuis l'hôtel où il séjournait pour son travail. D'autres mères, inquiètes, se seraient épanchées sur la maladie de leur fille ; fières elles auraient expliqué combien leur garçonnet, si valeureux, avait réussi ce premier pas vers l'autonomie.

Ma fille. *Mon* fils. *Mes* enfants. Ils m'écorchaient. Cette appartenance, ce lien indestructible, indélébile, réduits à un si petit mot, qui offre une puissance insoupçonnée à tant de femmes, de mères, m'écrasaient. Il m'en a fallu du temps pour apprivoiser ces possessifs.

Tout en moi refusait cette filiation qui aliénait tout à la fois ma liberté et ma féminité. Mes besoins à moi, mes envies, mes rêves se sont mués en préoccupations négligeables, insignifiantes le jour où j'ai enfanté, aspirés par *leurs* besoins, *leurs* envies, *leurs* rêves à eux. Le regret de ma vie d'avant, légère, insouciante, la peur du lendemain et l'angoisse ne m'ont plus lâchée. Dorénavant, je n'étais plus Olga. Je me résumais à la mère d'Alice, de Théo et de Fanny, partout où j'allais. Si l'un d'eux pleurait, si l'un d'eux avait oublié son doudou, se blessait, mentait, frappait un camarade, disait un gros mot, les regards convergeaient unanimement vers moi. Je devenais responsable de tous leurs faits, gestes, propos, émotions et sentiments. Ils se transformaient en une prolongation de moi-même en tous lieux et en tout instant. Un véritable séisme identitaire auquel je n'étais pas préparée.

Je sais que pour la majorité des mères, les bons moments effacent les mauvais, et tant pis si la quantité des seconds n'excède pas celle des premiers. Hélas pour moi, je n'appartiens pas à cette catégorie !

— Tiens !

Par-dessus la table, Fanny me tend un paquet que j'ouvre ; je le feuillette avec empressement. Je rayonne : elle a déniché une édition limitée de *Madame Bovary*, qui contient une ébauche du premier feuillet, des ratures, des essais, des annotations manuscrites de la plume même de Flaubert.

— Tu es folle ! Il ne fallait pas.

— Bien sûr que si. Tu mérites qu'on te gâte avec tout ce que tu fais pour nous.

Des aiguilles poinçonnent mon cœur. Je m'en suis voulu de ressentir un tel rejet à leur égard. Pour racheter mon ressentiment, je me suis dévouée corps et âme, plus qu'une autre sans doute. Je me suis mis une pression démesurée pour compenser mon incapacité à les accueillir comme j'aurais dû. Ils n'avaient pas à porter la responsabilité de cette situation, ils n'avaient rien demandé. Alors j'ai toujours mis les bouchées doubles, déployant une énergie folle pour satisfaire leur moindre désir, ce qui m'amenait à me refuser du temps libre, des temps de loisirs et de repos. Je m'en suis toujours occupée au-delà de ce qu'ils exigeaient et peu importait si j'étais épuisée physiquement, ravagée moralement. Mes enfants ont toujours été bien habillés, récurés jusque sous les ongles et derrière les oreilles, gâtés à la démesure. Ironie du sort, certains de leurs amis leur enviaient cette mère si serviable. Asservie.

Je plonge mon nez dans l'ouvrage, m'enivre de son odeur sucrée, légèrement vanillée, similaire à celles des vieux livres. Je caresse les pages dentelées, promène mon doigt sur les lettres piquées dans ce vélin sans grain, lisse, velouté et à peine jauni à la faveur des années. Dans ma tête, je lis quelques extraits. Je suis partie, je me suis envolée ailleurs, transportée dans mon univers. Un éclat de voix à une table voisine me ramène à la réalité.

Fanny me regarde. J'attrape le sourire épinglé à ses lèvres, ses prunelles enjouées, et mon cœur frétille. Elle devine ma joie et je la sais heureuse de me procurer un tel plaisir. Je referme le livre. Elle me dit :

— Je t'aime.

Je hoche la tête et lui chuchote mon amour dans un clignement de cils ému.

9 — MIA

4 juillet

Une puéricultrice emporte Romy tout de suite après que le cordon ombilical a été coupé. J'avais dit que je ne souhaitais pas qu'elle soit posée sur mon ventre après sa naissance. Comment supporter l'immobilité de ce petit être qui aurait dû ramper jusqu'à mon sein ? Je reste sous le contrôle de la sage-femme en attendant la délivrance. Thomas aurait pu accompagner la puéricultrice, mais il a préféré rester à mes côtés.

Il répond aux questions du personnel sur les aspects administratifs dont nous avons discuté la veille chez nous : nous voulons enregistrer Romy dans notre livret de famille, prendre en charge ses funérailles, profiter d'elle au maximum avant ses obsèques.

J'ai perdu toute notion du temps lorsque la puéricultrice revient avec Romy lavée et enveloppée dans son lange.

— C'est une belle petite fille, vous pouvez être fière d'elle. Elle mesure 50 centimètres et pèse 2,950 kilos, dit-elle en me tendant mon enfant.

Ahurie, je la fixe sans comprendre ce qu'elle me dit. Tout ça me paraît futile, dérisoire et pourtant, dans les heures, les jours, les semaines qui suivront, combien de fois me raccrocherai-je à ces mots ? Ces mots que nous aurions dû imprimer sur un faire-part, ces mots qui auraient dû se transformer en courbes évoluant au fil des ans, ces mots comme un peu de concret sur ce qui définit un peu Romy. Son prénom, son nom, son poids, sa taille.

Romy MAURIN, 50 cm, 2kg950, décédée le 3 juillet in utero, née le 4 juillet de la même année. Ma fille, ma toute petite, ma merveille étoilée, dont la date de décès précède la date de sa naissance. Une incongruité.

Il n'y a plus de son, plus d'image, le temps s'est figé, j'ignore l'agitation autour de moi. Romy contre ma poitrine, toute mon attention est dirigée vers elle. Malgré les meurtrissures, les marques d'hématomes sur son visage, ses lèvres violettes, son visage crispé, elle est la plus belle. Je laisse les larmes couler sans retenue. Je veux sentir la chaleur de son corps contre le mien. Je redoute ce moment où elle se sera refroidie, où toute chaleur humaine se sera enfuie. Je la serre fort, très fort, je veux lui donner ma chaleur, la chaleur de mon amour. Ça m'obsède, je ne veux sentir que le chaud, éventuellement du tiède, mais pas du froid. Je ne veux pas qu'elle ait froid. Je pourrais donner ma vie pour la sienne.

C'est plus fort que moi, j'essaie de la stimuler, je cherche un tressautement des paupières, j'attends une minuscule main qui enserre mon doigt, un petit cri, un souffle moite. Mais je ne relève rien de tout ça.

Je lui parle, je l'effleure du bout de mes doigts, de la pointe de mes larmes, de la profondeur de mon âme.

— Pourquoi tu as fait ça ? Pourquoi tu es partie ?

Je lui en veux d'être morte. C'est idiot, elle n'a rien choisi. Cependant, au-dessus de ma détresse, une vague d'amertume, de colère surnage. Contre elle. Ma petite merveille. Ma toute douce. Ma princesse. Ma chair. Mon sang.

— Je t'aime, Romy, je t'aime pour la vie, à l'infini. Tu vas tellement me manquer. J'aurais voulu te connaître, je suis sûre que tu aurais été exceptionnelle, je le sentais. J'aurais voulu que tu choisisses de vivre.

Thomas pose une main sur mon épaule et, d'un sourire, m'encourage à faire face. Dans un souffle, il murmure :

— Ça va aller.

Sa voix déraille, il ment. Non, ça ne va pas aller. Je ferme les paupières, serre mes lèvres. Chaque instant compte, alors je lutte pour ne pas m'effondrer totalement. Je veux profiter de ces quelques miettes qui me sont offertes, de ces minutes qui ressemblent à des poussières de secondes. Je veux m'emplir de sa présence, de son parfum. Je veux mémoriser chacun de ses traits, chaque parcelle de sa peau, la forme de ses yeux, de sa bouche, de ses doigts. Je sais que je ne la reverrai plus alors j'ai peur, si peur, de l'oublier. J'ai peur que les rares souvenirs que j'aurai d'elle meurent aussi.

Soudain, je réalise que ce que je redoutais s'est produit.

— Elle est froide !

Je suis complètement paniquée, et je ne peux m'empêcher de répéter : « Elle est froide », avant d'exploser en sanglots. L'hiver éternel l'a empoignée. La puéricultrice récupère Romy, elle m'explique qu'elle va aller l'habiller et que nous la reverrons tout à l'heure, dans la chambre.

Lorsque mes soins sont terminés, on me transfère au service gynécologie pour m'épargner les pleurs des bébés du service maternité. On nous amène Romy dans ma chambre cimetière. Ses cheveux miellés, identiques aux miens, sont cachés sous son petit bonnet rose à paillettes. Qu'elle est belle, ma petite puce dans ce petit pyjama que nous lui avions choisi avec tant de rire, d'espoir et d'amour ! Mon petit ange. Mon petit ange que je ne veux pas laisser s'envoler. Je la tiens contre ma nuisette, achetée pour ce jour si spécial. Je n'ai pas pensé à refaire ma valise, je suis partie avec celle qui était initialement prévue. J'avais choisi cette nuisette, car je souhaitais une jolie tenue pour les photos. Aujourd'hui, tout cela me paraît futile. La seule chose qui m'importe se limite à emporter le plus de souvenirs avec Romy. Donc, Thomas nous photographie, puis il vient à côté et nous posons, tous les trois. Mais aucun sourire ne décore nos lèvres.

À son tour, il désire la porter. Il l'enveloppe de cette mélodie qu'il lui chantait tandis qu'elle sommeillait dans mon ventre :

Taoto te pepe taoto e
Era mama tei te a' au
Era papa tei te peho
E ti' i atu ra I te fe'i
Hamami popoi na' aiu.[5]

La première fois qu'il l'avait fredonnée, je m'étais moquée de lui.

---

[5] Berceuse tahitienne intitulée *Taoto, pepe*

Pourquoi lui chantait-il une berceuse tahitienne alors qu'il ne connaît ni l'île, ni la langue, ni qui que ce soit qui y habite ? Il m'avait expliqué que sa grand-mère la lui fredonnait lorsqu'il était enfant. Elle l'avait apprise d'un soldat tahitien qui lui avait brisé le cœur à dix-sept ans à peine. Il l'avait aussi chanté à Adam, quand il était tout bébé. C'est son fils, issu d'une première union, et il a six ans.

Finalement, c'était devenu notre rituel. Tous les soirs, avant de nous endormir, il collait ses lèvres contre mon ventre et entonnait cette douceur d'enfance pour Romy. Une idée un peu folle avait germé peu à peu. Lorsque Romy saurait la chanter elle aussi, on irait là-bas, à Tahiti, pour l'écouter en vrai, avec l'accent traînant, les /R/ roulants, au son du ukulélé. Nous en parlions souvent, nous nous imaginions accompagnés de notre petite merveille, déambuler sur le sable doux, blanc et brûlant, longeant un lagon.

Ce rêve n'a plus de sens. Il n'y aura pas de fleurs de tiaré, pas de monoï, pas de cocotiers. Romy ne nous accompagnera pas, aller à Tahiti ne m'intéresse plus.

Thomas ne fredonnera plus *Taoto, pepe*. Plus jamais, je le sais. Il ne le pourra plus, tout comme je ne pourrai plus l'entendre. C'était pour elle. C'était notre rêve à trois, avec elle.

La berceuse est finie, il se tait. Je les regarde tous les deux. Ça aussi je crains de l'oublier : Romy dans les bras de son papa. Je veux m'abreuver de cette image et en même temps, je veux prendre avec moi, contre moi, ma merveille endormie à jamais.

— Je peux ?

Avant de me la tendre, Thomas l'embrasse sur le front. Son visage a déjà changé et l'idée que les marques de la mort vont continuer à progresser me terrifie.

Nous profitons d'elle jusqu'au moment où une auxiliaire de puériculture vient la chercher, accompagnée d'Émilie. J'ai l'impression qu'on me vole mon enfant, qu'on me la kidnappe. Je refuse de la rendre, je me vide de mes larmes et c'est à contrecœur que je la regarde s'éloigner de moi.

Émilie nous propose de rencontrer un psychologue, je décline,

Thomas aussi. Nous nous débrouillerons seuls. Personne ne peut comprendre un tel malheur, tout psychologue soit-il.

— Je veux rentrer chez moi, dis-je à Émilie.

Elle hoche la tête : c'est non.

— Laisse-moi partir, je suis médecin, si quelque chose cloche, je le saurai. Et Thomas sera là.

— Non, Mia, je ne peux pas faire ça, tu le sais. Une surveillance est obligatoire jusqu'à après-demain.

Je jette un regard suppliant à Thomas qui rejoint l'avis d'Émilie. Je suis trop épuisée pour tenter de les convaincre, je capitule. Émilie s'éclipse en silence.

— Je peux rester dormir, propose Thomas.

— Oui, dis-je dans un souffle.

Pour la première fois de ma vie, à trente-trois ans, la solitude m'effraie. Il part en quête d'un lit d'appoint qu'on lui cède sans discussion. On ne tarde pas à nous apporter de quoi dîner. Ni l'un ni l'autre n'avons d'appétit. Nous parlons peu, chacun est plongé dans ses pensées. Thomas reste le plus souvent assis sur mon lit, perdu dans son monde, tandis que je laisse le flot de mes larmes silencieuses ruisseler sans retenue. J'ignorais que j'avais la capacité de verser autant de larmes. Et je prends conscience que tout ce que j'ai pu qualifier de malheur dans ma vie jusqu'à présent ne représentait qu'un échantillon, un atome de rien du tout, des complaintes dénuées de sens.

S'ensuit une nuit horrible. Les douleurs de l'accouchement, bien réelles, ne peuvent pas être adoucies par la présence de mon bébé. J'entends Thomas qui sanglote dans son lit. J'ai envie de me lever, de me coller à lui, cependant je suis démunie, incapable d'alléger son chagrin. Et ses pleurs réveillent les miens, m'anéantissent. Alors je me lève, je déambule au hasard dans le couloir où règne le silence. Quelques rais de lumière filtrent çà et là. Je passe devant le bureau des infirmières. Elles sont deux, elles discutent tout en buvant un café. Un rire clair s'échappe de leur conversation. Un rire qui me plombe. Je crois que plus jamais je ne pourrai rire.

10 — LOÏSE

Mi-juillet

— Et pour madame, ce sera ?

— Une entrecôte avec des frites. Et une salade César en entrée.

J'aurais dit à Ben de boucler sa valise pour partir en voyage sur Mars qu'il ne m'aurait pas regardée avec un air plus étonné.

— Tu as sacrément faim, ma douce !

— C'est le Krav-maga.

Et la trouille. Moi qui me nourris d'une feuille de laitue le soir, aujourd'hui, je pourrais manger une cuisse de Ben rôtie. Chacune d'elles est aussi large que le tronc d'un baobab fertilisé à la bouse d'éléphant. Trouver des pantalons à sa taille relève du défi.

Le serveur nous apporte l'apéritif.

— À nous, dit Ben en choquant son verre contre le mien.

On dîne dans une brasserie toulousaine, à l'ambiance bruyante et aux lumières tamisées. Il plonge ses yeux dans les miens et mon cœur fait une pirouette. On est si heureux tous les quatre. Notre vie glisse, facile, évidente, sans accroche particulière. Pourquoi la foudre s'abattrait-elle sur nous ? Pourtant, j'en suis de plus en plus convaincue : une épine, de la taille d'un baobab elle aussi, s'apprête à poignarder notre bonheur. Foutue intuition maternelle !

Ce soir, j'ai décidé de partager mes doutes et mes angoisses avec mon homme. Ma mère garde les enfants. Ben est en congé depuis quelques jours, les vacances scolaires ont démarré, on en profite pour s'offrir une soirée en amoureux.

On a convenu que Ben s'occuperait des enfants à mi-temps. Le matin, Côme va au centre de loisirs et Paul à la crèche, l'après-midi, il les gère. Il consacre ce temps libre au sport, à la recherche d'une maison, aux courses et au ménage. Il n'est pas multifonctions. Ce sont soit les enfants, soit l'entretien domestique. Donc, on s'organise, on scinde.

Peut-être aura-t-il remarqué quelque chose de spécial chez Paul durant ces matinées ?

— Tout se passe bien avec les garçons ?

— Carrément. Je suis un pro ! On peut faire la fille, dit-il avec un clin d'œil.

Je réponds avec un sourire crispé.

— Ben, je souhaite te parler de quelque chose et j'aimerais que tu m'écoutes sans rejeter tout en bloc.

Il se redresse sur sa chaise et se penche vers moi, inquiet.

— Un problème ?

— Je ne sais pas. Peut-être. C'est au sujet de Paul. As-tu remarqué quelque chose de spécial chez lui ?

Deuxième voyage sur Mars de la soirée, il reprend son air étonné.

— Paul ?

— Oui, Paul. Notre fils.

Ben plonge le nez dans son cocktail, on dirait qu'il mouline pour traduire en français ma demande. Il avale une rasade puis me regarde, rempli de certitudes.

— Non. Tout va bien avec Paul.

Une sensation étrange me noue le ventre. Comme s'il avait lui aussi relevé des signes, des bizarreries, mais qu'il les refusait. Je pose ma main sur la sienne, puis reprends avec une grande douceur.

— Réponds-moi franchement, s'il te plaît. C'est important.

— Je te dis que je n'ai rien remarqué chez Paul. Pourquoi ? Je devrais ?

Son ton s'est fait sec et cassant.

— Peut-être.

Je déballe tout : mes doutes depuis quelques mois, le commentaire de l'auxiliaire vétérinaire qui a posé un mot grossier, une injure presque, sur le comportement de notre fils, mon enquête dans la blogosphère pseudo médicale. Ben m'écoute sans ciller. Quand j'ai terminé, il réplique :

— OK. Donc, si je résume, tous les médecins et spécialistes de la petite enfance te disent que tout va bien, mais toi, tu préfères croire celle qui torche le cul des animaux. C'est ça ?

— Et mon instinct de mère. Ben, je le sais, je le sens. Quelque chose ne va pas avec Paul.

— Arrête de faire ta *drama queen*. Tu bouffes du psy à longueur de journée, ça finit par te tordre le cerveau.

Le serveur dépose nos assiettes sur la table et nous souhaite un « excellent appétit » du ton de celui qui vient de gagner à l'EuroMillion. Il va falloir bien plus que son enthousiasme, ma salade et le tartare de saumon de Ben pour réchauffer le souffle polaire qui s'est invité à notre table. J'essaie de renouer le dialogue, mon homme est absorbé par le contenu de son assiette et m'ignore. Le saumon en prend pour son grade, je n'aimerais pas être à sa place.

Je réquisitionne patience et bienveillance que je cultive allègrement au travail, et décide de déguster mon entrée avec lenteur. Cela lui laissera le temps de digérer mes paroles et le poisson qu'il a englouti sans mastiquer. Quand j'ai vidé mon assiette, je reviens à la charge.

— Je suis pas psy, et c'est dommage parce que dans cette situation, ça m'aiderait peut-être. Je comprends que mes soupçons soient difficiles à entendre. C'est très dur pour moi aussi.

Ben remplit à demi son verre de vin et le boit cul sec. Je préfère tourner à l'eau. Je me sers, puisqu'il ne le fait pas. Comme il a décidé de se murer dans le silence, je poursuis :

— Si tu veux, on peut jeter un torchon sur tout ça et faire comme si on n'avait rien remarqué. Oui, *on*, parce que je suis certaine que, toi aussi, tu as relevé des trucs pas normaux.

Par-dessus les bouteilles, il me balance un regard colérique. Je pense que j'ai visé juste.

— Mais si on a raison, si Paul a effectivement un souci, quel qu'il soit, alors on aura perdu un temps précieux. Un temps qu'on aurait pu mettre à profit pour l'aider.

J'effleure sa main, laisse glisser mes doigts sur sa peau, puis les retire avant qu'il ne les rejette.

— J'ai lu des témoignages de parents et c'est édifiant. C'est un véritable parcours du combattant, tout est compliqué quand tu as un enfant handicapé.

C'est le gros mot de trop. Ben repousse sa chaise comme pour s'éloigner de ma diarrhée verbale.

— Notre fils n'est pas handicapé, arrête de dire n'importe quoi !

La violence de son rejet me tranche le cœur et le bide. J'aurais dû m'y attendre. Les spermatozoïdes du grand Benjamin Fabre ne peuvent pas avoir procréé un enfant handicapé.

Heureusement que l'environnement est bruyant, car il a rugi cette phrase. Personne ne semble avoir relevé la dispute et le drame qui se jouent à notre table. Même pas le serveur qui, cette fois, a remporté le triple jackpot lorsqu'il nous sert le plat principal. À croire qu'il est piqué à la dopamine.

Le reste du repas se déroule dans une ambiance morne. Je préfère ne pas insister pour ce soir, Ben n'est pas prêt à entendre tout ça. J'espère juste que mes soupçons feront leur chemin dans son esprit. Toutefois, notre conversation m'a fait réaliser l'urgence à agir. Je ne peux pas attendre que mon homme se rallie à mon opinion pour entreprendre des démarches diagnostiques. C'est de Paul dont il est question. Pas de nous. J'oriente la discussion vers la recherche immobilière, mais Ben s'est replié dans sa coquille. Il me répond avec des monosyllabes pour me montrer sa contrariété. On quitte le restaurant sans prendre de dessert, pressés de rentrer chez nous.

Quand j'embrasse ma mère pour la remercier d'être venue, je m'agrippe à ses épaules comme une naufragée qui refuse de couler dans les profondeurs de l'océan.

J'ai peur. J'ai très peur. Comment vais-je réussir si Ben ne m'accompagne pas dans ce combat ?

11 — OLGA

Fin juillet

Le téléphone fixe s'égosille sans discontinuer. J'émerge péniblement de mes rêves tandis que Philippe ronfle à mes côtés comme un bienheureux, rien ne saurait troubler son sommeil souverain. Le réveil affiche 2 h 58. Aussitôt, une multitude de scénarii catastrophes affluent à mon imaginaire. Je m'empresse de dévaler les escaliers et décroche, le souffle court. À l'autre bout, un cri déchirant pulvérise mon tympan.

— Je vais mouriiiiiiir, hurle Alice.

— Qu'est-ce qu'il y a, qu'est-ce qui se passe ?

Mon cœur tambourine à tout rompre, le sang pulse dans mes tempes. La voix de Dong-Soo résonne en arrière-plan, lointaine, couverte par un bruit de moteur.

— Elle va accoucher, nous sommes en route pour la maternité.

— Dépêche-toi ! crie Alice.

J'ignore si elle s'adresse à moi ou à son époux.

— Tu veux que je vienne ?

— Ne vous inquiétez pas, Olga, je gère. Je vous rappelle quand Yon est là, me rassure Dong.

Je remonte me coucher, Philippe n'a pas bougé. Je tente de me rendormir, en vain, la valse des souvenirs s'invite à la faveur de cette naissance qui se profile et qui ravive des balafres non cicatrisées. Me revient en mémoire cet instant où la sage-femme, sourire de satisfaction agrippé à sa bouche, a posé Alice sur mon ventre en prononçant cette phrase : « Je vous présente votre fille ». À moi. Elle était à moi. Une sensation vertigineuse s'est répandue dans chaque cellule de mon corps, de ma chair : la vie de ce petit bout de quelques centimètres, incapable de quoi que ce soit, vulnérable, dépendait intégralement de moi. La foudre s'est abattue sur la table d'accouchement. J'ai pris la mesure de toutes les responsabilités qui m'incombaient, de cette chaîne indestructible que l'on avait chevillée à mon existence jusqu'à mon dernier soupir. *Sa* vie était liée à *ma* vie. Nous devenions indissociables, comme des siamois.

Aucune machine arrière n'était possible, elle attendait là, sur mon abdomen. Nue, échevelée, recouverte de vernix, de sang, de duvet, elle gigotait. Je l'ai trouvée laide, encombrante. Cette rencontre ratée se déroulait à mille lieues du coup de foudre que la société, les magazines, la télévision m'avaient promis. Je voulais fuir, la fuir, déménager à la cloche de bois, ou bien la rendre à qui de droit, mais je ne pouvais pas puisque, qui de droit, c'était moi. Je voulais m'éloigner de cette hémorragie de vagissements, tous plus éprouvants les uns que les autres. Alors j'ai explosé en sanglots. Philippe, ému, faisant fausse route sur la signification de mes pleurs, m'a souri, le regard embué.

— La mère de ma fille, je suis si fier de toi.

Dans la bouche de l'homme que j'aimais, mon statut venait de basculer. Tout se chamboulait dans ma vie, ma relation à moi-même, ma relation à Philippe, fier de me présenter comme « la mère de ses enfants » et non plus comme « l'amour de sa vie ».

Les premiers jours, à la maternité, j'agissais comme un robot, mes gestes étaient automatisés et je souriais de toutes mes dents à chaque visiteur qui venait admirer Alice. Un sourire mensonger. Pendant neuf mois on m'avait couvée, surtout Philippe qui me nommait « sa précieuse », et, soudainement, plus personne ne se souciait de moi, ne s'intéressait à mon ressenti, ma fatigue, mes doutes, mes craintes. Tous les intérêts convergeaient vers ce bébé, peu importait que je me sente vide, déformée et cisaillée par les douleurs post-accouchement. Elle gigotait, en bonne santé, j'avais accompli ma mission, dorénavant, j'étais reléguée au second plan et j'avais la sensation de jouer le rôle d'une figurante. Une figurante à qui l'on déléguait tout de même l'ensemble des responsabilités. Cependant, on m'avait attribué le mauvais rôle, ma vie m'échappait, j'avais perdu ma place, le scénario avait des relents d'aigre amertume que je n'avais jamais anticipés.

Chacun vantait son joli minois, ses traits, le nez de son père, la fossette de sa mère. Moi, je ne voyais rien d'autre qu'un tube enveloppé de chair qui pleurait, qui mangeait, qui se vidait par tous les trous, qui m'accaparait heure après heure. Je ne voyais ni sa beauté ni notre ressemblance. Elle demeurait une étrangère qu'on avait déposée dans un berceau à côté de mon lit d'hôpital, ce qui signifiait « Elle est à vous, débrouillez-vous ». Dès que je me retrouvais en tête-à-tête avec cette inconnue, je pleurais. Tous les matins je me réveillais avec ce fol espoir, ce désir profond d'éprouver cet amour absolu, inconditionnel que j'avais lu dans les livres, vu à la télévision, entendu chez d'autres mères. J'espérais ce bain d'ocytocine, cette bouffée d'amour, comme j'avais espéré voir mon ventre se gonfler de sa présence. Car nous avions souhaité Alice, comme une suite logique à mon mariage avec Philippe, mon grand amour, à l'achat de notre maison. Je ne m'étais jamais posé la question de mon désir d'enfant. Ce n'était pas une interrogation à avoir, c'était une évidence : une femme n'est accomplie que lorsqu'elle atteint le statut sacré de mère.

Moi-même, je n'étais pas une enfant désirée et je m'étais toujours promis de ne pas reproduire ce que j'avais vécu. Hors de question de me laisser entraîner dans l'engrenage de l'atavisme, je n'ai jamais offert d'indifférence à mes enfants. Jamais. Je les ai couvés d'un flot de « je t'aime » en guise de rédemption, car je souhaitais que, malgré toute la douleur que j'ai éprouvée à m'incarner en mère, ils sachent que je les aime du mieux que je peux.

Eux, je les aime.

Ce que je n'aime pas, c'est mon rôle de mère. Nonobstant tous mes regrets, toute ma peine, je me suis démenée pour qu'ils n'en soient aucunement affectés. Excepté peut-être ma cadette, Fanny, personne ne conjecture les tourments qui me hantent. On m'a toujours définie comme une « bonne mère ». C'était bien mon rêve, non ? Devenir une bonne mère, loin des souvenirs que j'entretenais avec la mienne. Néanmoins, la réalité s'est révélée contraire à mes aspirations. Une bonne mère ne peut que connaître le bonheur or, il m'avait échappé à l'instant où Alice avait glissé hors de mes entrailles.

Depuis, j'ai eu le temps de me poser la question du choix, de la disséquer et d'y répondre, et d'ailleurs, j'ai aussi appris à dire à mes filles : « Si vous devenez mères » et non : « Quand vous deviendrez mères ». Je désirais qu'elles grandissent avec cette conscience de pouvoir choisir, au sein de la cellule familiale, à défaut de le pouvoir dans leur environnement sociétal.

Alice a opté pour la voie de la maternité, Fanny ne semble pas décidée à la suivre. Quant à moi, si je pouvais recommencer, je deviendrais romancière et tous les jours, je ferais l'amour avec ce Philippe que je vénérais. Je ne gâcherais pas les plus belles années de ma vie à me consacrer à notre descendance ; je les abandonnerais à l'insouciance, au plaisir, aux voyages, à la passion charnelle, à l'amour, je m'adonnerais à ce qui vibre et m'emplit de joie. La parentalité a altéré mon corps, mon image de moi et notre relation amoureuse. Nous avons oublié de prendre soin de nous-mêmes et l'un de l'autre. Surtout moi, la grande perdante. Car la paternité n'a pas franchement remis en question l'existence que Philippe menait avant l'arrivée de nos enfants. Il a continué ses routines, ses loisirs, ses sorties. Il restait libre, égal au jeune homme que j'avais connu.

Nous nous sommes rencontrés sur le quai de la gare Matabiau. Comme tous les vendredis soir, je devais y récupérer une de mes anciennes camarades de lycée, partie poursuivre ses études à Montpellier, mais elle avait raté son train. À l'époque, le téléphone portable n'existait pas et je la guettais, hissée sur la pointe de mes pieds chaussés de ballerines, persuadée de la voir sortir d'un wagon ou d'un autre à tout moment. Parmi la foule qui affluait, un homme m'a bousculée, il s'est excusé, je n'y ai pas prêté attention. C'était Philippe. Lui a eu un véritable coup de cœur. Alors il a opéré un demi-tour, et à nouveau, il m'a bousculée. Il s'est carré face à moi, m'a souri en s'excusant. Je n'ai pas remarqué qu'il s'agissait de la même personne. Il ne bougeait pas, il restait là, à me fixer, ce qui m'a déroutée, aussi lui ai-je demandé s'il désirait quelque chose, ce à quoi il m'a répondu :

— Vous offrir un verre.

Son charme a opéré, j'ai accepté sans la moindre hésitation. Le temps a filé, la nuit était tombée et nous parlions encore, je minaudais, il se pavanait, l'incroyable se produisait : cette sensation d'être là où je devais être avec la personne avec qui je devais être. Contrairement au coup de foudre maternel, j'ai connu le coup de foudre amoureux. J'avais vingt ans, il a été le seul homme de ma vie, et cette certitude m'a frappée dès les premiers mois de notre romance : il deviendrait le père de mes enfants, le pilier de notre famille, je voulais mêler nos patrimoines génétiques, sans l'ombre d'un doute. Sans l'ombre d'un doute non plus, nos premières années de relation ont représenté les plus heureuses, les plus lumineuses de notre union.

Il me tendait un morceau de pastèque, je croquais dedans puis, par-dessus la table, il approchait sa bouche pour dévorer le reste et finissait par mes lèvres. La pluie ne nous rebutait pas ; si elle jaillissait au détour d'une balade, nous nous mettions à courir main dans la main, en riant, sautant dans les flaques comme deux bienheureux. Quand nous déambulions dans les rues toulousaines, à la recherche d'une exposition de peinture ou d'un bar à vin, il aimait me pousser par surprise à l'abri d'une porte cochère pour m'embrasser. Le week-end, nous prenions la clé des champs sur un coup de tête à bord de notre Renault 5, fenêtres ouvertes, cheveux au vent, radio à fond, pour une escapade improvisée à Narbonne où nous respirions les embruns, le visage fouetté par la brise marine iodée.

Et puis, soudain, la pression de la montre a surgi, les impératifs se sont accumulés parce que se promener sous la pluie avec une poussette relève de l'irresponsabilité, parce que les dimanches matin enroulés sous la couette deviennent chimériques, parce que les vacances nécessitent une certaine organisation, parce que pousser le volume au maximum dans la voiture s'avère incompatible avec le sommeil des enfants. Parce que l'allégresse, la désinvolture, la spontanéité, la fantaisie, la simplicité de moments impromptus semblaient antinomiques avec cette nouvelle vie de parents, débordante de responsabilités, gonflée d'impératifs. Parce que Philippe s'est effacé, qu'il occupait moins de place dans mon espace d'où il s'absentait plus souvent pour raison professionnelle.

Tout m'a alors manqué : mes rêves, mes ambitions, ma vie sociale, mon emploi, je suis d'ailleurs revenue sur ma décision de travailler à mi-temps après la naissance d'Alice et je n'ai pas envisagé de congé parental lorsque Théo est venu agrandir notre famille, même si, pour mon mari, cette solution apparaissait plus facile et pratique. Pour lui peut-être. Pas pour moi. Mon travail représentait ma bouffée d'oxygène quotidienne, mon accomplissement personnel.

Philippe s'agite, 6 h approchent, le soleil s'est faufilé hors de sa cachette et je devine les traînées orangées qu'il peint dans le ciel, car elles filtrent à travers les volets. Je n'ai pas réussi à refermer mes paupières et endormir mes pensées. Je m'étire en bâillant puis me lève pour me diriger droit vers la cuisine. Dans le placard, je saisis le premier gâteau industriel qui me tombe sous la main. Le besoin de soulager mes inquiétudes, de les ensevelir sous une douceur sucrée reste le plus fort, tant pis si je nourris mon surpoids qui croît au fil des années. Alice a choisi la voie de la maternité, j'appréhende cette rencontre.

La naissance d'un enfant, c'est aussi la naissance d'une mère.

12 — MIA

5 juillet

Les bruits de chariots, de plateaux qui s'entrechoquent, de conversations dans le couloir me réveillent en sursaut. J'ai réussi à m'assoupir un peu. En moins d'une seconde, la violence de la réalité me revient en pleine figure. La silhouette de Thomas, debout, se détache en contre-jour. Il me tourne le dos pour regarder par la fenêtre. Je vois son corps secoué par ses sanglots silencieux. Si je ne savais rien du drame qui nous foudroie, je pourrais imaginer qu'il rit, qu'il s'amuse d'une scène qui se déroule à l'extérieur. J'ai envie de me lever, de le rejoindre, mais la douleur de l'épisiotomie a empiré depuis la veille. Je chuchote :

— Thomas.

Il essuie promptement ses larmes, renifle puis s'approche. Je le serre contre moi et nous reprenons nos pleurs, en duo. Nous nous dispensons des banalités des autres matins : « Tu as bien dormi ? », « Oui, et toi, tu as fait de beaux rêves ? ». En revanche, je lui promets que nous allons y arriver, que nous allons nous en sortir. Parce que nous sommes deux battants. Parce que l'espace d'un instant, l'ancienne Mia, celle qui habitait mon corps il y a encore quarante-huit heures de ça, ressurgit.

Dans le couloir, la vie continue. Comme hier soir, je surprends des échanges, des rires et j'ai envie de hurler, de leur crier dessus, de leur dire qu'elles n'ont pas le droit de s'enjouer, d'être heureuses, alors que pour nous, la vie a stoppé net. Leur légèreté m'agresse, je veux qu'elles l'emportent loin de moi. Elle est incompatible avec mon désarroi. J'aimerais qu'on me sorte de là, qu'on m'extraie de ce cauchemar, qu'on me rende notre fille, mon assurance, mon opiniâtreté, mon énergie, les paillettes, nos projets, notre bonheur doré à l'or fin. J'aimerais ne plus me sentir pétrie de pleurs, de peurs : la peur d'oublier le visage si parfait de Romy, son odeur, la douceur de sa peau, la peur que ma douleur ne s'arrête jamais, que mes larmes remplacent mes rires pour l'éternité puisque je suis condamnée à respirer avec ce deuil qui écrase ma poitrine.

Une employée de service pénètre dans la chambre avec un seul plateau de petit déjeuner et lance d'un ton joyeux :

— Bonjour, bonjour ! Comment ça va ce matin ?

Thomas se détache de moi. Nous lui offrons nos visages ravagés par leur chagrin. On reproche souvent au personnel hospitalier de manquer de tact, à tous les échelons. Je n'en avais jamais pris conscience jusqu'alors. Cela m'indifférait, car je pense avoir moi-même manqué de délicatesse envers certaines patientes. Aujourd'hui, je suis la victime. Bien sûr que cette femme n'est pas malintentionnée, mais son indécente gaieté me révulse. Nous ne prenons pas la peine de lui répondre. Thomas se lève et me dit qu'il va se chercher un café. L'employée de service lui en propose un, il refuse. Il a besoin de marcher un peu.

Lorsqu'ils sont sortis tous les deux, je me retrouve seule pour la première fois depuis que l'horrible nouvelle est tombée. Je sens une lourdeur dans mon estomac, j'ai envie de vomir alors que je n'ai rien mangé depuis hier midi. Avec difficulté, je me lève pour me rendre aux toilettes. Dans le miroir, j'aperçois mon visage. Je ne le reconnais pas. Cette femme cernée, le visage pâle et dévasté, les cheveux blonds ébouriffés, une ride qui barre le front, ce n'est pas moi. Je suis choquée par ma propre image, j'ai l'impression d'avoir vieilli de plusieurs années en quelques heures. Le chagrin étouffe la beauté et la jeunesse. Des spasmes assaillent mon estomac. Je me penche au-dessus de la cuvette des toilettes et vomis ma douleur. Je tire la chasse et, hypnotisée, regarde l'eau emporter ma peine dans une danse tourbillonnante qui frappe l'émail avec un bruit de cascade.

Après la visite de contrôle d'Émilie, nous allons voir Romy. J'ai du mal à marcher, mais qu'importe. Cette douleur n'est rien comparée à celle qui m'enserre le cœur. Dans l'ascenseur qui nous mène à la morgue, je croise une auxiliaire de puériculture, puis un brancardier, avec qui je travaille, au service maternité. Gênés, l'un et l'autre détournent le regard. L'information a circulé et je préfère. Je n'aurais pas supporté une remarque du type :

— Génial, c'est le grand jour ! Tu viens pour accoucher ?

Je serre le petit corps gelé de ma fille contre le mien. Thomas nous enlace toutes les deux. Nous ne pouvons pas rester très longtemps. Lorsque je la dépose dans son berceau, je remets en place son minuscule bonnet, pour qu'il couvre parfaitement sa tête, je caresse son visage. Mes larmes brûlantes s'écoulent librement et tombent sur sa joue.

Quand nous regagnons ma chambre, Thomas m'annonce qu'il doit se rendre chez nous, où son père l'attend, pour ranger celle de Romy. Cette fois, il a dit *ranger* et non pas *vider*. Je ne l'aurais pas supporté et je crois bien que pour lui aussi ce mot trop laid aurait été douloureux.

Le lendemain matin, avant de quitter la clinique, je retourne voir Romy. Quand je la dépose dans son berceau, je sais que plus jamais je ne referai ce geste. Depuis près de trois jours, je n'ai quasi pas dormi, j'ai asséché mon puits de larmes. Malgré la douleur qui me ravage le ventre et le cœur, je ne parviens plus à pleurer.

Je monte dans la voiture de Thomas, je m'assois à l'avant et non à l'arrière avec mon bébé à mes côtés. Quand je vois l'ombre de la clinique s'éloigner dans le rétroviseur, je prends conscience que je n'y reviendrai pas. Y travailler de nouveau s'avérerait impossible.

Le silence de la maison me fait du bien. Je crois que j'avais besoin de ça, de calme, ne plus entendre des gens échanger sur des broutilles, rire de futilités, me parler comme si le pire ne s'était pas produit. Sur la porte de la chambre de Romy, les quatre lettres ne dansent plus. Je ne la pousse pas, je sais ce que je vais y trouver : du vide, rien que du vide. Thomas m'a dit qu'ils avaient entreposé les affaires de Romy dans le garage, mais qu'ils n'avaient rien fait de plus. Il ne savait pas ce que je souhaitais y mettre. Avant de l'attribuer à notre fille, nous y stockions quelques meubles que j'avais restaurés, un clic-clac et des objets dénichés lors d'une brocante.

Thomas dépose mon sac dans notre chambre. Rien d'autre n'était à prendre dans la voiture. Il me rejoint dans mon bureau.

— Je vais préparer quelque chose à manger.

— Je n'ai pas faim.

— C'est pas grave. J'ai juste besoin de m'occuper.

— D'accord. Je vais appeler l'imprimeur pour les faire-part.

Il me propose de s'en charger, je refuse. Moi aussi, j'ai besoin de participer sur le plan matériel, pour concrétiser ce fait : Romy est décédée.

Je rallume mon portable que j'avais laissé éteint depuis trois jours. Plusieurs notifications m'informent d'appels et de messages reçus : mes parents bien sûr, une cousine dont je suis très proche, mes beaux-parents, Romain, mon beau-frère et son épouse, Mathilde. Je rappellerai mes parents après. Je n'ai pas encore échangé avec eux, emportée par le cataclysme de ces derniers jours.

Bien qu'il n'ait aucune valeur émotionnelle pour mon interlocuteur, le premier coup de fil destiné à l'imprimeur s'annonce douloureux. Je compose le numéro, me présente et explique la situation. Il m'adresse ses condoléances et m'informe que l'acompte versé est perdu. Sa mesquinerie me donne la nausée. Qu'est-ce que je m'en fiche de son fric, je peux même le payer intégralement, s'il le veut !

Thomas passe sa tête par l'entrebâillement de la porte. Finalement, il a changé d'avis, il préfère bouger. Si je n'ai pas besoin de lui, il s'arrêtera à la pharmacie avant de se rendre à la salle de squash. Romain a proposé de l'y rejoindre durant sa pause déjeuner. Ils jouent ensemble tous les mardis soir et, ponctuellement, quand l'un ou l'autre veut se défouler. J'approuve d'un signe de tête. Si mon corps m'y autorisait, j'irais moi aussi déverser ma rage sur un cours de tennis ou bien, enfermée dans le garage, je restaurerais le dernier meuble que j'ai chiné.

Lorsque je suis certaine d'être seule, je respire un grand coup et compose le numéro de mes parents.

— Maman ? C'est moi ! articulé-je les yeux noyés de bruine.

— Mia ! Je suis si désolée pour toi, pour vous, je suis si triste, dit-elle d'une voix étouffée. Qu'est-ce que je peux faire pour t'aider ?

— Rien.

Et c'est vrai. Existe-t-il des mots, des gestes, des actes qui pourraient maquiller ma douleur, ressusciter Romy ? Je ne crois pas. Alors personne ne peut rien pour moi. Ma mère propose de me rejoindre, je n'en ai pas envie. Je l'adore vraiment, mais j'ai un profond besoin de solitude et de silence. Je ne veux entendre aucune parole compatissante, voir aucun visage défait. La seule chose qu'elle peut faire pour moi consiste à prévenir l'entourage du drame, ça m'épargnera.

Un peu avant treize heures, Thomas arrive les bras chargés de victuailles. Il a commandé des sushis, mon plat préféré.

— Il faut que tu manges.

Je promets et il repart pour sa séance de squash. Dans l'immédiat, je n'ai pas faim. Rien n'a de goût, rien n'a de sens, rien ne me captive. Tout est devenu morne, fade, dénué d'intérêt. Je suis enfermée dans ma prison de souffrance. Il y a un énorme décalage entre moi et les autres. Leur vie continue tandis que la mienne s'est arrêtée brutalement, en pleine ascension du bonheur.

J'aimerais prendre un bain, mais c'est trop tôt. Aussi je me rabats sur une longue douche chaude. Je masse ma poitrine douloureuse sous la montée de lait. Thomas m'a ramené les médicaments nécessaires pour la stopper. Tous ces signes de maternité, les douleurs liées à l'accouchement, deviennent insupportables quand les bras restent aussi vides que le ventre est gonflé.

J'essaie de me remémorer les évènements et c'est atroce, car je ne me souviens pas du moment où Romy est née. J'ai un horrible trou noir. Cet instant ne s'est pas imprimé dans ma mémoire, alors que je peux encore raconter la mise à bas de notre chatte lorsque j'avais huit ans. C'est cette première rencontre avec des chatons qui m'a donné l'envie de devenir obstétricien. Cet énorme trou noir m'afflige. Les moments avec Romy sont trop rares, trop précieux pour être bafoués, oubliés. Je m'en veux.

Après la douche, je m'attable au comptoir de la cuisine. Thomas rentre tandis que je me force à picorer. Il semble satisfait de me voir manger.

— Je m'inquiète pour toi, Mia.

— Je sais, dis-je en lui tendant une main. Et moi, pour toi.

Il s'approche, m'embrasse sur le front comme à son habitude. Je rassemble mon courage à deux mains pour prononcer cette phrase qui m'entaille le palais :

— Il faudra s'occuper de ses funérailles.

Il opine en silence. Après une sieste d'une grosse heure, insuffisante pour combler tout le sommeil manqué de ces derniers jours, nous nous rendons aux pompes funèbres.

13 — LOÏSE

Fin juillet

Je retourne chez le vétérinaire, sans Frimousse. Ce n'est pas elle qui a besoin d'aide, c'est moi.

Paul est de plus en plus agité, ses cris augmentent en intensité et en fréquence, tout paraît l'agresser. Et quand il ne crie pas, il est enveloppé d'une coquille hermétique, comme enfermé dans un Tupperware. Durant les semaines de congé de Ben, quand il conduisait Paul à la crèche, la directrice a demandé à nous rencontrer, tous les deux. Il ne m'en a rien dit. Je l'ai découvert lorsque j'ai repris les accompagnements de Paul. Je suis passée pour une imbécile. Une coach en développement personnel qui ne communique pas avec son conjoint, ça la fout bien !

C'est comme ça qu'il y a une semaine, Ben et moi étions assis sur des chaises d'enfants bien trop étroites pour ses baobabs. La directrice, accompagnée d'une éducatrice, nous a alertés :

— Nous avons eu une réunion, et les comportements de Paul interpellent certains membres de l'équipe. Il crie beaucoup, la présence des autres enfants semble le déranger. Et puis, il ne babille pas, ne vocalise pas. Il pousse juste des cris.

Donc, au début du mois, l'auxiliaire de puériculture avec qui j'avais discuté m'avait affirmé que tout allait bien. Puis quelques jours plus tard, réunion, et *bam*, rien ne va plus ! À croire que j'avais interrogé pile celle qui voit toujours le verre à moitié plein.

J'ai demandé à la directrice si le tableau lui évoquait quelque chose en particulier. Elle a botté en touche et m'a renvoyée vers notre pédiatre ; elle n'est pas, je cite, en mesure de poser un diagnostic. Rien que le mot « diagnostic » est lourd de conséquences, il laisse entendre qu'elle soupçonne une maladie. En sortant, Ben a ragé :

— Ils nous emmerdent à vouloir coller notre gosse dans des cases. Qu'ils le laissent grandir à son rythme !

Sujet sensible, je n'ai pas relevé. J'avais l'estomac noué, et en même temps, j'étais soulagée. Je n'étais pas toute seule à voir le Tupperware de Paul. Je ne dramatisais pas gratuitement. Sitôt arrivée à la maison, j'ai sauté sur mon téléphone. J'ai pris rendez-vous chez le pédiatre, j'avais des arguments à lui mettre sous le nez. Et pour en avoir davantage, en attendant, j'ai eu une occupation qui a viré à l'obsession : observer les enfants d'un âge approchant celui de Paul. Oui, ils se comportent tous de façon différente. Mais je remarque des points communs : de la curiosité, de l'attention pour ce qui les entoure, une manière de fixer avec vivacité, l'envie de voler le râteau du petit copain. Paul n'a rien de tout ça.

Je me suis rendue hier chez le toubib, mais, une fois de plus, il a rejeté mon ressenti de mère. Verdict : je devrais consulter un psy. Paul va bien. Il va très bien. C'est peut-être moi qui ai un problème à vouloir absolument lui trouver des tares. Quel con ! Lui aussi, je le prendrais bien pour cible afin de tester mes progrès en Krav-maga. Dommage que ce ne soit pas autorisé, ça me démange. Et peut-être même que ça lui remettrait les idées en place, à défaut d'autre chose !

Je n'en ai pas parlé à Ben, ça n'aurait fait que renforcer ses « Arrête de chercher un truc qui cloche ! Y en a pas ! ».

Face au déni des uns et des autres, la seule solution à mon problème m'a paru se trouver chez le vétérinaire. Alors que Ben est occupé à la maison avec Côme en cette fin de journée, j'ai prétexté un vaccin pour notre cadet et suis allée faire le pied de grue devant chez le véto, Paul dans sa poussette.

Quand l'auxiliaire quitte son travail, accompagnée de ses collègues, je la hèle. Tout le monde se retourne, je m'approche de celle qui m'intéresse et lui demande si elle a un moment à m'accorder. Elle accepte, on reste plantées sur le trottoir, devant le cabinet vétérinaire.

— Je voulais vous parler de ce que vous avez dit la dernière fois, au sujet de mon fils.

Je n'ai pas besoin de développer davantage, elle capte tout de suite mon allusion.

— Désolée, c'était une erreur et c'était maladroit, s'excuse-t-elle sans oser me regarder franchement. Je ne sais pas ce qui m'a pris de vous dire ça.

— Je crois, qu'au contraire, c'était la meilleure chose qui me soit arrivée.

Elle plonge ses yeux dans les miens, étonnée. Je reprends :

— Depuis plusieurs mois, des détails m'inquiètent au sujet de Paul, mais je semble être la seule à les voir. Et vous, en quelques secondes, vous avez mis un mot, très laid, très douloureux, sur ce quelque chose. Vous m'avez obligée à réagir. Pourquoi vous pensez que mon fils est autiste ?

Elle s'accroupit au niveau de Paul. Puis elle me précise, sans cesser de le fixer.

— Je n'ai pas toujours travaillé auprès des animaux. Avant ça, j'étais auxiliaire de vie en Institut médico éducatif.

— Je ne sais pas ce que c'est.

Elle se relève et m'explique :

— Ce sont des établissements spécialisés qui accueillent les enfants et les adolescents handicapés qui présentent une déficience intellectuelle. Des autistes, des trisomiques, des enfants avec des syndromes rares. Ils ont souvent été construits loin des quartiers d'habitation, dans des coins plus isolés. Il faut cacher ceux qui nous font honte.

Je perçois une note de dégoût dans ses propos que je ne comprends pas. Je la laisse poursuivre.

— J'y ai passé dix ans avant de jeter l'éponge. Manque de moyens, manque de formation, manque de personnel, des équipes épuisées, désinvesties, parfois au bord du burn-out. C'est dur de rester dans ce milieu. Et puis, dans certains établissements, il existe encore un courant psychanalytique qui culpabilise les parents, la mère surtout. Si un enfant va mal, c'est forcément la faute de la mère. Certains pédopsychiatres vont jusqu'à dire que la mère est la raison qui explique l'autisme des enfants. Les mentalités évoluent heureusement, mais pour certains, ça reste ancré. Alors oui, je sais, je suis qu'une petite auxiliaire de vie sans grand diplôme, mais des gamins comme votre petit, j'en ai vu plein. Je suis pas médecin, mais certains signes ne trompent pas, même s'il est encore jeune.

J'ai l'impression d'avoir atterri dans la quatrième dimension. J'ai mille questions qui se bousculent dans mon crâne. Soudain, c'est comme si je détenais un bout de la clé de mes problèmes et qu'en même temps, mes problèmes devenaient illimités. Elle a l'air calée sur le sujet, je veux tout savoir. Je lui propose de prendre un pot en terrasse, elle accepte. On avance jusqu'à une place ombragée, où sont posés des chaises en fer et des guéridons colorés. On s'installe et je laisse aller ma soif de comprendre et d'apprendre.

Après avoir prévenu son époux de son retard, elle répond à toutes mes questions et me raconte ce qu'elle sait de cette maladie. Elle commence par m'expliquer que, justement, ce n'est pas une maladie, mais un trouble du développement. Le tableau qu'elle en dresse s'avère effroyable. Le handicap peut prendre de multiples facettes : de l'autiste haut potentiel, qui peut discuter, travailler (ceux qu'on nous montre à la télé), à l'autiste déficient intellectuel, non verbal, avec des troubles du comportement et totalement dépendant des autres, la palette est large. Les points communs sont les difficultés relationnelles, les difficultés de communication (même pour ceux qui parlent), les stéréotypies[6]. En France, huit mille autistes naîtraient tous les ans, soit un enfant sur cent[7]. Ce chiffre me donne le tournis !

Je bois ses paroles en jetant un œil inquiet sur Paul. Je projette sur lui ce qu'elle me raconte. Elle me décrit ces enfants devenus grands, avec des troubles sévères à cause d'un quotient intellectuel égal à celui d'un bébé de quelques mois malgré leurs corps d'hommes, pour qui aucune structure n'est réellement adaptée. Heureusement, elle évoque aussi ceux, moins en difficultés, qui ont réussi à être scolarisés et ont trouvé du travail en milieu protégé ou en milieu ordinaire. J'oscille

---

[6] Gestes répétitifs, rythmés, sans but apparent, qui aide la personne à favoriser l'évitement et/ou à s'auto-stimuler.
[7] Source autismeinfoservice.fr

entre peur et espoir.

Cette femme dégage une vraie bonté. Même si elle a conscience de la douleur qu'elle m'inflige, elle ne filtre rien, elle veut m'alerter sur les difficultés à venir, à trouver les bons accompagnements, les bonnes structures, si Paul est vraiment autiste.

— Si j'étais à votre place, si j'étais dans l'ignorance de ce qui m'attend, alors j'aimerais que quelqu'un m'en parle comme je vous en parle. Et je perdrais pas de temps. Plus tôt votre enfant sera suivi, plus ce sera bénéfique.

Elle a raison. Ses mots me secouent. Mais, si violents soient-ils, ils me permettent de prendre la mesure de ce qui se profile, pour mieux m'armer. C'est fini Loïse au pays des Bisounours.

Je rentre chez moi plus déterminée que jamais. Je dois agir, et vite. Je ne dis rien à Ben de ce que je viens d'apprendre, je le mettrai devant le fait accompli. Il n'aura pas d'autre choix que d'accepter le handicap de notre fils, même si ce mot abîme ses lèvres et insulte son ego. Seulement, je ne sais pas encore : par quel bout prendre le problème ?

14 — OLGA

Fin juillet

J'arrive à la maternité accompagnée par une pluie d'été, tiède, drue, bruyante. Je frappe doucement et entre à pas de velours dans la chambre plongée dans la semi-pénombre, où Alice enveloppe Yon de ses bras et la berce contre sa poitrine en lui susurrant des mots d'amour. Elle lève ses yeux vers moi et son visage illumine la pièce, elle irradie de bonheur. Brute de décoffrage, directe, Alice ne travestit pas la réalité. Si elle n'était pas heureuse, tout dans sa posture le hurlerait.

— C'est mamie Olga, chuchote-t-elle à Yon.

Elle promène son regard de sa fille à moi, ses pupilles éclairées par la joie, un sourire campé sur ses lèvres, fière de ce qu'elle a accompli. Je me penche vers elles, je dépose un baiser léger sur la tête de ma petite-fille.

Ma petite-fille.

Enceinte, j'espérais une fille. Lorsque j'ai compris tout le poids de l'impuissance, de la frustration, du stress et de la subordination que représentait la maternité, j'ai regretté qu'Alice ne soit pas un garçon. Afin qu'elle n'ait pas à vivre cela à son tour. Quand je la vois, rayonnante, je me dis que j'ai eu tort, que l'épanouissement dans la maternité existe, bien que je n'aie pas réussi à le trouver.

Yon s'agite légèrement, puis un cri puissant surgit de sa frêle cage thoracique ce qui éveille une certaine panique dans ma tête où une migraine soudaine pointe son nez. Alice rassure Yon d'une voix câline, dégrafe son soutien-gorge, et l'installe pour la tétée. Goulue, la petite ferme les yeux et se délecte du liquide chaud et sucré que lui offre sa mère. Je contemple le tableau comme une scène de cinéma, une peinture, une irréalité. Les gestes sûrs et réconfortants, Alice semble avoir été frappée par cet instinct maternel immédiat, là où je me suis improvisée mère des années durant.

Mon mal de tête s'assoupit, je continue à les admirer, enveloppée par le murmure nonchalant du ventilateur et m'installe dans le fauteuil auprès d'elles. Leur connexion instantanée m'emplit d'une émotion que je n'aurais pas soupçonnée, une forme d'attendrissement. Les voir ainsi me touche profondément, me bouleverse à m'en faire frissonner malgré la chaleur. Ce lien entre elles, cette fusion perceptible, m'intimide, m'attriste, m'apaise. M'intimide, car ma fille vient de basculer dans le monde des adultes. M'attriste, car ne pas avoir connu cet état de grâce me peine profondément. M'apaise, car j'ai la sensation qu'à elles deux, elles viennent de casser un cercle que je craignais infini.

Alice a tant espéré cette petite fille, ce bébé miracle qui a mis cinq ans à concrétiser leur rêve, après un parcours FIV semé d'espoirs, d'examens divers, de déceptions, de piqûres de stimulation ovarienne, de larmes, d'absences professionnelles, de prélèvements d'ovocytes, de manque de bienveillance des médecins, de pleurs dans mes bras.

Ironie du sort, moi qui regrettais d'être mère, je devais consoler ma fille qui désespérait de le devenir. Combien de fois m'a-t-elle expliqué qu'elle se sentait incomplète, pas femme, puisque incapable d'enfanter ? Je n'avais qu'une envie : lui crier qu'être dotée d'un utérus ne résumait pas sa condition, qu'elle pouvait s'épanouir sans enfanter et qu'elle pourrait même regretter sa liberté, sa vie de jeune femme amoureuse et investie professionnellement. Mais tout ça relevait de l'indicible pour moi, de l'inentendable pour elle.

Alors j'ai gardé mes mots de consolation, qui n'en auraient pas été, et je les ai portées à bout de bras, elle et ses montagnes russes émotionnelles. À chaque claque, à chaque test négatif, à chaque nouvelle insémination ratée, elle se tournait vers moi. Lorsqu'elle se délitait, je ramassais les morceaux un à un, je tentais tant bien que mal de les recoller avec des encouragements qui sonnaient faux à mon oreille. Plus que jamais, je me sentais comme une usurpatrice à la rassurer avec des paroles dénuées de sens pour moi.

Quand enfin, après des années d'un combat sans relâche, un test s'est révélé positif à la suite d'un don d'ovocytes effectué en Espagne, une joie infinie a envahi Dong-Soo et Alice. Les premiers mois ont été très stressants, la peur d'une fausse-couche entamait leur plaisir. Ils n'ont commencé à respirer sereinement qu'à compter du quatrième mois, même s'ils restaient sur le qui-vive.

Tout le contraire de moi qui ai vécu une première grossesse réjouissante. Même si je me souviens de cette impression de ne plus appartenir à moi-même lorsque j'étais enceinte, dépossédée de mon intimité. Une fois l'annonce de la grossesse faite à notre entourage, mon ventre s'était transformé en une affaire publique. Chacune y allait de son conseil, de son anecdote, y compris cette inconnue au cours d'une réunion qui m'a demandé la permission de le caresser. La rondeur de mes formes octroyait aux autres le droit de s'immiscer dans cette sphère privée, qui n'aurait dû concerner que Philippe et moi.

J'ai pris garde, au cours des neuf mois passés, à ne pas me montrer intrusive dans la maternité d'Alice. En revanche, je m'informais régulièrement de ses ressentis, de ses humeurs, et je l'alertais tant bien que mal de la possibilité de rencontrer *quelques* difficultés. Et que, le cas échéant, elle devrait prendre le temps de faire connaissance avec son enfant. À chaque fois que j'abordais le sujet du bout des lèvres, elle me regardait étrangement, puis finissait par balayer mes craintes d'un revers de la main. À ses yeux, mes propos semblaient incongrus !

Elle avait raison, elle paraît à sa place. Enfin complète.

— Au fait, merci pour les cadeaux. Tu as dû te ruiner, murmure-t-elle sans cesser de dévorer Yon de ses yeux.

J'élude. Le poids de ma culpabilité ne se mesure pas et ce tableau iconique de ma fille allaitant sa propre fille accroît cette lourdeur. La mère nourricière, le fondement de la femme, cette mère capable de tout, qui comprend tout, qui devine tout. Elle existe vraiment et elle se tient face à moi, matérialisée dans la chair de ma chair.

Je regarde ma montre. Je suis arrivée depuis cinq minutes et pourtant, j'ai déjà envie de partir. Je crains le moment où Alice me proposera de prendre Yon. À part mes enfants, je n'ai jamais porté d'autres bébés, cela ravive trop de souvenirs douloureux et ne me procure aucun plaisir.

Trois petits coups retentissent puis les parents adoptifs de Dong-Soo apparaissent. Je me lève pour les saluer, Mariline m'embrasse promptement, sans me prêter réellement attention, ses prunelles mangent déjà sa petite-fille. J'en profite pour m'écarter un peu et échanger quelques mots rapides avec Jean-Paul en chuchotant.

Un silence expressif retentit, nous écoutons les petits bruits émis par cet être minuscule qui lie nos sangs. Tous les regards convergent vers Yon, qui signifie fleur de lotus en coréen, en hommage aux origines de Dong-Soo. Tous les regards sauf le mien ; une autre contemplation m'absorbe et me déroute. Mes pupilles sont rivées sur ces deux femmes, l'une mère adoptive, l'autre mère grâce à un don d'ovocytes, qui irradient d'amour et je ne m'en sens que plus déplorable. Elles se sont battues des années durant pour atteindre leur rêve, serrer contre elles un enfant qu'elles désiraient, qu'elles méritaient. Seul un fossé d'incompréhension peut se creuser entre elles et moi, ce qui m'enferme davantage encore dans ma solitude, dans mes non-dits. Je peux comprendre leurs parcours, leurs souffrances. Mais elles, peuvent-elles accepter les miens ?

Je m'éclipse sans bruit et sur le trottoir luisant, je laisse la pluie d'été emporter ma honte étouffée.

15 — MIA

Fin juillet

Trois semaines sans toi. Trois semaines que je me bourre de somnifères pour braver la nuit et que je m'abrutis d'antidépresseurs pour affronter le jour. Émilie prescrit, Thomas fournit. Même si je sens qu'il désapprouve. Je crois que Mia la combative est morte avec toi, même si dès le lendemain des obsèques, j'ai repris le cours du quotidien. Pour une unique raison : survivre. Malgré mes cauchemars, mes peurs, mon épuisement, ma souffrance : survivre.

À l'extérieur, je ne montre rien, j'affiche le masque impassible qui m'a toujours caractérisée. Je fais les courses, je sors, je parle avec ceux qui ont le courage de m'appeler ou de me rendre visite — ils sont rares, la mort fait peur —, je réponds aux quelques messages de soutien que je reçois avec politesse, je chine, je restaure les meubles qui attendaient leur tour. J'ai épuisé toutes mes larmes, j'affiche un sourire que je m'emploie à ensoleiller, pour la façade.

À l'intérieur, le chaos, le néant, une terre bombardée. Je ne mange quasi pas, je dors mal, des pleurs fantômes qui n'existent que dans ma tête me réveillent en sursaut. C'est aujourd'hui que tu aurais dû naître en poussant de grands cris, si ton cordon ne t'avait pas coupé le souffle. Cette date que je redoutais est arrivée. Alors, pour la première fois, je te rends visite au cimetière. Je n'avais pas encore eu la force d'y revenir. En chemin, je m'arrête chez la fleuriste.

Ta tombe est magnifique, ornée de fleurs fraîches, de plaques, de doudous. Je pense que tes grands-parents viennent t'embrasser régulièrement ; des amis de la famille aussi, peut-être ; ton papa, sans doute. Je m'assois auprès de toi. Je fixe la pierre tombale sur laquelle une seule date est gravée. Il n'y a pas ton portrait. Juste une esquisse qui te représente, avec ton petit bonnet, ton superbe pyjama, que nous avons fait dessiner à partir des photos que nous avons de toi.

Je laisse mon chagrin laver ma douleur. Finalement, je n'avais pas asséché ma source lacrymale. Quand mes pleurs se tarissent, je te parle. Je te raconte le manque de toi, la vie sans toi, tous nos rendez-vous manqués, tous les souvenirs que nous ne construirons pas, les visites que tu me rends lorsque les étoiles sont réveillées, mes réveils abrupts, le cri que je pousse quand je réalise que tu t'es envolée trop loin de moi.

La dernière fois que je suis venue ici, c'était pour t'accompagner dans ta première et dernière demeure. Je ne sais plus s'il faisait beau et chaud, s'il pleuvait, si le bleu du ciel rayonnait ou si le gris nous assommait. Je ne me souviens que de toi. Le corbillard est arrivé, tes grands-pères ont porté ton minuscule cercueil. Le cortège restreint à la famille proche s'est aligné, et nous les avons suivis jusqu'à ta tombe. Moi, raide, dans ma tenue rose à paillettes. Je voulais t'honorer, aucune autre couleur n'aurait eu de sens pour moi. Ton père, les yeux rouges et gonflés. Nous nous arrimions l'un à l'autre. Nous nous tenions la main de toutes nos forces, pour ne pas chanceler, ne pas sombrer.

Je ne voulais pas te laisser partir seule, alors, dans ton cercueil, j'avais glissé ton doudou, celui que j'imaginais être ton préféré avec le peu que je devinais de toi, une photo de mariage de ton papa et de moi, une autre d'Adam, ce frère qui ne te connaîtra jamais, et un tee-shirt empreint de mon odeur pour te rassurer.

Ta grand-mère maternelle a récité un poème à ton intention, ton oncle paternel, un joli texte qu'il avait pioché dans une de ses lectures. Et puis moi, j'ai dit beaucoup de mots. J'ai dit ta beauté, tes cheveux couleur de miel. J'ai dit la vie que je t'avais imaginée et que tu ne connaîtras jamais. J'ai dit tout le manque de toi. J'ai dit ton odeur, les images que j'ai réussi à capturer durant les quelques heures où je t'ai tenue au creux de mes bras. J'ai dit les presque neuf mois de vie que j'ai pu partager avec toi. Le bonheur que c'était. Le déchirement de ne pas en partager davantage. Je parlais, je parlais, je te racontais, sans cesser de te regarder, de t'imaginer dans ta couche éternelle. J'ai parlé sans pouvoir m'arrêter, comme si j'étais seule, j'ai parlé pour toi, pour que tu saches. Le visage barbouillé de mascara, de mèche, de sillons salés, mais je m'en fichais. Je savais que cet instant était le dernier où tu serais physiquement auprès de moi.

Enfin, ils ont descendu ton cercueil dans le trou et nous l'avons recouvert de fleurs blanches, des roses, des lys. J'aurais aimé être une de ces fleurs, me faner à tes côtés, t'accompagner dans ce nouvel abri. Alors je suis entrée dans ce trou béant. Je me suis accroupie auprès de toi en serrant les fleurs de toutes mes forces, avant que tu ne sois ensevelie pour l'éternité. Et je suis restée prostrée un instant infini. Je ruisselais. Puis, on m'a aidée à me relever. Des paroles d'encouragement, de soutien m'ont survolée. Je les ai ignorées. Je suis rentrée à la maison, je ne sais même plus comment. Sans toi, encore une fois. J'ai gardé ma tenue à paillettes, une épine de rose incrustée sous ma chair et l'odeur de la terre sur mes mains aussi longtemps que possible. Derniers bouts de toi.

Aujourd'hui, je te fais cette promesse : jamais je ne t'oublierai et je viendrai te voir plus souvent à l'avenir, pour te raconter la vie, les saisons, les couleurs. Pour te parler encore et encore, te bercer de ma voix et te rassurer, parce que tu as peut-être peur, parfois, seule, dans la pénombre de ton cercueil. Je t'aime tellement et tu me manques davantage encore, ma Romy, ma merveille étoilée.

Laminée, je rejoins la grille forgée du cimetière. J'ai mon premier rendez-vous avec une psychologue juste après. Je m'y suis résignée face à l'exigence de Thomas de trouver une solution alternative aux médicaments et face à l'immensité de ma douleur. Cette douleur que je refuse d'exposer aux yeux des autres, mais que mon mari ne peut ignorer. Thomas a repris le chemin du travail le lendemain des obsèques. Il n'a pas morflé dans sa chair comme moi. Il n'a pas poussé pour la mettre au monde, il ne subit pas les modifications hormonales. Et il vit comme si rien ne s'était passé ; je lui en veux de son indifférence. Aux aguets, je traque les signes qui trahiraient sa peine. Il travaille, joue au squash, cuisine, sort avec son frère Romain. Il n'a pas besoin d'un psy, lui.

Moi, je *profite* de mon *congé maternité*. Quelle ironie ! Tout crie que je suis une maman : mes seins trop gonflés, mon ventre trop rond, les papiers que m'envoie la CAF, les vêtements de grossesse que je porte encore, mes vergetures, le lit à barreaux dans notre garage, la rééducation du périnée. Et pourtant, il n'y a pas de bébé. Il n'y en a plus. Je suis une mère qui ne l'est *plus*. Je l'ai été quelques heures seulement. Cependant, dans mon cœur, je le reste à jamais même si Romy ne marche pas à mes côtés pour attester de ce statut, même quand les traces de maternité se seront estompées, même quand certains auront oublié qu'elle a existé. Alors, tandis que Thomas travaille, je me retrouve face à ma solitude où j'ai tout le temps pour ruminer.

Cette première consultation psychologique se passe bien, pourtant je ne suis pas convaincue. Même si je me sens en deuil, une *mamange*, c'est un deuil sans souvenirs. Et c'est bien toute la difficulté. Je ne peux pas ressasser ma douleur indéfiniment, mais je ne peux pas non plus me remémorer Romy. Mes bras restent vides et je n'ai rien à dire sur elle, sur son caractère, ses comportements, sa courbe de croissance, ses bêtises. Je ne sais pas si j'y retournerai, je pense m'en sortir aussi bien toute seule. Lorsque je l'explique à Thomas, il se montre dubitatif, il veut que j'essaie encore. Je m'engage à effectuer cinq séances, ensuite, j'aviserai.

Une semaine plus tard, j'ai rendez-vous avec ma banquière. J'avais entamé des démarches pour investir dans un logement locatif. Nous nous étions rencontrées une semaine avant le décès de Romy, elle savait que j'allais accoucher. Aujourd'hui, nous devons finaliser mon dossier, j'apporte tous les papiers demandés. Elle m'accueille avec un large sourire, me serre la main, m'invite à la suivre dans son bureau.

— Alors, ça y est vous avez accouché ? Vous avez l'air en pleine forme !

J'ai encore huit kilos en trop, des cernes que le maquillage ne masque pas, et même si je m'applique à m'habiller, me coiffer, et sourire, je ne crois pas avoir l'air en forme. Loin de là. J'ignore ses remarques et ne réponds pas, mais elle insiste.

— Fille ou garçon ?

— Une fille.

Elle devrait remarquer ma retenue, mon manque d'enthousiasme, pourtant, elle continue et m'achève.

— Amenez-la, la prochaine fois. J'adore les bébés.

J'aurais pu éluder, ne pas répondre cette fois encore, mais je ne vais pas simuler pour protéger les autres, je ne vais pas supporter ses questions au sujet de Romy à chaque entretien. Alors j'énonce les faits, froidement.

— Elle est morte.

Sa bouche affiche un « Oh ! » de surprise, ses traits s'affaissent une fraction de seconde.

— Je suis désolée, c'est terrible.

Puis elle étire à nouveau ses lèvres et m'assène avec toute sa compassion :

— La vie continue, vous êtes jeune, vous pourrez en faire un autre !

Mon cerveau bugge quelques secondes. Il a du mal à analyser l'énormité de cette ineptie. De quoi parle-t-elle au juste ? Où a-t-elle lu, vu, entendu, que les enfants étaient interchangeables, comme des vêtements, des sacs à main ou peut-être ses clients ?

— Vous êtes ignoble !

Ce déni de mon ressenti est insoutenable. Je me lève sans la saluer. Des maladresses, des mots malheureux, j'en ai entendu quelques-uns depuis le décès de Romy, mais là, c'est le bouquet. En chemin, j'ai le temps d'y repenser. Les sourires gênés lorsque, pour la première fois, je croise quelqu'un qui sait. La difficulté à poser cette question, horriblement banale, mais terrifiante dans ma situation : « Ça va ? ». La peur de ce que je vais répondre, que je déverse un flot de larmes sans pouvoir m'arrêter. L'étonnement quand j'énonce avec neutralité : « Ça va », parce qu'au fond, que leur rétorquer d'autre ? Ce qui m'a valu quelques remarques telles que : « Je ne sais pas comment tu fais pour tenir debout, à ta place je serais dévastée ». Mais je le suis ! Je *suis* dévastée. Toutefois, mon chagrin embarrasse, dérange, encombre, effraie. Alors, je le garde pour moi. J'enfile mon masque au sourire gris, la supercherie simplifie ma relation aux autres.

Je ne sais même pas si je leur en veux. Moi aussi, j'étais remplie d'idées préconçues, de phrases toutes faites, de croyances. Fonceuse, j'avais du mal à supporter ceux que je considérais comme faibles parce que larmoyants, émotionnels, sentimentaux. Les bouleversements hormonaux avaient déjà suscité quelques transformations en moi. Le décès de Romy a tout emporté. La fragilité de la vie que j'ignorais jusqu'alors m'ébranle chaque jour. Je réalise que j'ai pu me montrer rugueuse avec mes patientes, j'ai sans doute manqué d'empathie, de bienveillance, de patience. La perte de Romy m'apprendra au moins cela : être un meilleur moi dans l'exercice de ma fonction et avec mon entourage.

Quand j'arrive à la maison, je commence à réfléchir à l'ameublement de la chambre de Romy. J'ai à la fois besoin de me défouler et d'apporter un peu de chaleur dans cette pièce remplie de vide depuis un mois. Romy aurait dû avoir une semaine aujourd'hui si elle était née à terme, je ne veux plus de vide dans sa chambre. J'ai décidé que nous y mettrions une bibliothèque qui traîne dans le garage, une console pour accueillir des bougies, deux fauteuils pour la lecture, des tableaux, des rideaux. Peut-être que, dans quelque temps, je parviendrai à y accrocher un portrait de mon étoile, que je l'agrémenterai d'un ou deux accessoires initialement prévus pour sa chambre.

Thomas rentre du travail, cette idée symbolique le satisfait. Il s'imagine que je vais mieux. C'est un leurre, un léger sursaut dans une marée de tristesse. On ne peut pas se remettre de la perte d'un enfant en un mois. J'ai parfois l'impression que le gouffre qui nous sépare dans la façon dont nous appréhendons la situation se creuse de jour en jour. Je ronge mon frein pour ne pas me laisser aller à des reproches sanguinaires, mais je lui en veux de son attitude. Il va de l'avant alors que je m'enlise.

16 — LOÏSE

Fin août

Le lendemain de ma discussion avec l'auxiliaire vétérinaire, j'ai téléphoné à ma mère. J'avais besoin de me confier à quelqu'un, je ne pouvais pas en parler avec les autres épouses/concubines de rugbymen. Une grande famille, c'est aussi un lieu où les secrets sont mal gardés, même si « Promis, juré, craché, je ne dis rien à personne ». Généralement, moins de vingt-quatre heures plus tard, tout le monde est au courant, de l'entraîneur aux joueurs en passant par leurs femmes, leurs gosses, leur hamster et la belle-famille. C'est limite si la Dépêche du Midi ne fait pas sa Une du dernier cancan à la mode dans le célèbre club.

Les mots de ma mère m'ont frappée : elle m'a dit qu'elle était heureuse que j'aborde le sujet. Elle n'osait pas m'en parler. Pour elle, Paul a un souci. Lequel ? Elle l'ignore. Cependant, elle le trouve différent de ce que j'ai pu être petite fille, de Côme, de mes cousins et cousines. C'était la première fois que je lui confiais mes inquiétudes. Je ne suis pas du genre à m'attarder sur les problèmes, et puis j'ai peut-être pratiqué plus que de raison la politique de l'autruche. C'est normal, je suis ennéagramme[8] 7, autrement dit, Peter Pan, l'épicurien. Rien ne m'importe plus que la recherche du plaisir, la poursuite de la joie et de l'optimisme. Je trottine après les papillons qui volettent, je joue de la flûte en faisant tournoyer ma natte, ignorant les nuages noirs qui pourraient menacer, je jette des poignées de poudre de perlimpinpin en l'air pour éloigner les problèmes. Je déteste la souffrance, je l'évite, je

[8] L'ennéagramme est un outil utilisé en coaching et en thérapie pour définir sa personnalité, selon 9 profils types.

la fuis. Je la hais. Un enfant handicapé, c'est de la souffrance en barre, de la souffrance puissance mille, des rêves qui s'écroulent, des projets qui s'effondrent, des vies qui se désagrègent. Des nuages noirs qui s'amoncellent en masse, grimpant sur le dos les uns des autres, jusqu'à ce qu'aucun rayon de soleil ne puisse plus filtrer à travers. Qui désire que son enfant soit diagnostiqué handicapé ou malade ? Personne. Alors, dans mon foutu monde de plaisir et d'insouciance, le handicap est un poison.

Je ne souhaitais pas faire éclater la bulle de bonheur dans laquelle on baigne. Cela aurait été tellement plus pratique, tellement plus simple si j'avais gardé la tête dans le sable blanc et fin. Mais je ne peux plus revenir en arrière, quoi qu'en dise Ben. Et j'aime Paul, plus que tout. Quel qu'il soit, je veux le meilleur pour lui. C'est mon job. *Notre* job de parents.

L'échange avec ma mère m'a convaincue. Quelques jours plus tard, j'ai annulé tous mes rendez-vous professionnels, j'avais besoin d'une journée seule pour mettre en place un plan d'attaque. Je découvre tout un univers farci de sigles que je ne connaissais pas jusqu'alors. J'ai contacté le service neuropédiatrique du CHU puis le CRA[9] (merci internet de m'avoir fourni les démarches, contrairement à mon pédiatre). Dans les deux cas, les délais d'attente m'ont donné le vertige. De plus, le CRA n'intervient que pour diagnostiquer, je cite la secrétaire, les cas complexes. Paul n'est pas un *cas* complexe puisque, aux dires de tout le monde, il va bien ! C'est mal me connaître, je ne vais pas capituler si facilement. J'ai rappelé ma mère qui a une copine de copine de copine de son club de bridge qui connaît la secrétaire du CAMSP[10], un organisme qui paraît parfaitement indiqué à ma situation. Enfin, à celle de Paul. Mais Paul, c'est un peu moi, aussi. Je n'ai pas remporté le gros lot, mais j'ai réussi à réduire le délai diagnostique de plus de deux ans à dix-huit mois. L'attente s'annonce interminable. J'enrage devant une telle perte de temps !

Depuis, tout mon corps tremble. J'ai à la fois hâte et peur d'y être.

---

[9] Centre de ressources autisme

[10] Centre d'action médico-sociale précoce

D'autant plus que je n'ai rien dit à Ben. Je déteste agir dans son dos, toutefois je ne vois pas d'autre possibilité.

Aujourd'hui, Paul souffle sa première bougie. Avec plus d'un mois de retard. On n'a pas réussi à trouver une date qui convienne à tout le monde plus tôt. De toute façon, je crois bien que Paul s'en moque comme de sa première dent (qu'il n'a pas encore). Avec Côme, on prépare un gâteau d'anniversaire. On a convié mes parents, ceux de Ben, et trois de nos couples d'amis les plus proches à déjeuner. Toutefois, je n'ai pas le cœur à la fête en ce dimanche. J'ai l'impression de tricher, d'entretenir une parodie de la famille heureuse qu'on est de moins en moins. Paul a changé ces derniers temps et son évolution m'inquiète. J'ai parfois la sensation d'héberger un étranger, comme si on avait échangé mon bébé durant une nuit. Son comportement s'aggrave : il crie tout le temps. Qu'il soit fatigué, affamé, malade, quand il veut quelque chose. Il crie encore et encore. Le jour et la nuit. Son agitation croissante m'épuise. Le déni de Ben aussi. Il cherche mille excuses à notre fils, se convainc qu'il a trop chaud, trop froid, trop soif. Je sens que je perds patience et confiance. Y compris avec Côme à qui j'accorde moins d'attention, accaparée par les difficultés de Paul. Alors j'ai demandé à Ben d'aller promener Paul afin de profiter de ce petit moment en cuisine avec mon aîné.

Côme est surexcité et touche à tout. J'ai l'impression que lui aussi perçoit un mal-être ambiant. Alors que je touille la pâte à cake avec une énergie débordante, Côme fouille dans un tiroir. Il en sort tous les torchons et serviettes qu'il jette à terre.

— Tu cherches quelque chose ? dis-je en enfonçant le fouet dans la jarre.

— Je sais pas.

Il poursuit son manège sans tenir compte de ma présence, ce qui m'irrite. Si lui aussi se met à agir bizarrement, je ne vais pas y arriver !

— Petit d'homme, je te conseille vivement d'arrêter ! À moins que tu cherches les embrouilles !

Il se retourne alors vers moi, un sourire victorieux aux lèvres :

— *Redade*, maman ! J'ai trouvé les embrouilles, dit-il en me montrant deux pinces à linge.[11]

J'explose de rire. Son espièglerie a raison de ma mauvaise humeur. Je m'accroupis puis me jette sur lui. À même le carrelage, je le fais basculer dans mes bras et me lance dans une partie de chatouilles et pétouilles sur son ventre, ses joues, son crâne. Côme rit aux éclats, ce moment d'insouciance me fait un bien fou. Et je sens que je vais avoir besoin de mon super héros pour tenir le coup, traverser la tempête des mois, des années à venir.

En fin de repas, alors qu'on déguste notre échec culinaire (j'ai oublié d'éteindre le four, le gâteau est cramé), les commentaires vont bon train sur le caractère de Paul qui a accumulé les crises au cours du déjeuner. L'un le trouve capricieux, l'autre colérique. J'ai envie de leur balancer les miettes brûlées à la tronche. Non, mais de quoi je me mêle ? Ces gens sont nos amis, notre famille, pourquoi se permettent-ils de tels commentaires ? Je critique leur éducation, moi ? Pourtant, en se comportant ainsi, ils montrent leur face mal élevée. Il y aurait largement de quoi redire ! Bande de vipères !

Je sens les regards de ma mère peser sur moi. Alors que je m'isole en cuisine pour reprendre mon souffle, une main se pose dans mon dos.

— Laisse-les dire, ma fille. Tu fais au mieux, et c'est ça qui compte.

Je jette rageusement dans l'évier la petite cuillère que j'astique depuis deux bonnes minutes à la paille de fer et qui était prête à hurler de douleur. Puis je me tourne vers ma mère :

— Mais tu réalises que si le comportement de Paul n'évolue pas favorablement, ce sera ça toute notre vie ! Ces critiques, ces commentaires. Je vais pas les supporter !

— Tu es une battante, tu l'as toujours été, tu vas y arriver. Et puis, il va grandir, il apprendra à parler, à demander, il comprendra les limites et ça ira mieux.

— Tu crois ? répliqué-je en la suppliant presque.

— Bien sûr, ma chérie. Comment pourrait-il en être autrement ?

Je soupire puis j'enfonce ma tête au creux de son épaule. Que c'est

---

[11] Merci à Émilie pour l'anecdote ☺

compliqué d'être mère ! Je me démène à temps complet pour, finalement, essuyer des pluies de remarques acides. À les écouter, c'est moi qui ne sais pas éduquer correctement notre enfant. Même Ben ne prend pas ma défense. Tiens, lui aussi mériterait une petite démo de Krav-maga, ce lâche !

— J'espère que tu as raison, dis-je en fermant les yeux et en me laissant bercer par sa main qui caresse mes cheveux.

Je crois qu'il n'y a pas d'âge pour avoir besoin de sa mère. Y compris lorsqu'on est devenue mère soi-même, elle reste la personne vers qui l'on se tourne d'instinct, en toute situation. Je redresse ma tête et dépose un baiser sur sa joue.

— Merci d'être là.

Elle ne répond pas, mais son regard sourit pour elle. Un sourire d'abnégation, de dévouement. Elle sera toujours là, je le sais. Cet intermède m'a ragaillardie. Je suis prête à affronter les invités et gare à celui qui osera critiquer mon fils. Je n'ai pas de cuisses baobab ni de biceps chêne, mais j'ai une paille de fer, des petits muscles vaillants. Et surtout un cœur de mère, rempli d'amour, de courage, prêt à tout pour défendre et protéger sa progéniture. C'est bien ça l'amour maternel, non ?

17 — OLGA

Fin août

Depuis qu'Alice a quitté la maternité, chaque dimanche je cuisine en gros et en fin de journée, je passe chez elle et Dong-Soo, leur apporter un maximum de victuailles pour la semaine. J'en profite pour récupérer du linge sale que je lave, sèche et repasse rapidement et le leur dépose propre et frais le mercredi, jour où je ne vais pas chez mes parents. De plus, avec Philippe, nous nous sommes concertés, nous leur avons offert les services d'une femme de ménage pendant trois mois. Elle récure leur maison de fond en comble deux fois par semaine. J'essaie de lui proposer tout ce que j'aurais aimé que l'on fasse pour moi, pour l'accompagner dans cette nouvelle vie.

La seule tâche que je n'effectue pas, c'est garder Yon, cela me renvoie à mes vieux démons. J'appréhende ses pleurs, mon incapacité à les décrypter, à la comprendre et surtout je ne souhaite pas qu'elle me vole ce temps libre chéri que j'ai si longtemps espéré. En plus de m'apporter une contrainte supplémentaire, je crains que passer du temps seule en sa compagnie accroisse mes angoisses. Lorsque je me rends chez eux, je ne m'attarde jamais, toutefois, je veille, je cherche des signes qui pourraient me laisser à penser que ma fille va mal, qu'elle affronte un baby-blues, ou pire, une dépression post-partum, qu'elle aurait besoin d'aide pour tisser un lien avec sa fille. Mes craintes restent infondées. Alice se présente toujours maquillée, habillée et souriante. Une maman de magazine. Elle envisage même de reprendre le sport. Tout cela me paraît surréaliste, cependant, cela relève du possible ; Alice, le fruit de mes entrailles, incarne ce possible. Dong-Soo doit contribuer à cet épanouissement maternel, il s'investit pleinement, il prend très à cœur son rôle de père et a levé le pied professionnellement pour être présent aux côtés de Yon. Ma fille accomplit son rêve de famille idéale après des années d'attente, d'espoirs, de déceptions, ce qui me remplit de satisfaction.

Si elle se sent en pleine forme, moi, en revanche, c'est moins le cas. Je me démène pour l'épauler sur un plan logistique et je commence à être épuisée entre le soutien que je lui apporte, la gestion de mes parents, Théo qui réclame volontiers de l'aide pour telle ou telle chose, mon travail. Je cours partout comme quand ils avaient dix ans, alors que j'approche l'âge de la retraite.

Philippe me dit que je n'ai qu'à en faire moins... Il pourrait aussi m'aider, néanmoins, l'idée ne l'effleure pas. J'ai souvent évoqué le partage des tâches, surtout lorsqu'il rentrait après trois ou quatre jours d'absence, passés à l'hôtel, se souciant uniquement de son travail, cependant, ce débat ne semblait pas résonner dans son esprit, il éludait la question. Il est le père, je suis la mère. Ces seuls arguments liés au statut m'affectent *ad vitam aeternam* à un quotidien sans répit. Indubitablement, son manque d'investissement dans son rôle de père a contribué à me faire regretter mon travail de mère. Alors qu'il continuait de voir du monde, des amis, de pratiquer du sport, de se prélasser devant la télévision, moi j'avançais le nez dans le guidon, surmenée entre les réveils nocturnes, les couches, les biberons, le linge, la cuisine, les rendez-vous pour les enfants, leur scolarité, leurs activités, etc. Le tout, fois trois.

Un sentiment d'injustice a souvent cohabité avec les ressentis de honte, de culpabilité et de solitude. Peut-être aurais-je dû davantage m'imposer, toutefois, il me semble que dans une société patriarcale certains préceptes bien ancrés peuvent difficilement être bousculés à la seule force de sa propre volonté. J'imagine qu'abdiquer me simplifiait la tâche. Préférer l'abnégation à la contestation permettait de privilégier la quiétude du couple, écrin de plaisir, source de bonheur, même s'il s'était affadi avec l'arrivée des enfants.

Aujourd'hui, Yon fête son premier mois. À cette occasion, Dong-Soo et Alice ont invité les grands-parents, les arrière-grands-parents, les oncles et tantes de Yon. Alice m'a demandé de l'aider à préparer le repas, par conséquent, j'arrive la première. Dong-Soo s'occupe de leur fille et de mettre le couvert entre deux siestes tandis que je cuisine avec Alice. Pour la première fois, je me retrouve seule avec elle depuis la naissance de son enfant. Je la trouve transformée, plus calme, et entre l'épluchage des poires et la confection de la pâte à tarte, elle s'ouvre à moi.

— Je me sens tellement différente depuis l'arrivée de Yon. Elle est si fragile, c'est impressionnant.

— Ça ne te fait pas peur ? dis-je pour tâter le terrain.

Elle interrompt le pétrissage de la pâte quelques secondes et me fixe, perplexe :

— Peur ? Quelle drôle d'idée ! Pourquoi j'aurais peur ?

— Je dis ça parce que je me souviens que lorsque tu es arrivée dans ma vie, ta vulnérabilité m'a fait prendre conscience de toutes mes responsabilités et ça a été un véritable tsunami. On parle toujours de la maternité comme le Graal sans alerter sur les difficultés. Et puis les premiers mois, il se peut qu'on n'ait même plus de temps pour combler ses besoins primaires : faire une vraie nuit, prendre le temps d'un repas complet, aller aux toilettes quand on en a envie.

— Je te rappelle que toi, tu nous as souvent dit que devenir mère apportait son lot d'épreuves. J'étais prévenue et Dong s'implique autant que moi. Mais tu vois, puisqu'on en parle, je réalise mieux la masse de travail que tu as abattue pour nous et je crois que je ne t'ai jamais remerciée pour ça.

Elle s'approche de moi, les mains enfarinées levées vers le ciel et me serre entre ses coudes avant de déposer un baiser sonore sur ma joue. Les marques d'affection entre Alice et moi sont plus rares qu'avec Théo et surtout Fanny, elle ne s'est jamais montrée très tactile. Sans doute, car j'agissais de manière plus mécanique avec elle qu'avec ses cadets pour qui j'avais eu le temps d'apprivoiser certains gestes, auxquels je parvenais à ajouter une tendresse authentique.

— Merci, maman.

Cette marque de reconnaissance m'émeut profondément en raison de sa sincérité, de sa soudaineté et de sa rareté. Mon aînée s'est toujours montrée particulièrement exigeante vis-à-vis de moi et donne peu en retour. Je crois que, pour elle, ce fonctionnement correspond à la normalité dans une relation parent-enfant. Je ne suis pas étrangère à cette vision, j'ai dû envoyer de faux signaux quant à la *normalité* de l'implication parentale.

— Avec plaisir. Je suis heureuse que tu te sentes bien et que tu ne regrettes pas.

Je me fige. Pourquoi ai-je dit ça ? La réponse d'Alice fuse sans tarder.

— Regretter ? Mais quelle mère peut être assez monstrueuse pour regretter d'avoir eu ses enfants ?

Ses mots me giflent, ensevelie sous ma bêtise, je me sens ignoble et stupide. Je tente de me justifier.

— Pas regretter d'avoir eu Yon, mais regretter tout ce que ça exige : moins de liberté, plus de contraintes.

— Pour moi, c'est la même chose. Si tu regrettes d'être mère, tu regrettes d'avoir eu un enfant, tu ne l'aimes pas. C'est abominable.

Je reprends l'épluchage des fruits en silence. Le débat n'a pas lieu d'être, j'aurais dû anticiper la réaction d'Alice, je veillerai à tourner ma langue sept fois dans ma bouche à l'avenir si nous venons à aborder ce sujet, au risque de lui mettre la puce à l'oreille.

Au cours de la journée, j'évite Yon soigneusement jusqu'à ce qu'Alice fasse remarquer que je ne l'ai encore jamais portée. Le regard scrutateur de Fanny, ma benjamine, se pose sur moi, elle me sourit et semble m'encourager en silence. Je cède, je ne peux pas reculer. Une plume qui a le hoquet est déposée entre mes bras hésitants et une bouffée de sentiments contradictoires me transporte dans le temps.

La découverte d'un désenchantement, ballottée entre amour infini et regrets amers.

18 — MIA

Fin septembre

Tandis que je profite des derniers rayons de soleil de la saison pour poncer une commode acquise récemment, Thomas joue au football avec Adam. Il s'est séparé de la mère d'Adam alors que ce dernier avait tout juste un an. Ils avaient instauré une garde libre, puis, quand Adam a soufflé ses trois bougies, ils ont mis en place une garde partagée, en augmentant graduellement le temps passé chez l'un et chez l'autre.

Notre couple s'est formé alors qu'Adam avait moins de deux ans, autant dire que je fais partie de son monde depuis toujours. Pourtant, je n'ai jamais cherché à remplacer sa mère, Thomas n'espérait pas cela de moi. J'apprécie Adam, c'est un petit garçon intelligent, vif, il partage notre toit une semaine sur deux, mais depuis la disparition de Romy, je m'accommode plus difficilement de sa présence. Il me renvoie à mon statut de belle-mère alors que je me sentais prête pour assumer celui de mère. Il a posé beaucoup de questions sur la disparition de cette petite sœur qu'il n'a pas eu le temps de voir. Thomas lui a expliqué, l'a rassuré. Moi, j'en étais incapable. Depuis le décès de Romy, une fissure s'est créée entre Adam et moi : il n'est pas mon enfant, je le sens dans mes entrailles.

De plus, ça signifie que Thomas, lui, reste père malgré tout. Il est parent sans moi. Il continue de jouer au foot avec son enfant, de rire avec lui, de lui offrir des barbes à papa bien trop grandes pour sa petite bouche. Il continue de le toucher, l'embrasser, le porter. Il a une raison de s'accrocher à la vie que je n'ai pas. Leur complicité me devient difficile à supporter et se transforme en une source de tension supplémentaire entre nous.

Il me semble que Thomas a vite oublié ce qu'il s'était passé. Il a repris sa vie comme si elle n'avait pas brutalement été chamboulée et il ne parle jamais de Romy. Comme s'il avait relégué dans les profondeurs de sa mémoire ce qui relève pourtant de l'inacceptable. Quand je lui confie mon ressenti, il m'explique que ce n'est pas de l'oubli, juste de la pudeur. Qu'il n'éprouve pas le besoin d'évoquer sa fille perdue tous les jours même s'il y pense vraiment tous les jours. Qu'il ne souhaite pas étaler sa tristesse. Sa perte de poids est le seul signe extérieur de sa fragilité. Depuis le décès de Romy, il a beaucoup maigri alors que j'affiche encore des kilos en trop.

Moi, je pourrais parler de Romy chaque jour, chaque heure, chaque seconde. J'ai tellement peur de l'oublier. Et si je ne peux pas en parler avec Thomas, alors, avec qui d'autre ? Je ne vais plus chez la psychologue, c'est inutile, et je ne peux pas m'épancher sans cesse auprès de ma mère ou de ma meilleure amie. J'avais pensé à téléphoner à Émilie. Elle a assisté au drame et elle est gynécologue. Et puis, j'ai capitulé. Elle me rappellerait trop cet instant où tout a volé en éclats et ce n'est pas ce que je veux. Ce que je veux, ce n'est pas parler de la souffrance qui m'étreint, du vide qu'elle a laissé. Ce que je veux, c'est parler librement de mon enfant comme toutes les mamans du monde sans que les gens craignent que je les noie sous mon chagrin, sans entendre une phrase désobligeante comme celle d'une de mes cousines lors d'un échange la semaine dernière, alors que son fils de quatre ans pleurait dans ses bras : « Le temps passe, il faudrait que tu avances et que tu aies d'autres sujets de conversation. » J'aurais pu la gifler ! Romy est décédée il n'y a même pas trois mois !!! Elle-même n'arrête pas de nous abreuver de tous les exploits de son enfant. Donc elle, elle peut en parler parce qu'il est vivant, mais moi, je ne peux pas parler de Romy parce qu'elle est morte ?

Elle ne sait rien de la crevasse dans mon cœur, de la colère qui bouillonne en moi, du sentiment d'injustice, de l'incompréhension. Ses propos sont déplacés. J'ai simplement rétorqué :

— Je te souhaite de ne jamais vivre ce que je traverse.

Et j'ai claqué la porte. Ma mère m'a couru après, pour essayer de me retenir, j'ai refusé d'accéder à sa demande et de faire des courbettes pour satisfaire les autres. Elle m'avait invitée à boire le café, j'ignorais que ma tante, ma cousine et son fils seraient présents. Sinon, je ne serais pas venue. Je n'en peux plus de ces phrases toutes faites. Des « Tu en auras un autre », « C'est moins douloureux que si tu l'avais connue », qui nient l'existence de Romy. Elle a existé, bordel ! ELLE A EXISTÉ ! Je l'ai portée dans mon ventre, dans mes bras, je l'ai touchée, câlinée, photographiée. Elle a vécu au moins quelques heures, lovée dans mon coude, et éternellement dans mon cœur. Et toute cette indifférence, cette ignorance, cette méchanceté gratuite sont de véritables poisons. *Arrêtez avec vos phrases débiles et insultantes. Arrêtez !*

Les garçons ont terminé leur partie de foot. Depuis le jardin, j'entends de l'agitation en cuisine. Je suppose qu'ils confectionnent un fondant au chocolat, leur goûter préféré. Leur absence me permet de profiter du calme extérieur.

Je préfère le bois brut, les matériaux bruts, aussi suis-je en train de retirer toute trace de peinture de la commode barbouillée en jaune poussin à certains endroits. Sur la partie plate, j'ai utilisé une ponceuse. En revanche, j'ai dû frotter au papier de verre dans les recoins et les moulures. Les tiroirs n'avaient pas été rénovés et c'est tant mieux. Ils sont lisses, doux, chaleureux. Je les caresse du bout des doigts en m'imprégnant de leur histoire que j'imagine. J'aime la patine du chêne nervuré qui révèle les stigmates du temps. Il me reste la phase de collage, puis les finitions à la cire et j'aurai terminé la restauration de cette commode. C'est un travail qui demande de la minutie et de la patience. Chiner puis restaurer des meubles, ma passion depuis toujours, m'aide à m'occuper l'esprit et les mains. J'ai repris le tennis aussi. Je transpire, je pousse des cris, je me défoule sur la raquette, je lance la balle avec une fièvre féroce. À défaut de pouvoir reprendre mon activité professionnelle, j'ai besoin de me maintenir dans l'action. Je ne me sens pas prête à affronter des femmes rondes de vie au quotidien, gérer l'évolution de leur grossesse. Lorsque j'en croise une dans la rue, c'est déjà suffisamment douloureux. Cela me renvoie quelques mois en arrière, à mon euphorie, à mes projets. Et puis, la chute. Brutale. Vertigineuse.

Je recule pour admirer mon travail. Je souris de satisfaction. Lorsque je m'en aperçois, j'éteins mon sourire. Je refuse de me sentir heureuse, même un peu, car cela reviendrait à trahir ma merveille envolée, mon étoile dorée. Quand la douleur relâche son étreinte, ne serait-ce que quelques secondes, j'ai l'impression de l'abandonner, de l'oublier. Je ne veux pas qu'elle s'imagine cela. Elle battra dans mon cœur jusqu'à mon dernier souffle.

Les crissements de pas sur le gravier me font lever la tête alors que je m'acharne sur une trace de peinture récalcitrante.

— Tout va bien ? me demande Thomas.

— Oui. Et vous, vous cuisinez ?

— Adam regarde un petit dessin animé le temps que les gâteaux cuisent.

Il se racle la gorge, comme lorsqu'il est gêné.

— Il faut que je te parle.

Je me redresse. Je n'aime pas cette entrée en matière, porteuse d'une mauvaise nouvelle.

— Oui ?

— C'est à propos de Mathilde et Romain.

Romain est le cadet, quatre ans les séparent, cependant, ils partagent tout. Romain incarne tout à la fois son frère, son meilleur ami, son partenaire de sport, son confident.

Je ferme les yeux, je crois que j'ai compris avant même qu'il ne le formule.

— Ils… Ils attendent un bébé.

Un silence passe.

— Je suis désolé, ajoute Thomas dans un murmure.

Il est désolé pour moi ? Et pour lui, il n'est pas désolé ? Ça ne lui fait rien ? J'ai trente-trois ans et Thomas en a trente-huit. Nous sommes plus âgés que Mathilde et Romain, c'est à nous de devenir parents ensemble. Pas à eux.

Mon mari s'approche de moi et me serre contre lui. Je le repousse. J'ai besoin de solitude.

— Laisse-moi.

Je suis lasse de feindre, de faire comme si le bonheur des autres ne m'affectait pas. Thomas n'insiste pas. Adam l'attend. Tandis que moi, personne ne m'attend…

Pendant près d'une heure, je me défoule sur les rares traces de cette maudite peinture, la vue brouillée par la brume. La source ne tarit jamais. Contrairement à ce que je croyais, j'ai beaucoup de larmes en stock. C'est un puits sans fond, une réserve impossible à assécher. Et lorsque je suis seule, je pleure régulièrement. Lorsque j'aperçois mes rondeurs encore présentes dans le miroir, lorsque je croise un bébé qui avoisine l'âge de Romy, lorsqu'une jeune maman s'extasie sur son enfant dans la rue, à la télévision, dans un magazine et que l'absence de la mienne me tombe dessus avec une violence qui me coupe le souffle. Je pleure à peu près partout, sur la cuvette des toilettes, sous la douche, à la brocante, au supermarché, sans chercher à effacer ces larmes que je n'arrive pas à maîtriser. Quand la douleur me saisit et que je n'arrive pas à la dompter, malgré les antidépresseurs que j'ingurgite encore.

D'un côté, j'ai ressenti une rage sourde à l'annonce de cette nouvelle. De l'autre, j'en veux à Thomas de ne pas m'avoir informée plus tôt, alors qu'il doit le savoir depuis plusieurs jours. Je suis remplie de contradictions dès qu'il s'agit de la maternité. Le sujet me ronge les tripes et le bonheur des futurs parents fait enfler ma colère.

Lorsque j'ai moins mal et que le jour se fait plus sombre, je rejoins Thomas dans le salon.

— Pardonne-moi.

— Ce n'est rien, dit-il en m'embrassant sur le front. Moi aussi j'ai mal.

C'est idiot, mais l'entendre me parler de sa peine spontanément me rassure.

— Du coup, pour demain, c'est toujours bon ? demande-t-il.

J'approuve d'un hochement de tête. Demain, Mathilde et Romain doivent venir déjeuner. Nous reprenons peu à peu une vie sociale avec la très proche famille et les amis intimes. Je suppose que ce repas ensemble a été programmé pour ça : pour m'annoncer la *magnifique* nouvelle.

Le lendemain, Thomas et moi cuisinons une partie de la matinée, quasi sans nous adresser la parole. Au fond, je lui en veux de m'imposer ce déjeuner, comme un traquenard. Après une longue douche, j'apporte un soin tout particulier à mon apparence. Je me maquille comme j'aimais à le faire avant, j'orne mes oreilles de bijoux, je parfume l'intérieur de mes poignets. J'ai ravalé ma colère contre les futurs parents, je ne souhaite pas leur envoyer ma peine à la figure. Mathilde et Romain ne sont coupables de rien, et même si ça me fait mal, ils ont le droit de se sentir heureux.

Lorsqu'ils sonnent à la porte, Thomas va leur ouvrir, suivi de près par Adam qui vénère son oncle. Je les attends, debout, au milieu du salon. Aucune posture ne me semble la bonne. La dernière fois que nous nous sommes vus tous les quatre, c'était il y a un peu plus de deux semaines. Nous avons bu un apéritif un soir chez eux, sans nous attarder. Ils savaient. Forcément, ils savaient déjà qu'un bébé logeait dans le ventre de Mathilde.

Ils s'approchent de moi, personne ne dit rien. Personne ne sait quelle attitude il convient d'adopter. Alors je me force à esquisser un sourire joyeux.

— Félicitations !

Leurs mines soulagées me remercient, ils m'embrassent. Nous éludons le sujet et puis, au cours du repas, je pose cette question qui me chiffonne.

— Tu es enceinte de combien ?

— Environ trois mois.

Presque trois mois que j'apprends la vie sans elle. Trois mois qu'un bébé grandit dans le ventre de ma belle-sœur. Peut-être qu'il a été conçu alors que Romy s'éteignait, étouffée par son cordon ? Ou le soir des funérailles ? C'en est trop, je me lève brusquement et pars me réfugier dans la cuisine. Je ne souhaite pas tricher davantage, sourire, me réjouir alors que je suffoque et que j'ai envie de hurler. Je n'y arrive pas.

Figée sur un tabouret du comptoir, mon buste secoué par des sanglots, je sens une présence derrière moi.

— Pleure, tu en as le droit, me dit la douce voix de ma belle-sœur.

Puis elle me serre de toutes ses forces, dans mon dos. Je sens ses larmes goutter sur ma tête. Nous restons ainsi un temps infini, sans que personne n'ose nous interrompre, jusqu'à ce que je me tourne vers elle et parvienne enfin à articuler quelques mots.

— Ce n'est pas contre toi. C'est juste que voir d'autres bébés m'est insupportable. Et je ne suis pas certaine de réussir à regarder ton ventre s'arrondir mois après mois. Je ne sais même pas si j'arriverai à te rendre visite à la maternité.

Elle s'assoit sur le tabouret le plus proche de moi, sèche son visage et prend mes mains dans les siennes.

— Je comprends et je ne te demande rien.

— Ce n'est pas de la jalousie, c'est de la douleur. Et tu n'imagines pas toutes les méchancetés que j'entends. Je devrais tourner la page, je devrais oublier, après tout, je ne l'ai pas connue, ce n'est quand même pas comme si elle avait eu 10 ou 20 ans. J'ai l'impression que personne ne comprend le choc que ça représente. Le vide est immense, tout me ramène à l'absence de Romy. Et je suis remplie de colère à l'égard de ceux qui ne me comprennent pas, qui vivent leur bonheur sans se douter du cauchemar que j'endure au quotidien.

— Je crois que si, je peux imaginer à présent.

— Je suppose que pour toi non plus, ce n'est pas facile. Tu dois envisager le pire.

Elle baisse la tête avant de plonger ses yeux dans les miens.

— Je suis morte de trouille. Ce n'est pas ainsi que j'avais pensé vivre ma première grossesse. Et puis, j'aurais aimé que ce soit toi qui assures mon suivi.

Moi aussi, j'aurais aimé. Tout comme j'aurais aimé voir nos enfants grandir côte à côte avec si peu d'écart d'âge.

Nous nous confions l'une à l'autre pendant un moment encore. Nous nous sommes toujours bien entendues. Cette conversation à cœur ouvert a renforcé nos liens. Elle n'a pas esquivé, pas jugé, pas filtré et ça fait du bien d'avoir quelqu'un avec qui parler en toute franchise. Lorsque nous retournons à table, nos hommes nous jettent un regard interrogateur. Mathilde sourit, les yeux rougis. J'essaie d'en faire autant. Crever l'abcès m'a apaisée, le reste du repas se déroule dans une ambiance plus légère.

PARTIE 2

Six mois plus tard

19 — LOÏSE

Février

On a acheté une maison, l'espace, le bout de jardin, la balançoire et la piscine qui vont avec. On a emménagé juste avant Noël. Ce changement nous a divertis. L'excitation de la nouveauté amenait un peu de fraîcheur dans notre couple. On a expliqué à Côme ce que ça signifiait : on allait prendre tous les meubles, les vêtements, la vaisselle, tout, tout, tout, et on irait vivre ailleurs, pas loin, dans cette maison que nous avons visitée avec lui et qui a été un véritable coup de cœur. Ça allait nous faciliter la vie, tout cet espace. De plus, j'étais soulagée à l'idée que les cris de Paul ne dérangeraient plus nos voisins qui lançaient parfois des remarques pas très sympas lorsque je les croisais dans la cage à escaliers.

Côme a paru inquiet à cette annonce, il a demandé :

— Tout, tout, tout ?

J'ai confirmé, mais ça n'a pas eu l'air de le rassurer complètement.

Tous les potes de Ben ont répondu présents pour nous aider à déménager. Une forêt de chênes et de baobabs, ça a du bon. En une journée, c'était réglé. Le soir, après notre installation, mes parents ont amené nos garçons dans notre nouveau chez nous. Côme a fait tout le tour de la maison en silence et, quand il est arrivé dans sa nouvelle chambre, il a crié :

— Ah ! Vous avez pris mes jouets aussi ! [12]

Voilà ce qui l'inquiétait ces derniers temps, qu'on oublie ses panoplies de super héros dans l'appart riquiqui ! Il s'est très vite habitué à sa chambre qu'il a investie en quelques heures. Frimousse est

---

[12] Merci à Anne-Marie pour l'anecdote ☺

devenue la chienne la plus heureuse du monde. Depuis, elle peut s'ébattre dans l'herbe aussi souvent qu'elle le souhaite et jouer à attraper sa queue en tournoyant sur elle-même sans rien renverser. Pour Paul, en revanche, l'histoire n'a pas été la même. S'adapter à ce nouvel environnement s'est avéré perturbant, ce qui n'a fait que renforcer mes soupçons.

Et je vais très vite être fixée, parce que Ben et moi sommes assis face à celle qui tient entre ses mains le couperet. Un bout de salade entre ses incisives, ça me perturbe.

Tout est allé très vite. Une famille a annulé les rendez-vous qui avaient été convenus avec le CAMSP et la secrétaire qui est la copine de la copine de la copine de bridge de ma mère a pensé à nous pour donner cette place miraculeusement libérée. Alors, elle m'a appelée il y a deux mois pour fixer les rendez-vous de Paul. Je me souviens encore lorsque j'ai dû annoncer la nouvelle à Ben. Il était fou de rage. Comment avais-je pu entreprendre de telles démarches dans son dos ? J'ai essayé de lui réexpliquer, de lui refaire comprendre qu'il ne m'avait pas laissé le choix, de lui rouvrir les yeux sur les difficultés croissantes de Paul. Il a convenu que, OK, peut-être que quelque chose n'allait pas, mais que j'exagérais tout. Match nul, on n'allait pas jouer les prolongations plus longtemps.

Il a assisté avec moi au premier entretien. Je crois que la médecin nous a pris pour des tarés. On avait quasi des discours contraires. Ben minimisait chacun de mes propos. La toubib notait dans son dossier, sans émettre de commentaires. Tout a été passé au crible : alimentation, communication, langage, sommeil, propreté, éveil général, capacités psychomotrices.

J'annonçais les faits, Ben tempérait : oui, Paul avait des troubles du sommeil, mais quel enfant ne connaissait pas, à un moment ou un autre de sa croissance, des difficultés pour dormir ? Et les adultes ? Tiens, parlons-en des adultes ! Lui-même avait, je cite, le sommeil hy-per-fra-gile et ce depuis, pfiouuuu, une éternité ! Il était prêt à parier qu'il ne savait même pas encore parler qu'il avait déjà des troubles du sommeil. Comme Paul, en somme. À coup sûr, leur cadet avait hérité de cette tare paternelle, voilà qui expliquait tout. Ça, c'est sa vision. Dans les faits, Ben doit connaître, au maximum, deux ou trois mauvaises nuits par mois. Mais il en parle les sept jours suivants. Par conséquent, ça occupe beaucoup d'espace temporel pour pas grand-chose. *Bip ! Raisonnement absurde, mon chéri, tu peux rejouer. Il n'y a rien d'héréditaire dans les difficultés de sommeil de Paul !*

J'ai serré les dents et affiché un sourire de façade, les poings crispés.

D'accord, Paul refusait les morceaux, mais lui-même avait mangé mixé et lisse jusqu'à plus de deux ans (gné ? J'ai demandé à sa mère qui a infirmé : Ben s'est toujours montré goulu et a mangé de tout, très tôt ; je crois qu'il est prêt à tout pour nier les faits).

J'ai poussé un soupir et détourné la tête. Je me suis concentrée sur le pot de feutres devant moi. Il contenait quatre bleus différents, deux jaunes, un marron, un orange, un vert. Pas de rouge. La question de l'absence de rouge m'a occupée quelques secondes, ce qui m'a évité d'écouter les âneries du père de mon fils.

Effectivement, Paul n'articulait aucun mot, aucune syllabe, aucun son à presque dix-neuf mois, mais Côme non plus n'était pas pressé, ce qui ne l'empêchait pas aujourd'hui d'être une véritable pipelette. *Quel manque de lucidité !* Dans les faits, au même âge, Côme était dans l'échange, l'interaction, disait papa, pipi, maman et même « tato » pour « gâteau ». Il s'exprimait avec des bouts de mots et quelques syllabes là où le répertoire de Paul se résume à des cris.

Ma patience étant sérieusement entamée, j'ai jeté un regard mauvais à l'homme assis à côté de moi qui confondait tout, refusait tout. Il était urgent que cet entretien se termine, j'étais à deux doigts de hurler à Ben et à son entêtement de la boucler, j'avais envie de lui balancer le pot de feutres désassortis à la figure. Heureusement, la pédopsychiatre restait d'un calme olympien et d'une neutralité suprême que même la Suisse pourrait lui envier. J'imagine qu'elle a l'habitude de ce genre de contradictions chez des parents qui doivent affronter cette situation inattendue et éprouvante.

Pour le bien-être de notre couple, je me suis rendue seule avec Paul aux évaluations suivantes : psychologue, orthophoniste, psychomotricienne. Ça m'a paru moins stressant pour Paul. Et pour moi. Il a subi de multiples tests. À chaque fois, je ressortais de là, tremblante, je craignais les mots que pourraient prononcer les soignants. Pourtant, ils ne laissaient jamais rien transparaître.

À présent, l'heure du verdict a sonné. Ils se sont réunis, ont analysé, débattu et tranché. C'est comme si j'abandonnais le sort de mon enfant à des inconnus plus compétents que moi-même pour le comprendre. C'est tout à la fois frustrant et blessant. J'ai l'impression d'entendre le glas résonner dans mes tempes. Je sais. Intuitivement, je sais. Les baobabs de Ben s'agitent dans tous les sens. Je le sens prêt à en découdre.

La médecin aligne les résultats qualitatifs et quantitatifs des divers examens. Je comprends tout, cependant, je n'assimile rien. Je suis hypnotisée par le bout de salade, jusqu'à ces mots :

— … autiste sévère, probablement non verbal.

Ben rugit :

— Il n'a même pas deux ans, comment pouvez-vous dire qu'il est non verbal ? Et puis, ça veut dire quoi, sévère ?

Moi, je m'effondre. Je savais. Et pourtant, je m'effondre. Entre soulagement d'entendre que je n'étais pas paranoïaque, que je n'avais pas inventé le Tupperware et tout le reste. Et peur, désespoir d'avoir eu raison, culpabilité. Qu'ai-je fait de mal ? Pourquoi ça tombe sur moi ? Sur nous ? Sur lui ?

La sidération. Le choc. Les gros mots. L'inacceptable. Ce ne sont rien, uniquement quelques foutues lettres couchées dans un foutu dossier médical. Ça pourrait être abstrait. On pourrait peut-être les gommer, mettre du Blanco dessus, déchirer les feuilles. Cependant, c'est énorme, gigantesque, effroyable, douloureux. On pourrait aussi ajouter « n'est pas » devant « autiste sévère », mais ça ne changerait rien aux faits. Aucun subterfuge n'effacera ce qui est : Paul est autiste. Paul est autiste. AUTISTE. Il est autiste. J'avais raison. Et je regrette. Je ne voulais pas avoir raison. Je m'en fous d'avoir raison, ça n'a jamais eu d'importance. Et cette fois, encore moins que d'habitude. J'espérais avoir tort.

Je ne parviens pas à me concentrer sur les explications de la neuropédiatre, je n'entends que ma douleur et la colère de Ben qui refuse le diagnostic. Je me croyais prête à recevoir ce résultat, à l'accueillir avec courage et détermination. Mais non. Je me le prends en pleine gueule, comme une vague dévastatrice qui se fracasse contre la roche d'une falaise dans un bruit effrayant, grinçant. J'ai l'impression qu'une déferlante de boue dégueulasse emprisonne tout mon cerveau. Mes pensées se bousculent : que va-t-on faire ? Comment ? Va-t-on y arriver ? Je n'ai pas besoin de faire le deuil de l'enfant espéré, je crois que je l'ai déjà fait, au moins en partie. Je pense à l'après, à tout ce que ça représente, puisque, à présent, je sais. Je sais que moi aussi je vais devoir surmonter toutes les difficultés que j'ai pu lire à travers les témoignages d'autres parents confrontés à l'autisme de leur enfant.

Je réalise que ma vie, notre vie, ne sera plus jamais la même. Et pourtant, rien n'a changé. Paul est toujours Paul. Je suis toujours moi. Et Ben est le même.

D'un geste qui se veut apaisant, je pose ma main sur l'avant-bras de mon homme où des veines saillantes se dessinent. Bien qu'on soit en hiver, il est vêtu d'un tee-shirt, comme toujours.

— S'il te plaît, ne rend pas les choses plus difficiles qu'elles ne le sont déjà.

Il se tourne vers moi, des flammes dans les yeux.

— Pourquoi tu as fait ça ?

Fait quoi ? En quoi suis-je LA responsable de cette situation ? Je suis sidérée par son attaque. Il m'éventre le cœur, plus encore que la neuropédiatre avec ses mots grossiers et compliqués. Je n'ai même pas le temps de répondre qu'il se lève et part. Lui, en revanche, a besoin de faire son deuil. La médecin se veut rassurante :

— Sa réaction est normale. Laissez-lui du temps.

Je me tourne vers elle. *Mais on n'a pas de temps*, ai-je envie de lui rétorquer. La fuite de Ben me sort de ma léthargie. Paul a besoin de moi. Je sèche quelques larmes égarées.

— Sans doute. Mais Paul, lui, n'a pas de temps à perdre. Alors, qu'est-ce qu'on fait maintenant ?

Quand l'entretien est fini, je me rends sur le parking, comme un zombie, assommée. Je crois que je n'ai pas tout compris et que je vais devoir échanger à nouveau avec l'équipe pour assimiler ce qui va se passer à présent. Je cherche le quatre-quatre de Ben. Je balaie le parking, je ne le vois pas. Il est parti ! Il m'a plantée là ! Je n'en reviens pas. Mais quel mufle ! Je croyais notre couple soudé, indestructible. Je ne reconnais plus Ben depuis quelque temps, alors que je n'ai jamais eu aussi besoin de son soutien qu'aujourd'hui. J'appelle un taxi et rentre directement à la maison. Je récupère ma voiture afin d'aller chercher les garçons, respectivement à l'école et à la crèche.

Toute la soirée, je l'attends. J'essaie de l'appeler, il ne répond pas. Je n'insiste pas. Il finira bien par revenir au bercail. Il rentre tard. Sa délicatesse de mammouth m'éveille complètement lorsqu'il pénètre dans la chambre et allume le plafonnier. Je somnolais, bien trop agitée après cette journée écrasante pour m'endormir profondément. Il s'allonge sans même prendre la peine de se déshabiller ni de quitter ses chaussures. J'éteins, puis me tourne vers lui et rassemble toute la douceur dont je dispose. Je me presse contre son buste solide. Dans le noir, je tente de le rassurer.

— Ça va aller, on va y arriver.

Il ne répond pas, mais le souffle qu'il lâche sur moi empeste l'alcool.

— Ben ? Paul est notre fils, TON fils. Il est toujours le même, celui que tu as toujours connu.

— Non. C'est faux. Si l'autre conne a raison, alors ça veut dire qu'il ne m'appellera jamais « papa ».

Il étouffe un sanglot, je sens sa poitrine sursauter et je comprends que derrière sa colère, se cachent avant tout une peur et une tristesse monstrueuses qu'il refuse de montrer et d'accepter.

— C'est injuste. Pourquoi nous ? On n'a pas mérité ça, poursuit-il.

— Oui, c'est injuste. Et non, on ne mérite pas ça. Personne ne mérite ça. Mais c'est comme ça et on doit faire face.

— Je refuse. On va trouver des solutions pour qu'il guérisse.

— Mais non, Ben, on ne guérit pas de l'autisme. C'est pas une grippe ou un cancer. Paul est autiste et c'est pour la vie. Tu m'entends ?

Il relâche mon étreinte avant de me tourner le dos. J'ai clairement un train d'avance sur lui dans l'acceptation de ce qu'on traverse. En revanche, je n'avais pas pensé à ça. Je n'entendrai peut-être jamais la voix de Paul m'appeler « maman ». Et c'est insupportable.

20 — OLGA

Février

Le grand jour a sonné, je me rends à mon travail pour la dernière fois. À compter de demain, je bascule dans le camp des jeunes retraités, alertes, enthousiastes, remplis de projets. Le service du conseil régional où j'exerce comme attachée principale bouillonne, je laisse à mes collègues le plaisir de croire que je n'ai rien deviné, bien que je sache ce qu'il se trame.

Après quelques années comme attachée territoriale au sein d'une communauté de commune puis au conseil départemental, je suis arrivée au conseil régional d'Occitanie il y a deux décennies de ça. À la suite d'un concours en interne afin de devenir attachée principale, j'ai grimpé les échelons pour diriger ce service qui abrite ma fin de carrière. Mon métier de cadre de la fonction publique exige beaucoup de rigueur et d'organisation, je crois que ces qualités développées dans mon emploi m'ont permis de survivre dans mon rôle de mère. Organiser au maximum mon quotidien avec les enfants m'aidait à anticiper et, par voie de conséquence, à abaisser mon niveau d'angoisse, même si, chaque mère le sait, les enfants ce sont avant tout beaucoup d'imprévus.

Je vide mes tiroirs pour remplir un petit carton de mes effets personnels, je trie quelques papiers, nettoie le clavier et l'écran de mon ordinateur. Je fais place nette pour effacer toute trace de mon passage ici. Mon successeur prend le relais demain, il connaît le terrain puisque c'est un membre de mon équipe, je n'ai aucun doute sur la qualité du suivi des dossiers en cours.

Je pourrais ressentir une certaine nostalgie, un vide même, comme ma collègue Françoise, partie à la retraite quatre mois plus tôt, en compagnie d'une énorme boule au ventre face à la vacuité intersidérale qui s'offrait à elle. À croire que sa vie s'arrêtait à la porte de son bureau. Tel n'est pas mon cas. J'ai fantasmé ce moment depuis si longtemps avec cette anticipation que mon existence allait enfin démarrer, prendre tout son sens. D'autant plus que les astres semblent s'être alignés pour cette occasion : Alice me sollicite moins depuis que Yon est née, Théo a rencontré une amoureuse, Fanny ne s'est jamais montrée très exigeante envers moi, papa et maman intègrent prochainement un foyer logement médicalisé où ils vivront en couple, ce qui me soulagera. L'immensité de la liberté qui s'offre à moi n'a d'égale démesure que mon envie d'en jouir passionnément. Lire, écrire, jardiner, écrire, marcher, rêvasser, écrire, écrire, écrire, lire, le programme à venir présage un plaisir ultime tel un accomplissement, une réalisation de soi. Enfin je vais pouvoir m'occuper de moi la majeure partie de mon temps, me consacrer à ce qui me fait vibrer !

Philippe me rejoindra dans cette nouvelle étape dans un an, au printemps prochain. Cadre de la fonction publique, mère de trois enfants, j'ai la chance de pouvoir partir en retraite un peu plus jeune que lui qui exerce dans le privé. Par avance, je me délecte de cette année de solitude qui me tend les bras lorsqu'il s'absentera pour effectuer ses tournées commerciales. J'apprécierai tout autant les moments partagés quand il sera à mes côtés à temps plein, car j'envisage de redéfinir les contours de notre couple, de donner un nouvel élan à notre relation, de réveiller les amoureux qui sommeillent en nous et qui nous ont échappé, happés par la parentalité. Nous avons déjà évoqué des voyages à proximité que nous convoitons depuis longtemps, ainsi qu'une activité commune même si nous n'avons pas encore défini laquelle malgré de vives discussions : je souhaiterais les danses de salon, il me propose le tennis. Peut-être cela se déterminera-t-il à la courte paille ?

— Alors, Olga, prête pour le grand saut ?

— Plus que tu ne peux l'imaginer !

Ma mine réjouie ne permet pas à Fred de douter de la véracité de ma réponse. Je m'active à dépoussiérer mon bureau, qui bientôt appartiendra aux vestiges d'une carrière professionnelle gratifiante, lorsqu'il m'interrompt dans ce grand ménage. Il exerce dans un service voisin, nous n'avons jamais travaillé ensemble, ce qui ne nous empêche pas de nous apprécier, aussi déjeunons-nous régulièrement tous les deux.

— Tant mieux, tant mieux, répond-il perplexe.

— Ne t'inquiète pas, tout se passera bien pour toi. Et si jamais tu n'y tiens plus, joins-toi à Philippe et à moi pour des activités plus paisibles.

De trois ans mon cadet, il angoisse à l'idée d'être confronté lui aussi à la retraite dans quelque temps. Il m'a récemment avoué que devoir rester à la maison avec sa femme qui s'occupe très, très souvent de leurs six jeunes petits-enfants ne l'enthousiasmait pas. À nos âges, nous aspirons davantage au calme plutôt qu'à l'énergie et aux bruits de nos descendants, et je le comprends ! Il me sourit et me remercie pour ma proposition avant de s'éclipser.

En guise de pot de départ, j'ai commandé une énorme pièce montée que je fais servir à midi au self. Je n'avais pas le cœur à proposer plus, mieux. J'ai adoré mes années passées ici et même si ce départ à la retraite me réjouit, j'ai conscience que sans mon travail, je n'aurais sans doute pas réussi à garder la tête hors de l'eau. C'est donc avec nostalgie que je quitte mon environnement, des collègues que j'appréciais, un travail qui m'épanouissait grâce à une vie sociale et professionnelle qui m'a permis de respirer plus aisément huit heures par jour. Certains se noient dans leur travail, pour moi, c'est tout le contraire, il m'a sauvée de la noyade familiale. Pour toutes ces raisons, un au revoir officiel s'avérait difficile à envisager, trop coûteux sur le plan émotionnel.

Toutefois, en fin de journée, alors que je m'apprête à partir après que tous mes collègues m'ont embrassée tour à tour avec promesse mensongère de nous revoir bientôt, Fred m'interpelle, son air de conspirateur en bandoulière.

— Olga, je suis désolé, mais j'ai besoin de toi !

La ficelle est tellement grosse que je ne peux m'empêcher de sourire. Je pose mon sac sur le fauteuil et lui emboîte le pas jusqu'à son service.

— Surpriiiiiiiiise !

Sous un flot de guirlandes en papier multicolore, une cinquantaine de collègues sont rassemblés. Les tables dressées débordent de boissons, d'amuse-gueules, de cadeaux. Je m'y étais préparée, pourtant, mes cils se mouillent. Leurs sourires, leurs visages radieux, leur envie de marquer le coup, leurs cadeaux, leurs accolades, leurs mots qu'ils récitent au micro pour certains me transpercent.

Ils représentent une autre famille, les quitter m'émeut terriblement.

21 — MIA

Février

Je me gare sur l'emplacement qui m'est réservé et serre le frein à main. Depuis plusieurs semaines, je respire plus fort, je pleure moins lorsque je me rends sur la tombe de Romy, je souris davantage sans culpabiliser. Je sors tout doucement la tête de l'eau. J'ai pu regarder le ventre de Mathilde s'arrondir sans faire saigner mon cœur. Toutefois, je posais peu de questions et ne souhaitais pas la voir trop souvent. Je n'évitais pas les rencontres, mais je ne les provoquais pas non plus.

Après de longs mois de tristesse, à flirter avec la dépression, la vie reprend ses droits peu à peu. J'entre dans une nouvelle phase de deuil : la résignation. Je n'apprends pas à vivre avec l'absence de Romy, j'apprends à vivre sans sa présence. Alors j'ai décidé de trouver un travail. À mi-temps, pour commencer. Dans une clinique où je ne connais personne. J'ai prévenu les ressources humaines que je n'assurerai aucun suivi de femmes enceintes, et je mets de côté ma casquette de chirurgie obstétrique. Ça, c'est encore trop tôt.

Je sors de ma voiture et me dirige vers mon nouveau bureau. Je reprends certaines patientes d'une collègue partie à la retraite il y a plusieurs mois et qui n'avait pas encore été remplacée. Nestor, le gynécologue le plus âgé de la clinique, m'accueille, soulagé. Il m'attendait comme la sauveuse de la situation.

— Mia ! Je bénis ta présence, dit-il en me serrant la main.

Son enthousiasme me contamine. Je réalise qu'exercer la médecine m'a manqué. Et surtout, j'ai la sensation que je vais faire une meilleure gynécologue, plus chaleureuse, plus à l'écoute. Il m'a fallu connaître un drame pour gagner en humanité. C'est laid, mais je retire au moins un bénéfice de la perte de Romy.

— Viens, on va boire un café, ensuite on regardera les dossiers ensemble.

Je l'avais déjà rencontré, lors de mon entretien d'embauche. Il m'avait fait visiter les lieux, m'avait parlé de l'ambiance de travail. Il m'avait même quasi suppliée d'accepter le poste. Je n'ai pas su résister à sa gouaille, ses pantalons en velours et ses bacchantes. En plus de la proximité avec mon domicile, la personnalité de ce futur collègue a influé sur ma décision. Travailler avec quelqu'un comme lui doit s'avérer divertissant, c'est ce dont j'ai besoin.

Lorsque nous entrons dans la cafétéria, je croise un visage qui ne m'est pas inconnu. Je réfléchis un instant, mais je n'ai pas le temps de me questionner bien longtemps. Elle s'approche de moi, puis me lance :

— Bonjour, Mia. Je suis vraiment désolée de ce qui vous est arrivé. J'espère que vous vous plairez ici.

Je la remercie d'un signe de tête. J'ai oublié son prénom, mais je sais qui elle est. C'est une sage-femme avec qui je travaillais dans mon ancienne clinique.

— De quoi parle-t-elle ? demande Nestor.

— De rien, dis-je d'un air sombre.

Je connais le microcosme des soignants. Demain, la moitié de la clinique aura eu vent de ce qu'il s'est passé. Après-demain, de la standardiste au directeur, tout le monde sera informé. Je m'applique à balayer cette pensée et me concentre sur le verbiage de Nestor. Il me présente quelques personnes présentes, j'essaie de retenir les prénoms, je m'imprègne de cette ambiance que j'affectionnais tant par le passé.

L'heure des consultations approche. J'enfile ma blouse blanche avec fierté et détermination. Je vais travailler tous les matins. J'effectue un peu de rangement sur mon bureau, pose le stylo que Thomas m'a offert pour la reprise, puis je lis les dossiers des patientes que je dois rencontrer aujourd'hui. La première est une dame de soixante ans. C'est parfait, elle correspond à la patientèle que je souhaite accompagner.

D'un pas résolu, je vais la chercher dans la salle d'attente. Je n'éprouve aucun stress malgré les mois sans exercer. Mia la battante remonte en selle. Ma matinée file à toute vitesse et mon esprit ne s'échappe que peu vers Romy. Lorsque Thomas rentre le soir, je lui partage toute la satisfaction d'avoir pris cette décision.

Pourtant, dès le lendemain, l'ambiance a changé. Les regards que l'on pose sur moi dans le couloir dégoulinent de pitié, se détournent, fuyants, ou sont gênés. La mort d'un enfant, c'est tabou. Comme je m'y attendais, l'information de mon deuil a circulé à grande vitesse. Même Nestor est au courant. Heureusement, lui ne fait pas semblant. Lorsque je passe devant son bureau, je le salue, car il a laissé la porte ouverte. Agacée par le comportement des autres, je ne cherche pas à y pénétrer, je ne suis pas d'humeur à discuter. Mais Nestor ne me laisse pas le choix, il m'invite à entrer en me faisant signe d'avancer. Il se lève et se retrouve à ma hauteur en deux enjambées. Il s'empare de la main que je lui tends pour le saluer et la serre entre les siennes.

— J'ai appris ce que tu as traversé, Mia. Je voulais te dire que je te trouve très courageuse de reprendre la gynécologie après ça. J'ai déjà eu à accoucher des enfants mort-nés, je sais à quel point c'est terrible pour les parents.

Il marque un temps d'arrêt avant de poursuivre.

— Alors, si un jour ça ne va pas, si tu as un coup de mou, n'hésite pas, je suis là. J'ai l'âge d'être ton père, je suis un homme et je parle sans doute trop fort pour raconter plus de conneries qu'autre chose, mais ça ne m'empêche pas de savoir écouter quand c'est nécessaire.

Je me mords la lèvre. Sa sollicitude et sa franchise me touchent. Je ne pouvais pas rêver mieux comme collègue. Je le remercie dans un chuchotement. Je crois que si je le connaissais plus, je me serais jetée dans ses bras. Lorsque je ferme la porte de mon bureau, je m'appuie un moment contre celle-ci et écrase la larme qui menace d'en appeler d'autres en renfort.

Quand mon rythme cardiaque s'est apaisé, j'enfile ma blouse et me prépare mentalement pour cette matinée.

Vendredi. Déjà cinq jours que j'ai repris le travail. Me lever tous les matins donne un sens à mes journées, même s'il y a toujours une personne pour me rappeler que j'ai vécu un drame dans la façon de s'adresser à moi ou de me regarder. Par conséquent, à part avec Nestor, j'évite de sociabiliser avec les employés de la clinique. Les patientes se montrent agréables, heureuses qu'un médecin ait pris la suite de celle qui est partie à la retraite. Moi-même, je n'exerce plus de la même façon, comme je m'y attendais.

Il est bientôt 13 h, j'ai pris du retard dans mes consultations. Je vais chercher madame Lavin, ma dernière patiente, dans la salle d'attente. Elle s'installe dans mon bureau, et je démarre l'anamnèse habituelle concernant son parcours gynécologique : l'âge de ses premières règles, le moyen de contraception utilisé, le nombre de grossesses, le nombre d'enfants et leur date de naissance.

— J'ai fait plusieurs fausses-couches précoces, mais j'ai réussi à avoir trois enfants. Enfin, non, deux, mais dans mon cœur, j'en ai trois : Loris qui a dix-neuf ans, Angel qui en a seize et Rebecca qui aurait eu dix ans cette année.

Des larmes perlent à ses yeux, je sens mon ventre se vriller. Je m'apprête à poursuivre mon interrogatoire, mais elle ne m'en laisse pas le temps. Elle souhaite me raconter son histoire avec précision.

— J'ai eu beaucoup de mal à persuader mon mari pour un troisième enfant dont j'avais toujours rêvé. Par miracle, à l'approche des quarante ans, il a accepté. J'ai fait une nouvelle fausse-couche, mais quelques mois après, j'étais à nouveau enceinte. À un mois et demi de grossesse, je suis tombée dans mon jardin en sortant de vingt-quatre heures de garde et je me suis cassé la cheville. Je suis médecin urgentiste, j'enchaîne les heures, et la fatigue m'a joué des tours. J'étais très inquiète pour mon bébé, j'ai demandé à être opérée sous rachianesthésie et j'ai limité les antalgiques pour le protéger.

Je hoche la tête pour lui signifier que je comprends. Je comprends l'inquiétude qu'elle a ressentie à ce moment-là, je comprends son besoin de parler, de me raconter toute l'histoire, je comprends que je dois l'écouter, même s'il m'en coûte, car je redoute la fin de son récit. Je prends ce temps que je n'aurais sans doute pas pris il y a quelques mois en arrière, trop pressée, n'ayant pas besoin de connaître tous les détails pour ma consultation.

— Heureusement, lors de la première échographie, le bébé allait parfaitement bien ! J'étais soulagée. Les semaines passaient, ma grossesse se déroulait normalement. On pouvait enfin se projeter alors on a cherché du matériel de puériculture. On avait tout cédé de nos aînés. Petit à petit, on a commencé à racheter ce dont on avait besoin. Un dimanche, on est allés récupérer une poussette achetée sur Leboncoin, on avait presque réussi à rassembler tout le nécessaire. Le lundi, j'avais rendez-vous avec madame Loubet, que vous remplacez. Comme j'étais un peu inquiète, car ma prise de sang pour le spina bifida était à un taux limite, elle a voulu me faire une échographie pour me rassurer. Ma vessie était vide, l'échographie était de très mauvaise qualité et on s'est focalisées toutes les deux sur l'examen du rachis. Afin de me rassurer totalement, elle m'a programmé une échographie morphologique pour le surlendemain.

Elle renifle. Je me tais. Elle me regarde sans vraiment me voir, plongée dans ses souvenirs.

— Seulement en rentrant à la maison, j'ai eu un gros doute ; je n'avais pas eu l'impression de voir mon bébé bouger. J'ai rappelé madame Loubet qui a fait preuve de compréhension et m'a dit de revenir. Elle m'a reçue à la fin de ses consultations et comme je le craignais, mon bébé ne vivait plus. À quatre mois et demi de grossesse ! Ça a été l'horreur. Elle n'a même pas eu besoin de me le dire, je l'ai lu sur son visage.

Je visualise très bien la scène, je revois l'expression d'Émilie lorsqu'elle a constaté que le cœur de Romy ne battait plus. Le mien, à cet instant, est prêt à lâcher. Je dois rester professionnelle. J'ai envie d'interrompre ma patiente, mais je la laisse terminer, c'est important pour elle.

— J'ai dû ensuite appeler mon mari pour le lui annoncer. Il a fallu le dire à nos fils. Angel disait alors à tout le monde : « Quand j'aurai six ans, je serai grand frère ! ». Il était tellement fier. Cela a été une vraie souffrance de perdre ce bébé à ce terme, pour toute notre famille, car on y croyait vraiment ! On n'a pas trouvé de cause, mais moi je suis persuadée que c'est lié aux anticoagulants que j'ai eu pendant mes sept semaines de plâtre à cause de ma fracture de la cheville. Quelques mois plus tard, j'ai fait une nouvelle fausse-couche. Avec mon mari, on a décidé d'arrêter là. Chaque grossesse qui n'aboutissait pas me menait dans un état de déprime de plus en plus profond.

Elle se mouche, je respecte son silence. Et aussi, car je suis incapable de parler. Ma bouche est sèche, mon cœur tambourine. Au bout de plusieurs secondes, elle reprend.

— Ce qui a été très difficile également, c'est qu'à l'école de mes enfants, une maman attendait un bébé dont le terme était prévu à la même date que moi. J'ai vu son ventre grossir, puis son bébé arriver, puis grandir. Sa fille a dix ans maintenant ! Je ne suis pas jalouse, c'est juste que c'est très dur, cette absence. Moi, mon bébé que j'ai prénommé Rebecca, persuadée que c'était une petite fille, me manque toujours [13]!

Je sais de quoi elle parle, je ne le sais que trop bien. J'ai envie de lui confier que je partage sa douleur, mais c'est une patiente, pas une amie. Tout cela s'est passé il y a dix ans, et elle souffre comme si c'était hier. Ce qui ne fait que renforcer ma conviction que Romy me manquera éternellement.

Je termine cette consultation tant bien que mal, nous sommes toutes les deux secouées par ce récit, même si elle ignore que son histoire m'a bouleversée, bousculée. Et, d'une certaine façon, aidée.

Lorsque madame Lavin quitte mon bureau, il est 13 h 30. J'aurais dû terminer à midi, mais je ne suis pas pressée de retrouver le vide profond de ma maison. Je prends le temps de ranger tous mes dossiers en me disant que je n'ai pas fini de connaître des bas, que je serai appelée à écouter d'autres histoires similaires à celles-ci. Des histoires qui, à présent, m'ébranlent. Parfois, je me demande si je ne devrais pas arrêter la gynécologie et m'orienter vers la médecine générale. À chaque fois, je rejette cette réflexion. Ce serait laisser la douleur guider ma vie, mes choix, alors qu'au fond, ce que je désire par-dessus tout, c'est revenir à l'obstétrique.

Sur le chemin du retour, je décide d'acheter des sushis, des fleurs,

---

[13] Merci à Christine pour le partage de son expérience.

puis d'effectuer un détour par le cimetière. Je pousse la grille dont je commence à bien connaître le grincement et avance jusqu'à ma fille.

— Coucou, ma princesse, c'est maman.

Emmitouflée dans mon manteau et mon écharpe, je nettoie la tombe de Romy, je change les fleurs, puis je m'installe sur le marbre glacé avec mon en-cas.

— Un déjeuner en tête-à-tête, ça te dit ?

Autrefois, si j'avais vu quelqu'un manger sur une tombe, j'aurais trouvé ça inopportun. Aujourd'hui, je me moque des convenances. J'ai envie de passer du temps avec ma merveille, et personne ne m'en privera.

De retour chez moi, je me décide à sauter le pas. Je me connecte à des groupes de *paranges*, sur Facebook. J'envisage enfin qu'échanger avec des personnes ayant vécu la même chose que moi me permettra de trouver la compréhension que je ne retrouve pas forcément ailleurs.

22 — LOÏSE

Mai

J'ai honte. Honte de ne pas comprendre mon fils, de ne pas savoir gérer ses difficultés. Honte de ne pas pouvoir accéder aux demandes qu'il n'exprime qu'avec des cris indifférenciés.

Je me sens coupable. Je ne comprends pas à quel moment j'ai déconné ? J'adore les huiles essentielles, je sais qu'il faut les éviter durant la grossesse. Pourtant, il m'arrivait d'en diffuser dans mon bureau. Est-ce pour ça que Paul est autiste ? Ou bien à cause des anti-vomitifs que j'ai pris en quantité les premiers mois ? Ou encore à cause de l'activité sportive que je n'ai pas arrêtée et qui aurait interféré sur le développement du fœtus ? Je ne sais pas. Je n'ai pas de réponse. Mais j'ai besoin de comprendre. De savoir. Quand ai-je mal agi ? À quel moment de ma grossesse ai-je mis mon enfant en danger ? Ou peut-être à cause du lait maternisé que j'ai choisi ? Des vaccins que je lui ai fait administrer ? La neuropédiatre me dit qu'aucune raison n'explique à elle seule le handicap de Paul. Que les causes ne sont pas clairement déterminées. L'origine serait un malheureux combo génétique, neurodéveloppemental, environnemental, je n'ai rien à me reprocher. Pourtant, je ne peux m'empêcher de m'en vouloir.

Je me sens seule. Ben refuse d'en parler. Il se comporte exactement comme si aucun diagnostic n'avait été posé. Il enferme sa souffrance à double tour et l'étouffe de son indifférence. Il n'exprime rien. Les rares fois où il accepte d'aborder le sujet, il prononce le mot « guérison » au moins trois fois dans la conversation. C'est une obsession. Il refuse d'admettre que Paul vivra avec ce trouble jusqu'à sa mort. Ses comportements évolueront (favorablement, je l'espère), mais il restera autiste. J'espère que Ben finira par le comprendre. Rapidement si possible.

Voilà les émotions qui m'animent depuis deux mois, depuis que le diagnostic est tombé. Je souris, je ris même, toutefois, à l'intérieur, c'est noir, c'est moche. La tristesse grignote un bout de moi jour après jour. Mais je tiens debout. Pour Paul. Et pour Côme que je néglige, accaparée par la mise en place des soins de son petit frère.

Je dois réorganiser mes journées. Pour l'instant, je ne demande rien à Ben. J'ai bien compris que tout cela s'avère trop dur à surmonter. Peut-être aussi pour m'investir au maximum, pour me racheter de ma culpabilité, pour bénéficier des conseils des thérapeutes afin de les intégrer dans notre quotidien. J'ai tellement envie de voir Paul évoluer de façon positive. J'ai envie qu'il soit comme les autres, qu'il ait une vie paisible. Il n'a pas deux ans et pourtant il est déjà condamné par quelques mots : « autiste sévère probablement non verbal ».

Alors j'ai allégé mon emploi du temps professionnel afin d'emmener Paul à ses nombreux rendez-vous. Il voit l'orthophoniste et la psychomotricienne une demi-heure chacune, une fois par semaine. À cela s'ajoutent deux thérapies de groupes pour travailler les interactions avec les autres enfants, la communication, la motricité. Ce qui arrange la crèche. Quand j'ai fait part à la directrice des futures absences de notre fils en raison de son TSA[14], elle m'a expliqué qu'il devenait compliqué à gérer. Elle m'a conseillé de prendre nos dispositions. Leur établissement n'a pas la capacité d'accueillir, je cite, des enfants comme Paul. Je lui ai rétorqué que Paul est un enfant avant d'être un autiste et que la vocation d'une crèche est justement d'accueillir les enfants. Ça tombait plutôt bien, non ? Elle a blanchi, baissé les yeux avant de les planter dans les miens.

— Non, Paul n'est pas qu'un enfant. J'imagine que vous vous en rendez compte. Nous n'avons pas l'effectif suffisant pour accueillir dans le groupe un autiste avec de telles difficultés de comportement.

---

[14] Trouble du spectre autistique.

Ça demande trop d'attention et des compétences que nous n'avons pas. Et ça ne va faire qu'empirer.

Merci pour ta bienveillance, connasse !

C'est là que j'ai réalisé que j'affrontais la première embûche. Car finalement, pour le diagnostic, le démarrage de la prise en soins, tout a été très rapide. Je mesure notre chance. Paul est l'enfant porteur d'autisme le plus jeune de tout le groupe du CAMPS. Je remercie mentalement la secrétaire de cette institution qui nous a fixé des rendez-vous rapidement, ainsi que l'auxiliaire vétérinaire qui m'a ouvert les yeux. Mais la parenthèse *chance* (si on peut appeler ça comme ça) vient de se refermer.

C'est là, avec la généreuse tirade de la directrice de la crèche, que j'ai compris que je n'étais qu'au début des problèmes administratifs. Ce jour-là, j'ai reçu une baffe encore plus grande que celle reçue le jour du diagnostic. Je me suis renseignée, elle n'a pas le droit de virer Paul. Mais que faire ? Me battre, lui imposer un enfant dont elle ne veut pas s'occuper ? La traîner en procès si elle refuse ? J'ai déjà tellement d'autres combats à mener. Alors j'ai décidé de trouver une autre structure, je me suis mise en quête active d'un établissement avec une équipe bienveillante et soucieuse des difficultés de Paul. J'ai fini par dénicher ça dans notre secteur. Il ne peut pas l'intégrer tout de suite, il doit attendre qu'une place se libère, mais j'ai bon espoir qu'en septembre il pourra y faire sa rentrée.

Depuis, je pense à l'école, au centre de loisirs, aux colonies où il ne sera sans doute jamais admis. Je pense à sa vie d'adulte, à tous les combats qu'on devra mener, parce qu'il n'est pas *comme les autres*. Je réalise le poids de *l'anormalité*, l'immensité des montagnes à franchir quand on a eu la faute de goût de ne pas entrer dans *les bonnes cases,* d'être *atypique*. Et l'angoisse me terrasse, se mêle à la honte, à la culpabilité et à la solitude. Je ne veux pas me laisser manger par la peur, je ne veux pas trop anticiper. J'utilise mes outils de coach en développement personnel pour vivre le présent et affronter les problèmes un à un, quand ils se présentent. L'humour et l'ironie m'aident à rester debout, même s'ils foutent le camp eux aussi par intermittence.

Mais quand la nuit apparaît, elle réveille avec elles tous ces doutes, ces questions, ces inquiétudes croissantes.

Et c'est dur.

Ce soir, alors que j'arrive à la crèche, je croise Franck et Lydia qui en sortent. Franck, c'est le meilleur pote de Ben de l'équipe de rugby. À la vie à la mort. J'aime bien Lydia, mais ce n'est pas ma préférée, je ne la côtoie qu'en compagnie de son chéri. Ils viennent inscrire leur futur bébé. On bavarde quelques instants, je les trouve un peu distants, gênés, toutefois, j'en fais abstraction. Puis je réalise qu'on n'a rien fait, tous ensemble, depuis plusieurs semaines. Je suis tellement le nez dans le guidon que je n'ai pas remarqué notre absence de vie sociale. Je lance l'idée d'un apéro dînatoire le week-end prochain :

— C'est gentil, mais on ne veut pas t'embêter, on sait que tu es très occupée, me dit Franck sur un ton débordant de compassion.

— Effectivement, ce n'est pas facile. Mais ça me fera du bien de me changer les idées, de voir du monde.

— OK, on s'appelle pour fixer l'horaire. Si tu veux, on organise ça chez nous, comme ça, ça évitera de te fatiguer inutilement. Même si je dois admettre qu'avec tout ce poids en trop, je commence moi aussi à ramer un peu, ajoute Lydia avec un sourire convenu en caressant son ventre.

Puis son sourire s'efface, et elle reprend aussitôt d'une voix lourde de sous-entendus.

— Pardon. Je me plains alors que je n'ai aucune raison. Par rapport à ce que tu vis, je ferais mieux de la fermer. Je suis désolée.

Je prends sur moi, mais je sens la moutarde me monter au nez. Si ça doit être comme ça, à s'apitoyer sur notre sort toute la soirée, autant annuler l'invitation. Je m'apprête à sortir une blague pour détendre l'atmosphère, lorsque Franck précise :

— Mais tu sais, même si c'est dur, te laisse pas abattre. Ma mère a aussi eu un cancer du sein, et elle s'en est très bien sortie. Aujourd'hui, elle est parfaitement guérie.

— Un cancer du sein ?

— Oui, c'est pas pareil que ton cancer du côlon, mais j'imagine que le protocole est le même puisque Ben m'a dit que tu allais faire de la chimio.

— La chimio ?

Oh le salopard !

Je plante le couple sans autre forme de politesse, je fonce récupérer Paul, puis je roule comme une dingue pour aller chercher Côme. Quand j'arrive à la maison, Ben est déjà rentré. Ni une ni deux, je le convoque au sommet.

— Dans ton bureau. Tout de suite !

De ma vie, jamais je ne me suis adressée à quelqu'un sur ce ton. Mais trop, c'est trop. Ben s'exécute en me regardant de travers, tandis que je colle, sans scrupule, les garçons devant un dessin animé avec un pot de pâte à tartiner. Frimousse se joint à eux, je pense que tout le monde va finir à l'hôpital pour cause d'indigestion.

Depuis le diagnostic, Ben n'a plus invité personne à la maison et il ne m'a fait part d'aucune invitation émanant de ses amis et collègues. Ce qui est simplement impossible, il y a sans arrêt des soirées.

Je le rejoins dans la pièce comme une furie. Je me poste devant lui, croise les bras et lève le regard pour atteindre le sien, puisqu'il me dépasse de deux têtes.

— Comment oses-tu raconter que je suis malade ?

— Oh ça va, c'est rien !

— Tu te fous de ma gueule ? Tu as honte de notre fils et tu trouves que c'est rien ? Déjà que tu t'en occupes pas ! Moi je trouve, au contraire, que c'est beaucoup. Tu veux quoi ? Qu'on l'enferme dans une institution spécialisée et qu'on l'oublie ?

— Tu fais chier, Loïse, à toujours tout exagérer. J'ai jamais dit ça.

— Alors, dis-moi ce que tu veux ! Parce que là, je te comprends plus. On ne peut pas revenir en arrière, Ben, c'est comme ça. Paul est autiste et il faut faire avec. C'est pas en le cachant comme un animal enragé que tu l'aideras à avancer. Ni moi ni toi non plus d'ailleurs.

Comme lors du jour du diagnostic, il s'apprête à sortir de la pièce pour couper court à la conversation. Je lui saute dessus dans son dos (merci le Krav-maga !), le retiens de toutes mes forces par ses biceps que j'ai accrochés.

— Tu restes ici ! dis-je en criant. Je veux des explications.

Il se fige. Je le lâche, il fait un demi-tour puis il me fixe. Il recule jusqu'au canapé du bureau et s'affale dedans. Je reste plantée debout devant lui et halète comme si j'avais couru un marathon, sous l'effet de la colère. Au bout de quelques minutes de silence, d'une voix sourde, il me confie tout. Son incapacité à accepter. Sa honte à verbaliser la tare de son fils. Sa douleur. Ses regrets.

Il parle, je ne l'interromps pas. Pour une fois qu'il se confie, j'espère qu'ouvrir les vannes le libérera. Peu à peu, mon rythme cardiaque revient à la normale. Quand il a terminé, je vais m'asseoir auprès de lui, je lui dis que je le comprends, mais qu'on doit avancer.

— Je ne suis pas comme toi. Moi, je n'y arrive pas. Je peux rien te dire de plus.

— Si, tu vas y arriver. Parce que j'ai besoin de toi pour y arriver moi aussi. Je t'aime infiniment, et on doit faire front ensemble, comme au rugby. Pour moi aussi c'est dur. Moi non plus je ne comprends pas pourquoi on nous inflige cette épreuve, pourquoi ça tombe sur nous. Moi non plus je ne sais pas comment me comporter avec Paul, mais j'apprends, un peu tous les jours. Je ne sais pas ce que j'ai fait de mal pour qu'il soit comme ça, je me sens terriblement coupable. Je me sens seule aussi parce que tu es loin de moi, de lui et je ne parviendrai pas à surmonter ça sans toi. Mais ensemble, on en est capables.

Je marque un temps d'arrêt, puis je tends mon poing dans sa direction.

— *Deal* ?

Il frappe dedans avec le sien, si fort que mon bras entraîne mon buste dans un mouvement d'aller-retour.

— *Deal*, confirme-t-il.

Puis je le convaincs de rétablir la vérité auprès de ses amis. Il n'avait menti qu'à Franck, à qui il avait fait promettre de garder le secret. Mon cancer imaginaire n'avait pas fuité (bizarre…), Ben trouvait toujours des excuses bidon pour esquiver les invitations.

À la fin de la conversation, il me prend dans ses bras et me serre tendrement contre lui.

— Merci, ma douce. Je sais pas ce que je deviendrais sans toi.

— Oh, pas grand-chose ! Mais, chut, c'est notre secret, dis-je pour le taquiner.

On retourne au salon où on constate avec joie que Frimousse lèche le pot de pâte à tartiner, abandonnée par les garçons qui ont disparu du paysage. Ils jouent dans la chambre de Côme. Plus exactement Côme donne des instructions tout en manipulant son atelier Playmobil et Paul déambule dans la pièce en tapant dans ses mains et en poussant des cris.

Dans la semaine, pour la première fois, Ben accompagne Paul à sa séance chez l'orthophoniste. Le week-end suivant, il invite ses quatre plus proches amis avec leurs compagnes et leur annonce le handicap de Paul. Il y a des regards gênés, un silence incommodant, des questions bizarres, d'autres bienveillantes. L'un dit : « Mes pauvres ». Un autre se met à parler à Paul comme s'il était débile. Lydia, enfin, a ses mots que je n'oublierai pas et que je n'aurais pas cru possibles dans sa bouche, puisque nous n'avons pas d'affinités particulières :

— La vue depuis votre fenêtre dépend de votre regard, pas du paysage. Paul est le même qu'avant le diagnostic. Il n'a pas changé alors ne changez pas votre regard sur lui. Il est votre fils, quoi qu'il arrive.

Je retiens mes larmes et je la remercie. Lydia est dans notre camp. En revanche, face aux réactions de certains, je comprends que l'autisme de Paul fera du tri dans notre entourage et que nos alliés ne seront pas forcément ceux sur lesquels on aurait misé.

23 — OLGA

Mai

Depuis plus de trois mois, je savoure à plein ces journées qui s'étirent sous l'unique injonction de l'insouciance, dans l'accord le plus parfait avec mes envies. Philippe est en déplacement, Théo n'a opéré que de rares incursions surprises, Fanny m'invite à déjeuner au restaurant de temps à autre. Elle a profité d'une de ces occasions pour me présenter Jordan, ça semble très sérieux entre ces deux-là. À l'exception de mes parents, je n'ai rien d'autre à songer que de me soucier de moi-même sans la moindre contrainte horaire, matérielle, logistique. Je pactise avec le plaisir et renoue avec des sensations réjouissantes fort lointaines, dont j'avais oublié la consistance éparpillée dans les méandres de mon cerveau. Comme après des années sans activité sportive où l'on redécouvre l'existence de certains muscles trop longtemps boudés.

Aussi, en ce vendredi matin printanier, lorsque mon portable sonne et affiche le prénom d'Alice, je ne me méfie pas.

— Maman ? J'ai besoin de toi.

— À quel sujet ? dis-je en m'étirant, livre en main, allongée dans un transat, abritée du soleil grâce à un actinidier, dont les lianes courent sur un labyrinthe de fils.

— Il faut que tu viennes garder Yon toute la journée.

Soudain, les papillons ne volettent plus, les abeilles ne bourdonnent plus, les oiseaux ne piaillent plus. Seuls les battements de mon cœur pulsent dans mes tempes. Je déglutis, reprends mon souffle. Ce que je redoute depuis la naissance de ma petite-fille se réalise.

— Mais, pourquoi ?

— Elle est malade, la nounou vient de m'appeler, je dois la

récupérer. Sauf que je n'ai plus de jour enfant malade et Dong non plus.

Je marque un temps d'arrêt à la recherche d'une solution.

— Et ta belle-mère ?

— Pardon ? demande Alice incrédule d'un ton sec. Mariline nous dépanne régulièrement, en semaine, le week-end. Yon a bientôt neuf mois, et en neuf mois, tu l'as gardée cinq fois grand maximum. J'espérais que maintenant que tu étais à la retraite, tu te montrerais plus disponible. Apparemment, je me suis trompée. Merci, maman. Profite bien de ta journée.

Le bip de tonalité m'écorche le tympan. Je me sens ridicule, égoïste, indigne, cependant, la perspective d'hériter de la responsabilité d'un enfant m'étouffe et chamboule ma journée qui s'annonçait des plus agréables. Jusqu'à présent, j'ai été peu sollicitée pour la garde de Yon. Mariline ne travaillant pas, c'est elle qu'Alice et Dong-Soo appellent à la rescousse en cas de besoin, car elle a toujours affirmé son désir de s'investir dans son rôle de grand-mère et je n'ai jamais cherché à lui voler la vedette.

Je rappelle aussitôt Alice, lui présente mes excuses et l'informe que je passe récupérer Yon chez sa nourrice dans la demi-heure. Abattue, je me lève pour regagner ma chambre où je remise mon roman sur ma table de chevet puis troque mon short et mon tee-shirt informes contre un pantalon et un pull légers.

La nourrice dépose Yon et son sac dans mes bras ainsi que son siège-auto à mes pieds. Encombrée, je demeure hébétée sur le pas de la porte qui vient de se refermer, empotée, incapable de manier ma petite-fille qui chouine sous l'effet de la fièvre. Interpellée par les pleurs qui s'éternisent devant chez elle, la nounou rouvre la porte et me demande si quelque chose ne va pas.

— Non, désolée, tout va bien, dis-je en tournant les talons.

Je pose Yon sur le siège passager à l'avant de mon véhicule, tandis que je me bats pour installer le siège auto à l'arrière et me bats à nouveau pour y asseoir ma petite-fille avant de l'attacher.

Alice cache un double des clés sous un pot de fleurs extérieur, je peux entrer chez eux comme chez moi. Je regarde la pendule : 10 h. Le reste de la journée qui s'annonçait prometteur vient de se transformer en cauchemar. Je ne veux pas être ici, avec ma petite-fille de moins d'un an, qui ne parle pas, se déplace à quatre pattes, n'est pas propre et est malade de surcroît alors que j'avais prévu de lire, d'aller marcher et de prendre un café avec une ancienne collègue. Lorsque j'ai dépanné Alice pour la garde de Yon, c'était établi, discuté, et non imposé en dernière minute comme aujourd'hui. Le sentiment de contrainte prend le pas sur le plaisir que je pourrais éprouver à partager du temps avec mon unique petite-fille. En prime, la gestion de son état de santé accentue ce déplaisir.

Je couche Yon, mais ses pleurs redoublent d'intensité. Je la lève, la prends dans mes bras, tente de la rassurer maladroitement en la faisant sautiller. En vain. Au bout d'une heure de cris, j'appelle Alice à la rescousse qui m'indique quel médicament lui donner, dans quelle proportion pour apaiser la fièvre et sans doute l'otite. Yon se gratte l'oreille et elle est sujette à ce type de pathologie. Je lui administre ses sirops et ingurgite un comprimé de paracétamol au passage pour calmer la migraine qui me menace.

L'heure du déjeuner approche, je l'assois sur sa chaise haute et la nourris d'un petit pot aux courgettes qu'elle refuse. Elle recrache, repousse la cuillère de sa main, se frotte les yeux, continue à pleurer. Je me doute qu'elle est fatiguée. Priant pour que les médicaments agissent sous peu, je la recouche puis je ferme tout doucement la porte et demeure l'oreille collée à elle, à l'écoute des bruits.

Après cinq minutes de protestations, un silence bienfaiteur surgit. J'expire un grand coup et m'éloigne sur la pointe des pieds pour m'allonger dans le canapé, même si je n'ai pas encore déjeuné. J'ai soixante ans, nouvelle retraitée et j'ai l'impression de me retrouver projetée plus de trente ans en arrière. Je n'avais pas envisagé la suite de mon existence de cette façon quand j'ai dit adieu à tous mes collègues. La pendule me nargue, se traîne, allonge les secondes en minutes. À peine deux heures que je remplis ma fonction de grand-mère et je n'aspire qu'à un programme : retrouver la quiétude de mon transat, l'extraordinaire de mon roman, l'ombre de mon actinidier avant de bavasser avec une copine à la terrasse d'un café.

Au bout de quelques instants, je me relève et vérifie que Yon dort profondément. C'est le cas. Je décide de garder la porte entrebâillée, et entame une valse incessante d'allers-retours entre la cuisine où je grignote un reste de quiche et sa chambre. Comme avec mes propres enfants, je me montre anxieuse à l'idée qu'elle se réveille, à l'idée de notre face-à-face, et pourtant, je suis incapable de profiter de ce répit. Quand elle émerge après trois heures d'une sieste réparatrice, la fièvre a faibli. Je suis terrifiée de devoir l'occuper, je ne la connais pas, je ne sais rien de ses intérêts, de ses capacités. J'ai été propulsée ici sans consigne, sans mode d'emploi, ma fille devait s'imaginer que je saurais spontanément retrouver des gestes exécutés maintes fois. Il n'en est rien. Ancrées dans ma chair, accrochées à mes souvenirs, mes angoisses demeurent palpables. Yon est un bout de moi, alors, l'histoire se répète, quels que soient mon âge, mon expérience.

Indécise, ignorant quelle activité effectuer ensemble, je l'installe dans son parc. Heureusement pour moi, Yon ne réclame pas ma présence, elle se met à jouer sans m'accorder un regard.

L'inactivité m'indispose, je l'ai trop peu côtoyée ces quarante dernières années pour en être familière. Aussi, j'entreprends de récurer la maison, pour soulager Alice, pour me faire pardonner. Le goûter signera le seul moment d'interaction avec ma petite-fille, elle a meilleur appétit qu'au déjeuner, se montre plus coopérante, l'instant se déroule avec plus de facilité que je ne l'aurais envisagé et, étonnamment, j'apprécie ce moment d'échange. Elle suçote un boudoir, me sourit, je lui parle en *bébéifiant* mon phraser. Elle essaie d'agripper mes cheveux de ses petites mains poisseuses, j'approche mon crâne pour lui permettre de les atteindre ce qui la réjouit, elle jargonne pour manifester son contentement. Spontanément, je dépose une bise sur sa joue, séduite par sa personnalité, ses grands yeux noirs, son enjouement. Lorsqu'elle termine son goûter, la fièvre est remontée, elle montre à nouveau des signes de fatigue, je la recouche. Cette fois, je prends sur moi et décide de conserver la porte close, puis je file en cuisine mitonner quelques petits plats avec les réserves disponibles en m'assurant régulièrement que le babyphone remplisse correctement sa mission.

Alice a réussi à se libérer plus tôt, elle rentre vers 18 h, Yon dort encore. Elle me remercie, pour le baby-sitting, pour le ménage, pour la cuisine, mais je vois bien qu'elle est contrariée par mon refus initial.

Je n'ai aucune excuse, je ne le sais que trop.

24 — MIA

Mai

Lorsque Félix est né, seul Thomas s'est rendu à la maternité pour faire connaissance avec son neveu. Partir à la rencontre d'un nouveau-né, d'une jeune mère, devoir m'extasier sur cette famille qui s'agrandit restait une épreuve. Croiser des poussettes dans la rue, je m'y suis habituée. Aller marteler volontairement les couloirs d'une maternité, entendre les nourrissons pleurer, observer les mamans déambuler avec leur démarche en canard, c'est encore trop tôt. Constater le bonheur de Mathilde et Romain, les voir sortir à trois de la maternité, je ne pouvais pas.

Mathilde et Romain ne m'en ont pas tenu rigueur. J'ai envoyé un bref message de félicitations aux parents, je ne pouvais pas davantage. Et, le soir, au cours du dîner, je n'ai posé aucune question à Thomas, à propos de son neveu. Pas que ça ne m'intéressait pas, c'était simplement au-delà de ce que je pouvais. Je n'ai pas non plus ouvert le faire-part quand j'ai ramassé le courrier dans la boîte aux lettres et que j'ai deviné son contenu grâce à cette enveloppe bleu tendre, d'un grammage lourd, à l'adresse manuscrite.

Bien que j'aie repris le travail, les loisirs, une vie sociale, je n'oublie pas qu'une part de moi manque à jamais à ma vie et chaque mois qui passe, je m'imagine là où aurait dû en être Romy. À presque dix mois, elle aurait tenu la position assise, peut-être même qu'elle se déplacerait à quatre pattes ou marcherait pour fourrer ses petits doigts partout où c'est interdit. Elle mangerait avec ses mains, jetterait la nourriture à terre, je la gronderais gentiment et elle rirait aux éclats. Elle me dirait au revoir de la main lorsque je la déposerais à la crèche et que je ferais exploser des baisers dans son cou. Elle articulerait quelque chose comme « mamamama », et moi, je comprendrais « ma maman ».

Si je croise un bébé avoisinant son âge qui, depuis sa poussette, essaie d'attraper les jupes qui pendent sur les cintres dans les magasins, mâchouille le quignon de pain fraîchement acheté, s'amuse du chien qui remue la queue devant son nez, je ne peux m'empêcher de me demander : « Est-ce que Romy aussi ferait ça ? ». Avant, je détournais le regard. Aujourd'hui, j'imagine une petite fille avec des fossettes, des cheveux blonds et deux billes brunes espiègles dans la poussette, qui agit à la place du bébé devant moi. Même si je n'aurai jamais les réponses à toutes ces questions : est-ce que Romy aurait aimé le pain, les animaux ? Est-ce qu'elle aurait préféré les aliments salés ou sucrés ? Est-ce qu'elle accepterait le nœud que je lui aurais mis dans les cheveux ? Est-ce qu'elle aurait été plus calme qu'intrépide ?

Mais Romy a dix mois seulement dans mon cœur, alors que Félix a bientôt trois mois dans la vie de tous. Et en ce jeudi après-midi, je suis décidée à dépasser mon appréhension. Je sais que Romain sera absent, je préfère que nous soyons seulement tous les trois pour cette première *confrontation*. Pour moi, cela ressemble davantage à un affrontement qu'à une rencontre, car il m'en coûte de le voir. Ce n'est pas un bébé lambda, c'est mon neveu, le cousin de Romy, celui avec qui elle aurait pu grandir, jouer, évoluer, un peu comme un frère.

Je lui ai acheté un jeu d'éveil musical, plus neutre pour moi qu'un article de puériculture ou de la layette. Thomas s'était déjà chargé d'acquérir un beau cadeau pioché sur la liste de naissance, toutefois, je ne souhaitais pas arriver les mains vides aujourd'hui. Je sonne, rassemblant tout mon courage. Mathilde m'ouvre la porte, tout sourire. Félix est dans ses bras. Mon cœur se décroche. Je ne pensais pas le rencontrer aussitôt. Je m'étais imaginé qu'il serait à la sieste, que je m'habituerais d'abord à l'environnement, une girafe en plastique abandonnée sur un canapé, des grenouillères qui sèchent sur la terrasse, une odeur de liniment, des biberons sur le plan de travail, un babyphone auprès de Mathilde.

Ma belle-sœur m'invite à entrer, je l'embrasse, j'évite de croiser le regard de Félix et je n'ai aucun geste dans sa direction. Nous nous asseyons sur les fauteuils, l'une en face de l'autre. Mathilde tient Félix contre elle, il me tourne le dos. Ne pas voir son visage m'apaise un peu.

— Merci d'être venue, j'imagine que ce n'est pas facile.

— Ça ne l'est pas, mais tôt ou tard, il faut bien que je le fasse. Parce que des bébés continueront de naître et je ne peux pas éviter perpétuellement les jeunes parents.

Nous discutons de choses et d'autres, elle m'interroge sur la reprise du travail, me parle des travaux qu'ils ont effectués récemment dans la maison. Nous parlons de tout, sauf de Félix qu'elle a installé pour la tétée maintenant. Lorsqu'il a fini son repas, elle me laisse un moment pour le changer et le coucher. Elle ne me propose pas de l'accompagner tout comme elle ne m'a pas proposé de le prendre dans mes bras. Je lui en suis reconnaissante.

Lorsqu'elle revient, elle m'informe qu'il s'est endormi, un sourire attendri aux lèvres. Je sens mon sang courir dans mes veines, c'est dur de constater son bonheur tout à fait légitime. Puis, Félix se met à pleurer alors qu'elle vient juste de se rasseoir en face de moi. Elle y retourne et quand elle revient dans le salon, elle m'explique que le sommeil est compliqué.

— Je suis fatiguée, il dort peu, les nuits sont épuisantes, parfois c'est dur.

Moi, j'en crève de ne pas avoir eu un bébé qui bousille mes nuits. Je ne dors pas plus qu'elle, mais pas pour les mêmes raisons. Depuis le décès de Romy, je fais régulièrement des insomnies. Mon visage se décompose, elle le remarque aussitôt :

— Pardon, c'était maladroit de dire ça.

Je devrais la rassurer, lui dire qu'elle en a parfaitement le droit, que la vie continue pour les autres même si elle s'est arrêtée pour moi. Je sais ce qu'il paraîtrait normal de lui dire, mais je n'y parviens pas. Je n'ai eu qu'une enfant et elle m'a été volée dès la naissance. Parfois je me dis que si j'avais déjà été mère avant Romy, mes réactions se seraient avérées différentes. La douleur n'aurait pas été amoindrie, mais dans certaines situations mes comportements auraient sans doute été autres. Je crois que c'est encore trop tôt, je préfère m'en aller.

— Je suppose, en effet, qu'un bébé c'est fatigant, dis-je pour la forme. Je vais te laisser, Mathilde, j'ai des choses à faire.

Elle ne relève pas mon départ précipité, même si je présume qu'elle a compris. Je démarre, roule quelques mètres dans la rue et dès que je trouve une place, je me gare. Ma tête collée au volant, je me laisse submerger par le flot tumultueux de mes larmes.

Cette semaine, rien ne me sera épargné, dimanche, c'est la fête des Mères. Tous les soirs, j'ai dû écouter Adam qui s'extasiait sur le cadeau qu'il fabriquait pour sa maman, chez qui il résidera à partir du vendredi soir. Je rongeais mon frein, je ne sais même pas si Thomas a relevé mes mâchoires serrées, mon visage crispé. Je ne peux pas priver Adam de sa joie d'enfant, mais cela fait partie des épreuves encore dures à surmonter.

Le dimanche, j'appelle ma mère pour lui souhaiter une bonne fête. À son tour, elle me dit :

— Bonne fête, ma chérie. Je sais que Romy n'est plus là, mais tu restes une maman, sa maman.

Sa remarque me touche en plein cœur. J'ai retrouvé ma silhouette d'avant la grossesse, et même si ma poitrine reste plus forte et mes hanches légèrement plus larges, rien n'atteste de ma maternité. Sans enfant, j'ai souvent l'impression de ne plus être une maman, de ne l'avoir jamais été puisque je n'ai même pas eu quelques jours pour materner une Romy que j'aurais dû nourrir, câliner, endormir.

Sur les groupes de *paranges*, j'avais découvert que le premier dimanche de mai était la journée internationale des mères endeuillées. À travers le monde, les mères endeuillées publient sur tous leurs réseaux sociaux une photo d'elles avec la main sur le cœur, symbole de l'endroit où leur enfant vit pour toujours. La photo doit être accompagnée du nom de la mère, de celui de l'enfant et de son pays. Je ne l'avais pas fait. Je n'aime pas afficher ma vie privée ni ma douleur publiquement. En revanche, ce jour-là, j'avais franchi une étape. Les *mamanges* m'apprennent énormément de choses et, grâce à elles, j'avais découvert une association qui permet de retoucher les photos prises à la naissance, pour effacer les traces de la mort sur le visage des bébés. J'avais envoyé des photos de Romy et le résultat était vraiment satisfaisant.

Alors ce jour-là, fête internationale des mères endeuillées, j'avais décoré la chambre de Romy comme je m'étais promis de le faire. Thomas m'avait aidée. Nous avions accroché le portrait de Romy que j'avais fait encadrer et le croquis qui la représente en entier. J'avais acheté des rideaux roses à paillettes que nous avons suspendus. Sur la console, j'avais rangé la boîte à souvenirs de Romy ainsi que l'album photo qui lui est consacré, et dans la bibliothèque, au milieu des livres, j'avais assis un lapin en peluche que lui avait offert ma belle-mère. De plus, j'avais décidé qu'à compter de ce jour, je fleurirais la pièce chaque semaine, de fleurs de saison. La chambre de Romy est à présent davantage destinée à la lecture en raison de la bibliothèque et des fauteuils, cependant, depuis ce jour, c'est aussi devenu un lieu où je peux me sentir proche de ma fille sans me rendre au cimetière pour me recueillir. Personne n'entre jamais dans cette pièce, cela reste donc dans l'intimité de notre couple. Ça ne ressemble pas à un sanctuaire, loin de là. Seulement, savoir que des traces de Romy perdurent de façon matérielle quelque part dans la maison, comme si elle habitait vraiment là, me réchauffe.

Lorsque tout avait trouvé sa place, j'avais expliqué à Thomas en quoi cette journée se révélait spéciale.

— Je suis désolé, j'ignorais qu'il existait ce genre de fête.

— C'est pas grave.

— Mia, j'ai conscience que je ne fais pas toujours ce qu'il faudrait et peut-être que tu t'imagines que j'oublie Romy parce que je n'en parle pas, mais c'est faux. J'ai deux enfants : Adam et Romy.

Je m'étais approchée de lui.

— Je te propose quelque chose. Prenons cette photo avec la main sur le cœur, une photo de nous deux, ici, dans la chambre de Romy. Et nous l'ajouterons à son album.

Il avait approuvé et j'avais aimé cet instant de complicité autour de Romy, à trois. Ce sont des moments comme ceux-là qui me manquent, ces moments qui construisent des souvenirs de famille. Parce que je ne sais pas s'il existe une journée internationale des pères endeuillés, parce que même s'il ne le montre pas, n'en parle pas, il souffre de l'absence de notre fille, j'avais envie que cette journée soit aussi dédiée à Thomas, le papa. Il approche des quarante ans, je sais qu'il aimerait un autre enfant, mais il a la décence de ne jamais s'en plaindre ni de me demander quand je me sentirai prête. J'imagine qu'il attend que cela vienne de moi.

Depuis, toutes les semaines, lorsque je vais chez la fleuriste, j'achète deux bouquets : un blanc pour le cimetière, un coloré pour la chambre de Romy.

Et aujourd'hui, en cette fête des Mères, les fleurs me sont destinées. Thomas est allé acheter le pain, il revient avec une énorme composition mêlant le rouge de la passion et la blancheur de la pureté. Je suis penchée sur mon bureau, occupée à effectuer de la paperasse lorsqu'il entre sans bruit pour me surprendre. Il m'embrasse dans le cou avant de me mettre le bouquet sous le nez. Je ne m'y attendais pas. Je me retourne vivement et les larmes aux yeux, il me dit :

— Bonne fête. Tu resteras la mère de ma fille. Pour toujours.

Cette journée s'annonçait difficile, parce qu'échapper à la surmédiatisation de la fête des Mères relève de l'impossible, je l'appréhendais. Grâce aux mots de ma mère et de mon époux, j'ai réussi à la traverser sans me sentir brisée.

L'après-midi, Thomas et moi sommes allés ensemble au cimetière. C'est assez rare que nous fassions cela. J'y passe au moins une fois, voire deux, chaque semaine. Thomas y vient plus ponctuellement, seul le plus souvent.

25 — LOÏSE

Fin septembre

Les vacances estivales se sont avérées particulièrement éprouvantes. À cause des difficultés de Paul, on a dû écourter notre séjour sur la côte méditerranéenne. Les trajets sont compliqués, les changements de lieux l'angoissent, les sorties deviennent pénibles, car il se trouve toujours un foutu inconnu bien-pensant pour juger l'attitude de notre fils, les repas au restaurant relèvent de l'impossible. Au bout de quatre jours à la mer (où il refusait de poser les pieds dans le sable), on a dû rentrer chez nous.

Avec Ben, on s'est organisé. On s'occupe individuellement de Paul afin de passer du temps avec Côme et ne pas trop le pénaliser par les contraintes liées au handicap de son frère. Le plus souvent, c'est moi qui m'y colle, car Ben a toujours autant de mal avec le comportement de notre fils, malgré sa promesse de s'investir davantage.

Quand Paul crie, à moi de trouver ce qui est susceptible de le déranger ou ce qu'il est susceptible de vouloir. On tâtonne, on prend nos marques, on est tout aussi déstabilisés l'un que l'autre par le mode d'emploi de Paul qu'on n'a pas encore saisi dans sa globalité, malgré les conseils des professionnels. Le seul moment où il semble manifester un peu de joie, c'est quand Frimousse est avec lui. Et pourtant, il ne se montre pas tendre avec elle. Mais notre chienne paraît avoir tout compris des problèmes de son jeune maître. Elle se révèle d'une grande patience avec lui. Paul adore s'allonger avec elle, dans sa panière. Au début, je m'y opposais. Puis j'ai capitulé. Il y a tellement d'autres choses à travailler comme la communication, la propreté, l'alimentation (il refuse toujours les morceaux). Tant pis pour l'hygiène ! Quand il est vautré avec Frimousse, il ne crie pas, il lui tire les oreilles, la tapote, et elle se laisse faire avec un plaisir évident.

Depuis la rentrée de septembre, on a organisé un planning en fonction de ses besoins. Il ne va plus à la crèche. Même s'il est toujours sur liste d'attente dans celle que j'ai trouvée avant l'été, vu le peu de considération de la directrice de son précédent établissement, j'ai préféré le garder à la maison en attendant qu'il obtienne une place dans la nouvelle. Donc, il a fallu repenser l'organisation. Paul dort trois à quatre heures par nuit d'affilée, il a cinq à six rendez-vous de prise en charge par semaine d'une durée de trente minutes à deux heures, et un grand besoin de repères, de stabilité. Comment continuer à faire tourner mon cabinet de coaching dans ces conditions ? Ben peut difficilement aménager ses horaires de travail puisque l'équipe de rugby ne va pas planifier les entraînements et les rencontres diverses en fonction des contraintes de Paul. C'est donc moi qui ai dû revoir à la baisse ma carrière professionnelle.

Je me charge de la plupart des accompagnements aux rendez-vous de Paul, j'opte pour le drive pour récupérer les courses, on reçoit de moins en moins de monde (et d'invitations…), j'effectue un maximum de démarches depuis la maison, j'essaie aussi d'anticiper l'avenir. Les dossiers auprès de la MDPH[15] sont en cours afin de préparer son orientation scolaire, on attend la notification. Tout est long, la moindre démarche, la moindre demande exige une tonne de paperasse, des attestations, des justificatifs et trois tonnes de patience.

Je n'ai quasi plus de vie personnelle, de temps pour moi, pas plus que je ne consacre de temps à mon couple. Les besoins de Paul sont devenus ma priorité. Et Côme a déjà compris que son frère nécessitait une attention particulière. Il prend soin de bien refermer les portes derrière lui pour qu'il ne s'échappe pas, rabat la barrière des escaliers où il pourrait chuter, veille à ce que rien de dangereux pour son petit frère ne traîne dans la maison, accepte que plus rien ne soit à portée de main. Il est déjà grand et responsable et ça me fend le cœur de savoir qu'un bout de son innocence lui est volé. Mais il est nécessaire de

[15] Maison départementale des personnes handicapées

surveiller Paul comme le lait sur le feu puisqu'il n'a conscience d'aucun danger et ne comprend pas les consignes verbales. On doit se soucier de ce qu'il fait et où il est en permanence. Tout comme on doit multiplier les occasions de stimulation étant donné ses capacités d'apprentissage limitées. La vie avec Paul est une grosse source de stress.

Je continue mes coachings selon un planning aléatoire en fonction des disponibilités de Ben, j'ai réduit ma clientèle et mes revenus. On pourrait solliciter une nounou, au moins ponctuellement, cependant je n'y tiens pas. Nous-mêmes, on ne sait pas toujours comment se comporter avec notre fils, décrypter ses besoins. Alors les autres…

Aujourd'hui, Paul a sa consultation hebdomadaire chez l'orthophoniste du CAMSP. Trente minutes par semaine pour apprendre à communiquer, c'est dérisoire. La communication est une infime partie de ce qui est à travailler avec Paul en orthophonie, malheureusement, faute de temps, tout n'est que survolé. Je me bats pour qu'il ait plus de séances, mais c'est impossible. Le manque de personnel limite chaque enfant à un rendez-vous par semaine, quelle que soit l'immensité de ses besoins. Je devrais me tourner vers une prise en soin libérale (en espérant trouver un thérapeute formé et avec des créneaux disponibles, ça non plus, ce n'est pas une mince affaire). Toutefois, ça signifierait renoncer à la prise en charge pluridisciplinaire dont Paul profite actuellement. La loi est telle qu'un enfant ne peut pas bénéficier de soins en libéral et en institution en même temps. S'il sort du CAMSP, on devra prendre à notre charge financière l'ensemble des soins non remboursés comme la psychomotricité, la neuropsychologie, l'équithérapie qu'il devrait débuter lorsqu'il aura deux ans et demi, c'est-à-dire bientôt. Évidemment, pour nous, l'aspect financier n'est pas un problème malgré la réduction de mon temps de travail, car Ben gagne correctement sa vie. Mais je ne peux m'empêcher de trouver ça injuste pour toutes les familles qui n'ont pas d'autre alternative.

Alors, en attendant de trouver une solution qui me satisfait, je m'imprègne de chaque séance et je m'applique à reproduire à la maison tout ce que j'apprends ici. Chaque stimulation compte.

On est dans la salle d'attente, je le laisse errer librement. C'est un des seuls lieux publics où je n'ai pas de gêne à laisser mon fils être lui-même. Il peut déambuler, crier, agiter ses mains, marcher comme un robot, toucher à tout, jeter les jouets. Personne ne me jugera, ne me dira que mon fils est mal élevé ou me demandera s'il est « mongol ». Le genre de délicatesses auxquelles j'ai déjà eu droit. L'autisme est un handicap invisible, par conséquent, les gens s'imaginent que Paul a un sérieux problème d'éducation, et ne sont pas avares de critiques. Alors j'explique, je justifie, mais jusqu'à quand aurai-je l'énergie de faire cela ?

Johanna, l'orthophoniste, arrive. Elle salue toujours Paul en premier. Elle s'accroupit face à lui, attire son regard autant que possible et signe un « bonjour » en même temps qu'elle prononce le mot. Elle a procédé à une évaluation initiale pour savoir quel mode de communication correspondrait le mieux : signes, échange d'images ou échange d'objets ? Paul a été plus réceptif aux images et plus précisément aux dessins. Ses capacités intellectuelles ne lui permettent pas encore d'accéder aux pictogrammes. En séance, on travaille donc la demande par échange d'images, ce qui n'empêche pas l'orthophoniste de signer quelques mots courants, comme bonjour, boire, pipi, etc. Elle ne travaille aucun mot de politesse (excepté le « bonjour », mais davantage pour établir un contact à chaque rencontre que pour lui apprendre à dire « bonjour »), elle ne met pas d'article devant les mots, elle parle peu en séance. Au départ, cette façon d'agir m'a heurtée et me semblait à mille lieues de ce qu'il convenait d'apprendre à un enfant. À force d'explications, j'ai fini par admettre qu'avec Paul, il fallait revoir les priorités, penser en termes de « besoins » et « efficacité », que les paliers seraient grimpés progressivement, en fonction de son évolution personnelle et non en fonction de ce que les adultes attendent normalement d'un enfant.

Pareillement, durant les premières séances, j'avais la sensation qu'aucun cadre n'était posé, que Paul se montrait libre de faire ce qu'il voulait, comme il voulait. Johanna m'a alors expliqué qu'il était nécessaire d'établir un lien d'intérêt, que Paul vienne ici avec plaisir afin qu'elle puisse augmenter peu à peu le niveau de contraintes et d'exigences. Et elle avait raison, puisque depuis peu, Paul passe une petite partie de la séance installé sur une chaise trip-trap. Il reste quelques minutes, jusqu'à ce que le *time-timer* [16] sonne, puis il a le droit de déambuler jusqu'à la prochaine sonnerie, avant de se remettre au travail.

Peu à peu, Johanna augmente le temps passé sur la chaise, car j'ai espoir que Paul puisse être scolarisé. Et ça ne sera pas possible s'il erre dans la pièce la plus grande partie de la journée. Tout se calcule, se prépare, s'anticipe. Ce qui paraît simple et évident avec un enfant neurotypique [17] nécessite une attitude particulière avec un enfant porteur d'autisme. Jamais je n'aurais pu imaginer l'impact que pouvait revêtir le handicap d'un enfant dans le quotidien de parents avant d'y être confrontée moi-même. Et je crois que personne dans notre entourage n'imagine ce à quoi ressemble vraiment notre existence…

Les progrès se comparent à un sprint d'un escargot, Paul ne demande encore rien avec les images, même pas ses renforçateurs[18]. Nous aussi on se sert d'images pour lui donner les consignes puisqu'il n'a pas accès à la compréhension verbale. Il comprend de mieux en mieux le dessin qui pose l'interdiction. Ça peut paraître peu, mais chaque progrès est une immense victoire.

Aujourd'hui, à peine installé sur sa chaise trip-trap, Paul s'agite puis finit par signer le mot « boire ». Comme je suis assise derrière lui, je crois avoir eu une hallucination. J'ai mal interprété son geste, ça doit être le hasard. Pourtant, Johanna me dit aussitôt :

— Donnez-lui son biberon.

Je m'empresse de le sortir du sac à langer, le tends à Paul qui le saisit et boit goulûment. Je me redresse, me mords les lèvres. Mes yeux

[16] Outil visuel qui permet de matérialiser le temps qui passe.

[17] Personne qui ne présente pas de TSA.

[18] Les personnes présentant un TSA ont des centres d'intérêt restreints. On appelle renforçateur un objet, un acte (par exemple les chatouilles) auquel la personne voue un intérêt particulier et puissant. Il sera remis en guise de récompense à chaque fois que l'on souhaite renforcer un comportement pour augmenter la fréquence d'apparition de ce comportement. Lorsque la demande par échange d'images débute, elle ne se fait qu'avec des renforçateurs pour stimuler la demande.

piquent et un frisson parcourt mes bras. C'est la première fois qu'il fait une demande ! L'orthophoniste m'explique que je dois accéder immédiatement à ses demandes, lorsqu'elles sont adaptées, pour l'encourager à en effectuer le plus possible.

— Oui, oui, bien sûr. Bravo, Paul, dis-je en lui caressant l'arrière du crâne.

Il reste indifférent à mes encouragements et penche sa tête pour éloigner ma main. Peu importe s'il rejette mon contact physique. Il a fait une demande ! Et ce n'est pas la seule victoire de la séance. Durant le travail d'échange par images, Paul a pour habitude de les jeter, de les mettre à la bouche si je n'opère pas une guidance fantôme[19] dans son dos. Là aussi, pour la première fois, il effectue une demande, seul : il veut sa sucette, son renforçateur suprême ! Johanna la lui donne aussitôt et je ne cherche plus à cacher mon émotion. C'est une avancée incroyable ! Deux demandes différentes en quelques minutes et avec deux modes de communication différents, je n'en reviens pas. Johanna me sourit, et me laisse le temps nécessaire pour savourer ce moment avant de poursuivre. J'ai chaud, j'ai froid, j'ai envie de rire et de pleurer tout à la fois. J'aimerais prendre Paul dans mes bras, le faire tournoyer dans le ciel, mais il n'apprécierait pas. Alors je me contente de l'observer de mes yeux rieurs et admiratifs, ivre de bonheur. Il s'agite sur sa chaise, égal à lui-même. Pour lui, rien d'exceptionnel ne s'est produit alors que pour moi, c'est tellement énorme. Le temps paraît suspendu, ça me semble incroyable après des mois de gestes et situations répétés inlassablement sans le moindre résultat. Mon petit bonhomme ! Il rend la vie si unique, si différente et m'apprend à savourer ce qu'avant je n'aurais pas daigné regarder. Je reprends la séance armée d'un courage immense et d'un fol espoir : qu'il reproduise plusieurs demandes d'ici la fin de la journée. Je ne peux

---

[19] En autisme, la plupart des apprentissages se font avec une guidance, qu'elle soit physique, verbale, visuelle. La guidance physique permet un accompagnement gestuel. Un adulte, qui ne parle pas et qui est placé dans le dos de l'enfant, prend la main de l'enfant et l'aide à effectuer le geste adapté (ici prendre une image et la donner à l'adulte face à lui pour faire une demande). Peu à peu, la guidance est diminuée jusqu'à ce que l'enfant sache effectuer seul ce qui est attendu.

m'empêcher de l'encourager en parlant. J'interviens trop, je le sais, je ris aussi pour tout et n'importe quoi, c'est plus fort que moi ! Johanna ne me reproche rien, elle comprend que je vis quelque chose d'intense. Pour la première fois depuis la pose du diagnostic, il y a déjà six mois de ça, j'ai l'impression de voir un peu de lumière au bout du tunnel.

Malheureusement, l'euphorie ne durera pas. Dans les jours suivants, alors que je travaille la demande par échange d'images, seule, sans guidance, Paul, comme à son habitude, les mange, les jette, essaie de les déchirer. Il faudra plus de quinze jours pour qu'il demande à nouveau la sucette en image et plus de trois semaines, avant qu'il demande à nouveau à boire avec un signe.

Tout est en dents de scie, les progrès, les espoirs, les moments de réjouissance, ces derniers étant les moins nombreux, hélas.

26 — OLGA

Mi-octobre

Assise sur le matelas dévêtu de ses draps, j'embrasse du regard la chambre qui a abrité mes jeunes années. Le bureau d'écolière est envahi de livres amoncelés en piles imparfaites, la bibliothèque déborde, des cartes géographiques sont épinglées au mur, un globe terrestre trône sur une étagère, des citations manuscrites de ma plume d'enfant déguisent l'armoire.

Le parquet craque, je lève la tête, Fanny s'approche de moi et s'assoit à mes côtés. Elle habille ma main de la sienne, douce et fine.

— C'est difficile ? murmure-t-elle.

Est-ce que c'est difficile ? Je ne saurais dire. Papa et maman ont intégré le foyer logement au dernier jour de septembre, et depuis, je viens tous les matins trier, mettre en carton, débarrasser les lieux de leurs soixante années de présence. Ils ont acquis cet appartement rapidement après leur mariage, y ont consumé leur amour jusqu'à il y a deux semaines. Toute une vie de famille amoncelée dans quatre-vingts mètres carrés, enfouie sous des milliers de livres, l'odeur du papier mêlée à celles du café et du tabac froid.

Dans le week-end, Philippe m'a aidée à rassembler tous les meubles et les cartons dans le salon. Il ne reste que ma chambre à *vider*. Que ce mot est odieux ! On vide une poubelle, une piscine, un ordinateur. On évacue ce qui les encombre, les souille, ce qui ne mérite plus d'exister. Peut-on *vider* un appartement de toute trace de ses habitants ? Laisser partir les souvenirs comme on laisserait le vent balayer les feuilles mortes ? De ces lieux, je conserve de doux moments en mémoire, plongée sous les draps, lampe torche en main, absorbée par les aventures de Tom Sawyer ou de Croc-Blanc. J'y ai bâti mon avenir, je me suis imaginée, affairée à une machine à écrire, tapant au kilomètre pour modeler *le* manuscrit que tout le monde s'arracherait, nourrissant mon imaginaire de Buenos Aires à Calcutta. Cadenassée dans mes songes, je projetais des jours heureux avec ma solitude et mon goût pour les histoires que je promènerais à travers le monde.

Hélas, je ne suis pas devenue une romancière célèbre et voyageuse. Et aujourd'hui, Fanny m'accompagne pour *vider* cette dernière pièce, antre de mes rêves déchus.

— Oui, c'est difficile. Presque irréel.

Je réponds sans cesser de m'imprégner de l'ambiance de ma chambre d'enfant pour la dernière fois. Dans quelques heures, elle se résumera à quatre murs jaunis et à un parquet terni où seules les marques blanchâtres des posters et des meubles attesteront de mon passage. J'éprouve l'irrépressible besoin de m'abreuver des bruits, de la lumière, du décor actuels de mon refuge de petite fille puis d'adolescente. Refuge que j'ai fui dès que je l'ai pu, en poursuivant des études et en affirmant mon autonomie sitôt mon diplôme en poche.

— Tu ne nous as jamais vraiment parlé de ton enfance.

J'abandonne mon immersion pour tourner la tête vers Fanny.

— Qu'est-ce que tu aurais aimé savoir ?

— Tout ! Les enfants ont envie de tout savoir de l'enfance de leurs parents. Pas toi ?

Non, pas moi. Je suis le fruit d'un accident tardif, j'ai compris très tôt que je les encombrais et que plus je me ferais discrète, mieux ce serait.

Papa incarnait le cliché du doux rêveur intellectuel. Je le revois, penché sur ses ouvrages, lorgnant par-dessus ses lunettes, le col de sa chemise ouvert, les manches retroussées sur ses avant-bras, ses doigts fins d'érudit qui parcouraient les lignes de multiples publications ouvertes devant lui. Assis à sa table à écrire datant du directoire, façonnée dans du bois de rose ciré et agrémentée de cuir, une lampe tamisée pour seul éclairage, une cigarette qui se consumait inlassablement dans un cendrier, il était absorbé dès potron-minet à l'étude d'une multitude d'œuvres. Que je sois là ou pas n'y changeait rien, son épouse et les livres résumaient ses deux seules passions.

Quant à maman, elle s'évertuait à tirer les marrons du feu à l'avantage de son mari, brûlant d'amour pour lui. Installée dans une bergère auprès de lui, elle l'écoutait, le soutenait, l'assistait dans la préparation de ses cours et ses corrections, une tasse de café brûlant en main. Elle aurait pu vendre son âme pour lui. La linguiste au service de l'agrégé de lettres idolâtraient tous deux les mots autant qu'ils raffolaient l'un de l'autre. Aucune place ne m'était octroyée dans ce tableau passionnel. L'un m'offrait son indifférence, l'autre son agacement. J'ai appris à me replier dans ma chambre avec des romans pour m'évader, apprivoisant leur grande passion pour la faire mienne.

— Il n'y a pas grand-chose à dire. Mes parents s'aimaient follement, j'ai toujours eu l'impression de les déranger.

La main de Fanny se met à caresser la mienne.

— J'imagine que c'était douloureux.

Je hausse les épaules.

— Je ne sais pas, c'était comme ça, je n'avais pas d'autre modèle parental.

— Pauvre maman. Sache que même si ton modèle n'a pas été terrible, toi tu as été une super maman.

Fanny dépose un baiser sur ma joue, tandis qu'une boule obstrue ma gorge et contient le passage de ma respiration. Je regarde le sol.

— J'ai fait au mieux.

— Je sais, murmure ma fille. J'ai compris que tu n'étais pas heureuse dans ce rôle.

Je relève la tête abruptement. En aucun cas je ne désirais faire souffrir mes enfants. Fanny doit lire la panique sur mon visage, car elle reprend aussitôt :

— Rassure-toi, moi, je n'ai jamais été malheureuse !

— Qu'est-ce qui te fait penser que je n'étais pas heureuse ?

— Le sourire qui illuminait ton visage lorsque tu étais plongée dans tes livres, coupée du monde. Je ne l'ai jamais vu dans les moments où tu t'occupais de nous. Tes propos sur la liberté de devenir mère ou non. Tes peurs à l'instant où Alice a annoncé sa grossesse, ton non-empressement à vouloir t'occuper de Yon. Mon travail aussi. À la clinique, je passe mon temps à accompagner les jeunes mères et je vois bien que ce n'est pas si facile que ça pour la plupart d'entre elles. Tout ça m'a amenée à réfléchir sur la maternité, mon désir d'enfants, et c'est là que j'ai entendu parler du regret maternel.

Elle vient de nommer mon ressenti, que j'entends articulé à haute voix dans la bouche de quelqu'un pour la première fois. Un substantif et un adjectif accolés qui sonnent comme une insulte, une incongruité tant ils sont désaccordés. Regret/maternel. Leur écho se réverbère dans ma tête. Voici ce dont je souffre depuis tant d'années, comme une maladie, mais qui n'en est pas une. C'est ce qui me hante : regret/maternel. Elle vient de poser un *diagnostic* que je n'avais jamais formulé de la sorte auparavant.

Elle se tait un instant. Son regard m'enveloppe d'une tendresse infinie, je n'y décèle aucune trace de jugement, de colère, juste de la compassion.

— Petite, j'ai souvent répété que je ne voulais pas d'enfant quand je serai adulte. Je n'ai pas changé d'avis. Ça peut paraître étrange pour une puéricultrice, mais ma décision est ferme. Je me sens bien avec Jordan, je l'aime profondément, j'ai déjà abordé ce point avec lui en toute transparence. Je lui ai expliqué que je ne souhaitais pas vivre comme toi.

Mon cœur se désagrège sous l'implicite de cette dernière phrase et des larmes glissent sur mes joues. Elle n'est ourlée d'aucun reproche, juste un constat, pourtant, elle m'a broyée. Je suis démasquée, par ma propre fille que je serre dans mes bras de toutes mes forces et lui répète « Pardon », sans pouvoir m'arrêter, pour m'expier.

— Calme-toi, maman, je te jure que je ne t'en veux pas. Je comprends. Je ne suis pas mère, mais je comprends la difficulté que tout cela peut représenter. Surtout quand comme toi, on a un mari absent et aucun parent pour prendre le relais. Tu n'as pas à me demander pardon.

— Si, je le dois, dis-je en reniflant. Je m'en veux tellement si tu savais, c'est douloureux. Et crois bien que je vous aime tous les trois. Ce n'est pas vous que je regrette.

— Je sais, j'ai compris en discutant avec certaines mamans qui se confient à mi-voix parfois, dans mon travail.

Une pluie rageuse se met à frapper les carreaux de ses gouttes vigoureuses, dans un vacarme assourdissant. Sous les nuages sombres, la pièce s'obscurcit pour mieux dissimuler ma honte. Je ne sais pas combien de temps Fanny et moi restons assises sur ce matelas mis à nu, comme moi, à parler, à nous expliquer, à nous raconter notre amour.

Je me repens, elle me rassure. Je me blâme, elle me pardonne.

Pour la première fois, j'ouvre mon cœur à quelqu'un sur la culpabilité qui me bouffe depuis si longtemps. Et contre toute attente, je me confie à ma fille, dans cet univers aux traits enfantins, promesse d'un avenir que j'espérais riche en voyages et en mots. Son empathie allège mes fantômes, les phrases tombent en cascade de ma bouche, je lui livre tout, sans trier, sans tricher, mes doutes, mes peurs, mes angoisses, mes renoncements, ma vie rêvée. Je veux qu'elle sache qu'elle fait le bon choix de respecter sa décision si elle ne désire pas d'enfant. Je ne veux pas qu'elle se fasse manipuler par la famille, ses amis, l'attente implicite de la société, qu'elle devienne mère à l'encontre de son souhait profond.

Nous sommes restées longtemps, très longtemps, assises sur ce lit du passé entre confidences et silences. Je lui ai parlé, je l'ai écoutée, parfois nous nous sommes tues, jusqu'à la venue des étoiles. Au bout d'une éternité, nous nous levons et procédons au rangement. Libérée d'une petite partie du poids de mes regrets, je vais quitter cet appartement sur une note positive et inattendue.

Je décroche les rideaux de velours pourpre, aussi légers que mon cœur à présent.

27 — MIA

15 octobre

Depuis cette journée de fête des Mères, mes relations avec Thomas se sont apaisées. Nous nous rendons ensemble au cimetière un peu plus souvent, il accepte d'évoquer Romy davantage aussi. Je réalise que sa conduite que je prenais pour de l'indifférence se révélait une façon de fuir sa douleur. Alors que moi j'aurais eu besoin de parler de Romy, lui, préférait éviter, de peur de voir sa souffrance enfler, grossir jusqu'à être enseveli.

Une autre épreuve nous a soudés : l'anniversaire de la mort de Romy. À l'approche du 3 juillet, je devenais de plus en plus morose, irascible, j'avais augmenté la dose des somnifères, tellement bien que j'ai dû prendre quelques jours d'arrêt de travail, dévastée par le chagrin.

Thomas s'est montré exemplaire. Il avait organisé une jolie cérémonie avec ses parents et les miens. Une petite fête d'anniversaire pour Romy. Sans Romy. Le matin, il m'avait obligée à aller disputer une partie de tennis. Durant mon absence, il avait gonflé des ballons roses et blancs, ses parents avaient apporté le repas commandé chez un traiteur, tandis que les miens dressaient le couvert sous le pin parasol du jardin. Évidemment, il n'y avait pas de cadeaux, puisqu'il n'y avait pas d'enfant pour les recevoir. Mais il y avait des guirlandes, un gâteau et des bougies que nous avons soufflées lui et moi.

Lorsque je suis rentrée et que j'ai découvert ce qu'il avait organisé, j'ai explosé en sanglots. Je lui étais reconnaissante de ne pas avoir fait comme si. Comme si tout ça ne représentait qu'une date à effacer, un moment triste à passer. Il s'est appliqué pour que ce jour honore Romy et cela m'a procuré une forme de plénitude. Jamais je n'aurais eu l'idée de faire cela. Avec ses grands-parents, nous avons imaginé à quoi Romy aurait pu ressembler en ce premier jour d'anniversaire. Nous leur avons montré comment nous avions transformé sa chambre.

Je m'étais préparée à passer la journée, seule au fond de mon lit, à pleurer, effondrée. Et ce ne fut pas le cas. Cette fête m'a permis d'affronter cette date avec davantage de joie, une joie qui aurait dû accompagner Romy si elle avait été là. Les yeux ont brillé, les larmes ont coulé, mais des sourires sont venus illuminer cette célébration, la parole était libre, sans tabou, sans gêne. Même la mère de Thomas, de nature distante, a partagé son ressenti. Et moi, je n'avais plus l'impression d'attendre au bord du précipice, qu'un rien pourrait me faire chuter dans un gouffre sans fond.

Le soir, Thomas m'a proposé de nous rendre au restaurant. La journée avait été très chargée émotionnellement, pourtant, j'ai accepté. Au fond, je crois que je redoutais le moment où je devrais affronter les ténèbres de la nuit. Yeux dans les yeux, main dans la main par-dessus la table, nous avons fait le point sur le chemin parcouru en un an. Un chemin tortueux, sinueux, toutefois, nous parvenions à surmonter les épreuves une à une. Et la force de notre amour retrouvée ne pouvait que nous aider dans la suite de notre vie de famille.

Deux jours plus tard, je retournais au travail, le cœur, certes toujours marqué de cicatrices, mais plus léger. Cette décision s'est alors imposée : je souhaitais exercer mon activité à temps plein. Pas pour noyer mon chagrin dans le travail, mais parce que je m'en savais capable et heureuse de pouvoir le faire.

À la fin de l'été, j'annonçais à Thomas que je me sentais prête pour me relancer dans la grande aventure de la maternité. Il a exulté de joie, nous avons fêté ça en partant en week-end en Espagne. À notre retour, nous avons changé des meubles dans la maison, nous avons suffisamment de stock avec tous ceux que je restaure ! Nous avons bougé certains autres, symbole d'un nouveau départ.

Aujourd'hui est une journée spéciale. Thomas ne se rendra pas à la pharmacie. Dans la salle de bains, il se rase de près. Son apparence est toujours soignée et plus encore en ce 15 octobre. Lorsque je lui ai soumis l'idée, il s'est montré réticent. Spontanément, ce n'est pas non plus ce que j'aurais fait. Mais depuis ma rencontre avec madame Lavin, ma patiente endeuillée dix ans après avoir perdu son bébé in utero à presque cinq mois de grossesse, depuis mes quelques échanges avec d'autres *mamanges*, je réalise que côtoyer des personnes qui ont aussi vécu le deuil périnatal aide à avancer sur le chemin de l'acceptation et de la reconstruction. Même si la douleur restera présente, elle s'estompera et ne m'apparaît plus insurmontable. J'ai pu discuter avec des femmes qui ont retrouvé le sourire, la joie de vivre et la force d'entamer une nouvelle grossesse.

Il y a quinze mois, j'étais dévastée. Le bout du tunnel me semblait inaccessible, je pensais ne jamais me relever de la disparition de Romy. Je ne suis pas encore arrivée au bout du tunnel, mais la lumière s'éclaircit de jour en jour. Chaque personne évolue différemment et traverse ce genre d'épreuves à sa façon. Mon objectif ne consiste pas à me comparer. Mon objectif est de savoir que cela s'avère possible. C'est possible de respirer plus librement à nouveau. C'est possible de désirer un autre enfant. C'est possible de penser à elle avec un peu moins de douleur. C'est possible de regarder sa photo avec, certes des larmes qui coulent, mais sans en avoir le souffle coupé. Je peux, j'ai le droit d'effectuer tout cela, et bien plus encore, sans trahir Romy, sans me sentir coupable de vivre alors qu'elle dort pour l'éternité.

Il y a un an, j'aurais été incapable de marcher pour Romy. Aujourd'hui, journée internationale de sensibilisation au deuil périnatal, je le peux et je me sens heureuse d'y participer en compagnie de Thomas. Mon objectif est double : pouvoir échanger de visu avec d'autres parents, sensibiliser les gens à cette cause.

Je sais combien nous épauler dans cette épreuve a pu être ardu pour notre entourage. Difficile pour eux de trouver les bons mots, d'effectuer les bons gestes, de comprendre ce que nous vivons. La perte d'un enfant à la naissance reste un tabou malgré sa fréquence. Il y a ceux que ça met mal à l'aise, ceux que ça effraie, ceux que ça indiffère. Dans mon envie de traverser le monde à grandes enjambées, d'avancer aussi vite que possible, avec les œillères que je portais, j'appartenais sans doute à la dernière catégorie. Si une amie, un membre de ma famille avait été concerné, j'aurais sûrement montré trop de brutalité à son égard et n'aurais pas compris qu'elle mette des mois à s'en relever. Après tout, il ne s'agissait que d'un bébé mort-né, pas d'un enfant de dix ans qui aurait lutté contre la maladie ni d'un de vingt ans, tué au cours d'un accident de la route !

— Tu es le plus beau papa du monde, dis-je à Thomas.

— Et toi, la plus belle maman.

Il remet une de mes mèches de cheveux derrière mon oreille.

— Elle avait tes cheveux.

Je souris et j'approuve d'un clignement des yeux. Ça ne me fait plus aussi mal. Je peux imaginer la jolie trombine de Romy sans m'effondrer en pleurs.

— Tu es prête, on y va ?

— Prête. Et toi ?

— Prêt !

Nous roulons jusqu'à Albi, là où se déroule la marche cette année. Lorsque j'ai découvert que le 15 octobre était la journée mondiale de sensibilisation au deuil périnatal, je me suis aussitôt renseignée sur les activités en lien. Ironie du calendrier, c'est aussi la journée mondiale du lavage des mains, des fossiles, des toxicomanes, de la femme rurale… Des causes très variées pour une seule journée.

Un des objectifs de cette journée consiste à sensibiliser les pouvoirs publics et les soignants sur la portée de ce traumatisme. Dans mon malheur, j'ai eu la chance d'être bien accompagnée, sans doute grâce à mon statut de médecin gynécologue de la clinique où j'ai accouché. Mais les témoignages que j'ai pu lire sont édifiants. Beaucoup de femmes rapportent le manque de considération, de bienveillance de la part du personnel, aussi bien dans l'annonce du décès, qu'avant, pendant et après l'accouchement. J'ai eu honte pour le corps médical à la lecture de certaines histoires. Honte parce que je pense que je ne me suis pas montrée à la hauteur de la situation les rares fois où j'y ai été confrontée.

J'ai décidé de confectionner, puis de faire imprimer des tracts informant sur le deuil périnatal et d'en distribuer dans le service gynécologie de la clinique où je travaille et aussi dans le service maternité. Pour la première fois, je mettais les pieds dans ce service que j'évitais soigneusement depuis que j'avais repris le travail. Trop de pleurs de nourrissons, trop de parturientes, trop de berceaux. Et j'ai survécu ! Évidemment que l'appréhension et la douleur m'ont accompagnée, mais j'ai survécu.

J'ai aussi appelé Émilie avec qui j'avais rompu tout contact. Elle n'a pas fait l'autruche, elle s'est vraiment souciée de ce que j'avais pu vivre jusqu'à ce jour. Elle a accepté de mettre des tracts à disposition dans sa clinique et de les proposer à d'autres obstétriciens, prêts à en diffuser dans les maternités où ils exercent.

Et surtout, j'ai proposé à Thomas de nous joindre à cette action et de marcher, aux côtés d'autres parents.

Lorsque nous arrivons, les organisateurs nous donnent un ballon de baudruche sur lequel ils inscrivent le prénom de Romy. Puis à quinze heures, la marche débute. Certains parents portent des tee-shirts où ils ont écrit, fait broder le prénom de leur enfant. Parfois, on en lit plusieurs sur le même buste… Tous les âges se côtoient, de très jeunes parents, jusqu'aux quadragénaires. Je découvre qu'une mère a connu le deuil périnatal deux fois en deux ans. Mon ventre se tord de douleur pour elle, une telle cruauté me paraît irréelle. J'échange avec une autre maman, endeuillée depuis douze ans. Elle m'explique qu'elle n'a jamais oublié, qu'une cicatrice perdure et que certaines dates restent difficiles à affronter. Mais aujourd'hui elle a deux enfants à choyer, en bonne santé, même si dans son cœur, elle a trois enfants. Une autre me raconte que son bébé est décédé la veille du terme. La veille…

Les passants nous regardent avancer avec notre ballon dans les mains. Certains nous demandent pourquoi on défile, d'autres nous pointent du doigt. Je participe à une telle manifestation pour la première fois. Je ne sais pas si je le referai. Mais aujourd'hui, dans ma reconstruction, c'était important d'y assister.

Puis nous atteignons un parc, point final de notre marche qui aura duré plus d'une heure. Une personne avec un micro égrène un à un les prénoms de tous les anges absents.

— Romy.

Mon cœur éclate. Entendre le prénom de ma fille prononcé à haute voix dans la bouche de quelqu'un qui ne la connaît pas m'a bouleversée. Et je me dis que ç'aurait dû se produire de nombreuses fois, si seulement… Entendre son prénom, c'est le rendre vivant, animé. Oui, elle a existé. Même si elle n'a pas vécu, elle a existé.

Enfin, tous ensemble, nous lâchons les ballons dans le ciel. Je laisse mes larmes couler lorsque le ballon s'envole, rejoindre mon étoile là-haut, tout là-haut, si loin de moi.

28 — LOÏSE

Mi-décembre

L'ambiance dans les rues de Toulouse est démentielle et amener Paul avec moi s'avère une pure folie. Je n'aurais jamais dû venir. À l'approche des fêtes de fin d'année, les magasins débordent, trop bruyants, trop illuminés. J'avais envie de partager un peu de cette magie avec Côme, lui présenter le père Noël. Mes parents sont partis en voyage, Ben a dû aller aider les siens à effectuer des travaux dans leur maison. Personne ne pouvait garder Paul. « Personne en qui tu as confiance », aurait précisé Ben et il n'aurait sans doute pas tort. J'ai bien du mal à confier notre fils au premier venu. Je mesure sa différence que j'apprivoise de plus en plus et je redoute toujours que les autres ne sachent pas comment s'y prendre. Je crains qu'ils le maltraitent, qu'ils perdent patience face à ses particularités et ses crises. Paul n'aurait alors aucun moyen ni pour se défendre ni pour exprimer ensuite ce qui s'est passé. Cette pensée me terrifie.

J'aurais dû renoncer à cette idée de sortie, mais j'ai eu envie pour une fois, une toute petite fois, d'effectuer une virée comme n'importe quelle famille.

On se balade place du Capitole et un sapin géant a été déguisé de guirlandes, de boules, d'étoiles. À ses pieds, il y a de la neige artificielle et des cadeaux factices. Des marchands ambulants proposent du vin chaud, des marrons grillés. Emmitouflé sous son bonnet, le nez dans l'écharpe, Côme clignote des yeux telle une guirlande assortie à la déco. Il paraît heureux et je me raccroche à ça. J'essaie de ne pas me focaliser sur l'agitation croissante de Paul, sanglé dans sa poussette. Pour une fois, j'aimerais être tournée vers mon aîné.

Soudain, Côme explose de joie :

— Il est là ! Regarde, il est là, dit-il en tirant plus fort sur ma main.

À bord de son traîneau, le père Noël parade dans les rues alentour qui ont été fermées à la circulation. Il approche de là où on se trouve. Il se fraye un passage dans la foule qui s'écarte, le hèle, le photographie. Côme n'y tient plus, il lâche ma main et court vers le bonhomme rouge. Petit et mince, il se faufile sans difficulté entre les jambes des passants.

Je hurle son prénom pour l'obliger à revenir vers moi, mais il ne m'écoute pas, tout à sa joie de rencontrer le père Noël. Je me hisse sur la pointe des pieds pour espérer le voir dans la foule, cependant, c'est impossible, il est trop petit. Je détache Paul, le prends dans mes bras et tente de rattraper Côme tout en continuant de hurler son prénom. Je tâche de suivre la direction qu'il a prise, mais la foule et l'agitation de Paul qui se débat dans mes bras m'empêchent de progresser rapidement.

Paul se met à crier et à redoubler d'énervement, j'ai de plus en plus de mal à le contenir. Je rassemble mes forces pour le presser contre ma poitrine afin d'avancer au plus vite. Je bouscule les gens, mon fils compressé entre moi et les autres. J'essaie de ne pas prêter attention à la sensation d'étouffement que je ressens. Parce que pour mon cadet, ça doit être pire, mais si j'en tiens compte, alors j'abandonne la recherche de mon aîné. Je m'approche du père Noël, Côme se cache forcément quelque part autour. Le traîneau roule lentement, lui aussi est ralenti par les badauds. Je le contourne, toujours en appelant mon fils. Paul se débat comme une furie, il y a trop de bruit, trop de stimulations. J'essaie de l'apaiser d'un « chuuuut, chuuut » inefficace, j'essaie aussi de le faire sautiller bien qu'il pèse de plus en plus lourd. Je me hisse sur la pointe des pieds, me penche. Où est Côme ? Je ne le vois pas !

Les larmes pointent leur nez, je pousse un cri déchirant :

— Côôôôôôôôme !

Mais aucune voix ne me répond, je ne suis même pas certaine que mon appel ait réussi à percer le tintamarre de la rue. Aucune petite main ne vient se glisser dans la mienne. Mon cœur bat à mille à l'heure, jamais je n'ai ressenti une peur pareille. Même pas quand j'ai envisagé le handicap de Paul.

Où est mon fils ? Où est mon fils ? Je cours à droite, à gauche, bouscule les gens. Tout devient flou. Je halète et transpire malgré le froid mordant. Je n'entends même plus les pleurs de Paul, je ne ressens plus les coups de pied qu'il balance dans mon ventre. Je décide de retourner là où j'ai laissé la poussette. Peut-être Côme m'y attendra-t-il ? Mais la poussette a disparu. On me l'a volée. Avec mon sac à main, mes clés de voiture, de maison, mon téléphone. Tout.

Côme ne peut se tenir qu'à proximité du père Noël, je ne vois pas d'autre possibilité. Ignorant la crise sans précédent de mon cadet, je m'approche à nouveau du traîneau. J'ai beau en faire le tour, je dois me rendre à l'évidence : Côme a disparu. Paniquée, je me mets alors à m'agiter à droite, à gauche, sans plan, sans réfléchir, je progresse lentement parmi les passants qui piétinent ma douleur. Je hurle encore et encore le prénom de mon fils d'une voix suraiguë, la vue brouillée par mes larmes, mon cœur haletant, la gorge sèche, le souffle court. Je sens la transpiration couler le long de mes tempes, de mon dos, de mes bras qui s'ankylosent sous le poids de Paul. Mon ventre brûle sous la puissance de ses coups de pied et sous l'effet de la peur qui me vrille. *Où est mon fils, putain ?* Je fais un tour sur moi-même pour inspecter mon horizon qui est envahi de monde, d'où je ne parviens pas à apercevoir la tête de Côme émerger.

Abattue, vaincue, à bout de forces, je finis par m'écrouler sur une marche d'un magasin de vêtements, bloquant le passage et me mets à pleurer tout en hurlant de douleur, ce qui attise la colère de Paul. Le vigile de la boutique ne tarde pas à intervenir. Entre deux sanglots, j'essaie de lui expliquer mon désarroi. Il me propose d'utiliser son téléphone. Quand je suis un peu calmée, j'appelle Ben qui, à l'autre bout du fil, reste sans voix, assommé par l'impossibilité de ce que je lui raconte.

En attendant son arrivée, je sors régulièrement sillonner les rues à la recherche de Côme. J'alerte les policiers municipaux qui patrouillent et leur donne le numéro de portable de Ben. Je n'ai même pas de photo à leur montrer. J'effectue une description physique et de la tenue vestimentaire de notre aîné. Je les supplie de retrouver notre enfant. Et je prie. Je ne suis pas croyante, mais j'invoque tous les dieux. Mon cœur s'effrite seconde après seconde alors que j'échafaude les pires scénarii.

Où est Côme ? Où est mon fils ?

Moins de quarante minutes plus tard, Ben me rejoint avec ses parents dans le magasin. Il a dû rouler comme un taré pour être aussi rapide. Je confie Paul à la garde de sa grand-mère tandis que Ben, son père et moi-même, on part quadriller le quartier chacun de son côté.

J'interpelle les gens, je leur décris Côme, je crie son prénom, je regarde partout, absolument partout, y compris sur les rails du métro, dans les recoins des portes cochères. J'ai hurlé des milliers de fois son prénom. Pour rien. Il ne se trouve nulle part. Il ne répond pas. J'ai mis mon fils en danger, je l'ai peut-être perdu. Il s'est peut-être fait kidnapper, écraser. *Oh non, mon petit, mon tout petit, où es-tu ? Envoie-moi un signe, je t'en supplie.*

L'heure de fermeture des magasins approche, les rues se sont un peu vidées, je décide de rejoindre la boutique de vêtements où le vigile m'informe que Ben est rentré à la maison avec nos deux fils, il y a plus de deux heures.

Nos deux fils !

Je laisse toute ma peur exploser et m'effondre dans les bras du vigile en pleurant.

— Merci, oh merci !

Une fois de plus il me prête son téléphone pour que je puisse appeler Ben et un taxi puisque je suis à pied.

Lorsque je regagne notre domicile, le calme règne. On ne dirait pas que notre famille vient de vivre un drame sans nom. Les parents de Ben sont là, sa mère en cuisine, son père joue avec Côme, Ben baigne Paul. Je me jette sur Côme et je l'embrasse sur les joues, la tête, le front, les yeux, lui demandant mille fois pardon. J'ai tellement honte de ce qui s'est produit. Je parle un moment avec lui, je crois qu'il a eu moins de peur que moi. Il me raconte le père Noël, le traîneau. Il me dit qu'il a un peu pleuré, pas trop, parce qu'il savait que sa maman ne pouvait pas être partie sans lui.

Puis je vais voir Ben dans la salle de bains. Il me foudroie.

— Pardon. J'ai fait une énorme connerie.

Il m'ignore et continue à essayer d'enfiler le pyjama de Paul qui se débat.

— Attends, laisse-moi faire. J'ai l'habitude.

Il jette le pyjama au sol, se tourne vers moi et crache :

— C'est bien ça le problème. Il n'y a que toi qui sais faire. Pourtant, ça t'empêche pas de faire des conneries.

Et il quitte la pièce. Le dîner s'écoule dans une ambiance tendue, heureusement que ses parents sont restés. Quand ils partent et que les enfants sont couchés, Ben me rejoint dans le salon où je suis assise dans le canapé.

— Il faut qu'on parle.

Les baobabs campés droit dans mon champ de vision, je n'ai d'autre choix que baisser le son de la télévision.

— J'imagine que je vais avoir droit à une série de reproches ? C'est inutile, tu sais, je m'en veux suffisamment comme ça.

Il affiche un rictus.

— Encore heureux ! C'est grave ce qui s'est passé. Mais c'est pas ça le problème.

— Et quel est le problème alors ?

— Il n'y en a que pour Paul dans cette baraque !

Les bras m'en tombent.

— Que pour Paul ? Tu t'entends parler ? On dirait un gamin de quatre ans qui fait un caprice. Évidemment qu'il n'y en a que pour Paul, c'est celui qui a le plus besoin de nous. Si tu t'en occupais davantage, tu le saurais !

— Je peux pas m'en occuper. Dès que je m'en approche, tu rappliques avec ton air suspicieux. Tout ce que je fais n'est jamais assez bien. C'est pas comme ça qu'il faut lui tendre l'image, c'est pas comme ci qu'il faut lui parler, ni comme ça qu'il faut lui mettre le pyj. Et faut pas mettre la musique ni allumer la télé trop fort. Merde à la fin ! On n'a plus le droit de vivre ici. Et quoi qu'on fasse, ça te convient jamais.

— Tu ne peux pas me reprocher de me soucier du bien-être de notre enfant. Tu veux qu'il évolue ? Ça se fera pas tout seul.

Il m'interrompt d'un geste de la main.

— OK, tu fais tout bien et nous, non. Mais c'est pas ça le pire. Le pire, c'est que tu mets Côme en danger parce que tu es incapable de confier Paul à quelqu'un d'autre que toi. Tu aurais pu aller seule en ville avec Côme si tu avais accepté que ma mère le garde. Ou bien tu aurais pu le laisser dans la poussette pour pouvoir être plus rapide pour rattraper Côme. Personne n'aurait volé une poussette avec un enfant dedans, tu sais !

— Non, mais tu t'entends ? Ça te va bien de me donner des leçons toi qui as honte de ton fils, qui t'en occupes le moins possible, qui te replies dans un coin dès qu'il commence à hurler, qui refuses de faire des activités seul avec lui.

— Peut-être parce que tu ne m'en laisses pas l'opportunité ? Que tu juges chacun de mes mots et de mes gestes ? Même la nouvelle crèche t'as pas été foutue de leur faire confiance. Bordel, Loïse, il y allait que trois demi-journées par semaine et tu l'as retiré au bout de deux mois. Tu fais confiance à personne !

On est restés longtemps à se balancer tout le stock de reproches qu'on avait accumulé sous le poids de la fatigue, de la pression, de la peine, des espoirs déçus. Ben matraquait le sol de ses pas incessants. Moi, je bondissais dans le canapé, incapable de mettre en pratique tout ce que j'enseigne à mes clients, en proie à des émotions d'une intensité rare. Jusqu'à cette foutue phrase :

— Je veux qu'on se sépare, Loïse. On est à peine une famille, mais une chose est sûre, on n'est plus un couple depuis trop de temps.

29 — OLGA

25 décembre

Dans un fouillis multicolore et étincelant, les papiers cadeaux jonchent le sol zébré par du Bolduc doré. Le sapin diffuse l'odeur de ses épines et clignote tout ce qu'il peut tandis que Yon appuie à pleines mains sur les différentes touches de son piano, mêlant sa sérénade au joyeux brouhaha des conversations. Le bois craque dans la cheminée, une atmosphère chaleureuse et détendue nous enveloppe de sa douceur.

Debout, nous savourons l'apéritif après avoir déballé l'orgie de présents apportés par les uns et les autres. Alice s'épanouit dans son rôle de mère et ne me sollicite que ponctuellement. Théo est venu accompagné d'Iris. Même s'il évoque parfois ses conquêtes, il ne nous a jamais présenté personne avant, je la trouve charmante et je devine qu'elle représente bien plus qu'un coup de cœur passager. Fanny et Jordan nous annoncent qu'ils envisagent d'emménager ensemble. Sur le ton de la plaisanterie, qui n'en est pas une, Alice leur demande à quand le bébé. Fanny rétorque que cela ne correspond pas à leurs envies. Son aînée lève un sourcil suspicieux, mais n'a pas le temps de répliquer, Jordan lui coupe l'herbe sous le pied :

— On n'est pas tenu d'avoir un enfant pour s'accomplir. Fanny et moi avons d'autres projets de vie.

Je crains le clash, toutefois Alice a la délicatesse de ne pas s'étendre sur le sujet pour défendre son point de vue. Soulagée, je ressers du champagne et me régale de ce rassemblement familial pour fêter Noël, en observant Yon s'amuser.

Mes enfants sont devenus des adultes indépendants, mes parents sont bien entourés dans leur nouveau logement médicalisé, j'ai pris mes marques de jeune retraitée. Pour la première fois de ma vie, je me sens à ma place, délestée du poids invisible, mais ô combien pesant et encombrant de la responsabilité des uns et des autres. J'apprécie ces moments en présence de mes grands enfants, où rien ne m'incombe : ils filent sur l'autoroute de leurs vies, assument leurs choix, sans rien attendre d'autre de moi que de l'amour, quelques moments en famille aussi bien chez nous que chez eux. Chacun profite de ses expériences en toute indépendance.

Dong-Soo fait chanter une fourchette contre sa flûte. Seule la mélodie cacophonique produite par les doigts de Yon sur son piano fend le silence qui s'est imposé.

— Nous avons une annonce à vous faire ! Chérie, je te laisse l'honneur, dit-il à Alice avec une révérence.

Tous les visages accrochent un sourire, surpris par cette intervention, dans l'expectative d'une bonne nouvelle inattendue. Chacun se souvient des difficultés du couple pour concevoir Yon, nous ignorions qu'ils avaient repris le chemin de la procréation médicalement assistée. Je pensais que Yon resterait fille unique. Car, à part un second enfant, que pourraient-ils annoncer d'autre ?

Alice embrasse son époux puis se tourne vers nous, ses yeux scintillent autant que les émeraudes ballottant à ses oreilles.

— Je sais que ça peut paraître incroyable, mais je suis enceinte, sans PMA !

Un silence d'étonnement occupe l'espace, puis nous applaudissons. Les questions fusent, comment cela est-il possible ? Yon incarne déjà un bébé miracle, mais celui-ci dépasse tous les mystères ; les parents eux-mêmes n'expliquent pas cet évènement inespéré qui les comble au-delà de tous leurs souhaits. Alice caresse son ventre qui s'arrondit sous son geste. Camouflé sous sa robe ample, personne n'avait rien relevé. Tour à tour, nous embrassons les heureux futurs parents. Je me sens plus sereine que pour la première maternité de ma fille, j'ai compris qu'elle n'attendait pas une implication démesurée de ma part, ça me rassure.

Jusqu'à ces mots.

— Par contre, maman, on va avoir besoin de toi. La nounou de Yon déménage début janvier, je serai en congé maternité fin avril, il faudrait que tu assures la transition et que tu gardes Yon tous les jours de la semaine, parce qu'on n'a trouvé personne.

Elle me fixe de son sourire assuré, comme si le *oui* semblait la seule réponse envisagée par le jeune couple. Mon sang se glace. Quatre mois à m'occuper de Yon à temps plein, ça peut ne paraître rien, surtout que je parviens à apprécier avec sincérité les rares moments passés en sa compagnie. Néanmoins, pour moi, cela représente un éternel recommencement, un cycle sans fin que l'on m'inflige, une histoire qui se répète à perpétuité. Entre dépanner quelques heures de-ci de-là et assurer un temps plein durant quatre mois s'étend tout un monde de privations et de contraintes que je ne peux envisager à nouveau. Mon désarroi doit se lire sur mon visage, car Fanny vole à mon secours.

— Elle pourrait partager la garde avec la mère de Dong ?

— On lui a diagnostiqué un cancer du sein, elle va être assez occupée comme ça, explique Alice froidement.

— Désolée…

Fanny s'excuse auprès de sa sœur et me lance un regard navré. La balle est dans mon camp.

— Tu es toute pâle, me fait remarquer Philippe, ça ne va pas ?

— Si, si, dis-je dans un murmure.

Le brouhaha des conversations a repris, Philippe s'éloigne, Alice attend ma réponse.

— Je vais voir comment je peux m'organiser.

— T'organiser ? Mais tu es à la retraite ! Tu n'as rien d'autre à faire que de t'occuper de ton unique petite-fille qui n'a personne pour la garder pendant les mois à venir. C'est dingue que tu aies besoin de *t'organiser* !

Alice mime des guillemets en articulant ce dernier mot et hausse le ton, ce qui alerte sa cadette.

— Doucement, Alice. Maman a aussi le droit d'avoir une vie personnelle.

— Oh toi, l'égoïste, la puéricultrice qui ne veut pas d'enfant, on t'a rien demandé ! On parle d'un sujet qui te dépasse forcément.

Un sourire narquois vient franger les lèvres de Fanny.

— Tu sais ce qui est dingue ? Ce n'est pas que maman ait besoin de s'organiser. Ce qui est dingue, c'est que malgré les difficultés que tu as rencontrées pour avoir Yon, tu restes enfermée dans un jugement constant. Une femme qui ne veut pas d'enfant ? C'est pas normal ! Une grand-mère qui veut un peu de répit et profiter de sa retraite ? C'est pas normal ! Quatre enfants ? C'est trop. Un seul ? Pas assez. Mère à vingt ans ? Trop jeune ! À quarante ? Trop vieux ! Est-ce que tu te poses la question de savoir si Théo veut des enfants ou pas ? Non ! Est-ce que tu demandes à papa de garder Yon ? Non plus ! Tu as une image arriérée et rétrograde de la femme et tu ne t'es jamais demandé si maman avait été heureuse, empêtrée dans toutes ses responsabilités de mère, si parfois, elle ne regrettait pas d'avoir fait des enfants, si elle n'aurait pas envie, besoin même, de souffler, de faire ce qui lui convient à *elle* et non aux autres, parce que la seule chose dont tu te soucies, c'est toi, toi, toi ! Tu es devenue mère, et tu n'es même pas capable de comprendre ça ! C'est ça qui est dingue !

Personne n'a osé interrompre la tirade de Fanny. Les yeux d'Alice lancent à présent des éclairs bien plus puissants que ceux des émeraudes de ses oreilles. Personne ne se hasarde à intervenir, tout le monde se prépare à une réplique acide.

— Regretter ? Elle regrette de nous avoir faits ? s'insurge Alice, les yeux exorbités, incrédule. Maman ? demande-t-elle en me fixant.

Elle attend que je nie, que je m'explique, que je contredise les propos de Fanny. Néanmoins, cela ne me paraît ni le lieu ni le jour opportuns pour débattre de mes ressentis. Mon aînée considère mon silence comme un aveu de ma culpabilité.

— Vous êtes des monstres. Toutes les deux.

Puis elle prend Yon dans ses bras, toujours assise au pied du sapin, et ordonne à son mari :

— On y va.

Leurs pas se dirigent vers la chambre du rez-de-chaussée où ils récupèrent leurs manteaux. La porte d'entrée claque. Nous nous regardons tous, hébétés. Les jouets de Yon gisent à terre. Sur la table, Dong-Soo et Alice ont abandonné les cadeaux qui leur étaient destinés.

Tout le monde se tait, même le piano.

30 — MIA

25 décembre

Adam se réveille de bonne heure, ses cris d'extase nous tirent du lit. Le père Noël, auquel il ne croit plus depuis cette année, lui a apporté exactement ce dont il rêvait.

À moi aussi.

— Bonjour, ma chérie adorée, me dit Thomas en m'embrassant. Tu as bien dormi ? Pas de nausées ?

— Ça va à peu près.

— Super ! Je vais voir Adam, tu nous rejoins ?

Je hoche la tête. Alors que Thomas quitte la chambre après avoir ouvert les volets, je m'étire puis je caresse mon ventre. Je finis mon deuxième mois de grossesse, le cœur lourd, l'estomac noué d'angoisses. J'oscille entre joie, tristesse et peur. Rien à voir avec l'insouciance pour la grossesse de Romy. J'aimerais que les sept mois à venir passent à la vitesse de l'éclair afin de tenir mon bout de chou dans les bras. Ce sera un garçon, je le sens, je le sais. Ou peut-être parce qu'avoir une fille serait trop douloureux…

Dans le salon, Adam a déjà éparpillé des papiers cadeaux partout. Il ouvre les paquets avec la frénésie de celui à qui il manque tout ! Il s'extasie à chaque nouvelle découverte, qu'il tourne dans tous les sens cinq secondes maximum, avant de s'attaquer au cadeau suivant. Thomas, assis sur le parquet, le regarde faire en riant.

Moi, je ne peux m'empêcher de penser qu'il manque quelqu'un. Romy aurait eu dix-sept mois. Elle n'aurait pas compris grand-chose de cette fête, mais je vois son ombre jouer avec le bolduc doré, s'amuser du bruit des papiers brillants que l'on déchire puis que l'on froisse. Je la vois avancer sur ses petites jambes fragiles, toucher à tout, rire, battre des mains. Un triste sourire s'affiche sur mon visage. Thomas se lève et frotte mon dos.

— Ça va ?

Le ton de sa voix est inquiet. Je ne veux pas gâcher ce moment avec son fils, car je sais combien il est précieux, même si moi, il me ravage. Je réponds un vague « oui » et je sors de la pièce. Je préfère les laisser profiter seuls.

À midi, ses parents, les miens, ainsi que son frère, Mathilde et Félix, viennent déjeuner à la maison. Une grande fête pour rattraper celle de l'an passé où j'avais fait acte de figurante. S'il n'avait tenu qu'à moi, nous serions restés seuls, chez nous. Mais il y a Adam, alors Thomas avait imposé un sapin et des cadeaux. Nous avions trouvé un compromis : un sapin, oui, mais uniquement avec des boules et des guirlandes. Je refusais les étoiles et les angelots. Ça peut paraître idiot, c'est purement symbolique, toutefois je n'aurais pas supporté qu'il y ait quoi que ce soit de festif qui puisse évoquer Romy.

Je ne voulais rien fêter, rien offrir, rien recevoir puisque je n'avais rien à célébrer. Mais Noël s'impose partout, à la radio, à la télé, sur internet, dans les magasins, sur toutes les lèvres, dans toutes les bouches. Partout. Impossible d'y échapper. Si je n'avais rien à y faire, j'évitais de me promener dans les rues de Toulouse qui dégobillaient de féérie, bondées de passants qui eux-mêmes dégoulinaient de joie. Au supermarché, j'évitais tout ce qui était lié à ces fêtes de fin d'année, et surtout le rayon jouets. C'est aussi là que, pour la première fois, je l'avais entendu. Son prénom. Le sien. Mais pas seulement, hélas, d'autres petites filles le portent aussi.

— Romy ! Romy arrête de toucher à tout et viens ici.

Je m'étais retournée d'un coup sec. Romy ! Où était-elle ? À quoi ressemblait-elle ?

— Allez, Romy, donne-moi la main et reste avec moi, avait imposé sa mère.

Elle avait quatre ans environ, des boucles brunes, le regard facétieux, les yeux rieurs, comme ceux de ma Romy sans doute. Elle était presque comme je l'imaginais à l'exception de ses cheveux foncés. Je savais que ce jour arriverait forcément. Je m'étais statufiée et avais pleuré sans pouvoir m'arrêter. J'avais fini par abandonner mon chariot au milieu de l'allée, incapable de poursuivre mes achats. Une Romy se tenait tout près de moi, et ce n'était pas la mienne.

Quant au réveillon, il s'était limité à un dîner chez mes parents, seulement nous quatre, sans signe distinctif de fête. Heureusement, Adam le passait chez sa mère, ce qui m'avait épargné un simulacre de bonheur. Il est venu le 25 en fin d'après-midi ouvrir ses cadeaux. Je m'étais enfermée dans mon bureau, impossible pour moi d'assister à une telle scène. Puis il était reparti chez sa mère jusqu'à la fin de la semaine.

Cette année, c'est différent. Il y aura bien une fête et elle se déroulera chez nous. Hier soir, nous avons réveillonné tous les trois, en toute tranquillité. À midi, la maison se remplira, chacun participe et amène quelque chose pour déjeuner. Ainsi, nous n'avons pas grand-chose à cuisiner. Mettre la table, la décorer, choisir la playlist musicale. Et se préparer à sourire, à rire, à parler.

De l'extérieur, on pourrait croire que je suis guérie. J'ai retrouvé le goût d'échanger, de sortir. Mais ce n'est qu'une façade. On ne guérit jamais de la perte d'un enfant. On réapprend à vivre, différemment, avec un trou dans la poitrine, un trou permanent, plus ou moins béant selon les jours, les évènements.

Les premiers invités arrivent, mes parents.

— Bonjour, ma puce, tu es rayonnante ! me félicite ma mère.

J'ai pris un soin particulier à me mettre en valeur, comme à chaque fois que nous avons un évènement social, comme j'aimais à le faire autrefois dans mon quotidien. Maintenant, quand je me rends à mon travail, je m'habille et me maquille plus simplement, je trouve futile ce besoin de paraître qui m'obsédait auparavant. Toutefois, quand nous recevons ou sommes invités, je continue à le faire. D'une part, parce que je sais que Thomas aime ça, il apprécie toujours autant qu'on complimente la beauté de sa femme. D'autre part, car ça me permet sans doute de masquer ma fragilité. De laisser croire à ceux qui me connaissent que je n'ai pas changé, forte, battante, sûre de moi.

— Merci, maman.

Elle me tend deux paquets, tandis que mon père arrive, un panier en osier dans les mains, rempli de victuailles. Je l'embrasse avant de réprimander ma mère.

— On avait dit, pas de cadeaux !

— Ce n'est rien !

C'est plus fort qu'elle, elle achète toujours mille choses. Je suis prête à parier que ces deux paquets contiennent eux-mêmes une multitude de petits présents. Je la connais. Deux, c'est bien trop peu pour elle. Certaines choses resteront immuables et, au fond, pouvoir s'y accrocher me rassure.

Les autres invités ne tardent pas à arriver, et un joyeux brouhaha anime notre maison. Adam montre à tout le monde ses cadeaux et en ouvre d'autres, offerts par ses grands-parents et son oncle. Félix, qui commence à crapahuter, retourne sans arrêt vers le sapin.

— Viens par-là, petit monstre !

Je le soulève du sol, le fais voler dans mes bras et écrase un baiser sonore sur sa joue. Une coupe de champagne à la main, en train de discuter avec son frère, Thomas me regarde, heureux, réjoui par mon geste spontané. Depuis quelques mois, j'ai réussi à briser la glace et prendre un bébé dans mes bras ne me coûte pas. Excepté les nourrissons. Ça reste difficile. Le jour où ce ne sera plus le cas, je pourrai reprendre l'obstétrique, et j'ai hâte. Je me sens mieux armée pour accompagner les futures mamans dans leur grossesse et leur accouchement. Parce que j'ai appris l'humilité, j'ai découvert que tout peut arriver, jusqu'au dernier moment, et que la science ne sait pas tout et ne peut pas tout. Avoir conscience que je ne suis pas Superwoman s'avère utile au quotidien.

Durant tout le repas, je gruge. Je ne veux pas encore annoncer ma grossesse, ça paraît prématuré. Ma mère ne manque pas de relever que je ne bois pas d'alcool, même si elle ne dit rien devant les autres. Elle se débrouille pour se retrouver seule avec moi en cuisine. Nous déposons les assiettes et les couverts sur le comptoir. Nous les rangerons plus tard dans le lave-vaisselle. Tandis que je me saisis des assiettes à dessert et m'apprête à quitter la pièce, elle me barre la route, plateau de fromages en main.

— Aurais-tu quelque chose à me dire ?

— Pas du tout ! Je ne vois pas de quoi tu parles.

— Mia ! Tu oublies que ton nez s'allonge quand tu mens. Alors, je veux connaître la vérité.

J'éclate de rire. Ma mère, mon héroïne. Mon père s'est constamment montré très exigeant avec moi. Fille unique, il me portait au ciel, ne voulait que le meilleur pour moi et n'attendait que le meilleur de moi. C'est grâce à lui que j'ai toujours cru en mes capacités. Ma mère, en revanche, s'épanouissait davantage dans la construction d'une relation complice. Elle m'encourageait de ses mots doux. Lorsque mon père disait : « Ce n'est pas assez, tu peux mieux ! », elle répondait : « Mais regarde-la, elle est déjà parfaite telle qu'elle est ! ». Ce à quoi mon père rétorquait invariablement : « Les seules limites qu'elle connaîtra seront celles qu'elle s'imposera. Ne l'encourage pas à la satisfaction facile ! ».

Chacun à leur façon, ils m'incitaient à foncer, à donner le maximum de moi-même en toute circonstance. Grâce à eux, je me suis forgé une confiance en moi que je croyais indestructible. Jusqu'au décès de Romy. Heureusement, ce qu'ils m'ont inculqué est ancré dans mes gènes, et au fil des mois, je retrouve cette confiance que j'avais en moi et en la vie, même si, bien sûr, une part restera brisée à jamais.

— Bon tu as gagné.

Je me penche pour vérifier que personne n'approche.

— Mais pas un mot à qui que ce soit ! C'est encore trop tôt.

Je sais pertinemment que mon père sera informé à peine la porte passée. Ils n'ont aucun secret l'un pour l'autre. Ses pupilles s'allument, incandescentes.

— C'est pas vrai, dit-elle un peu trop fort avant que je lui aie annoncé quoi que ce soit.

— Chut ! Maman !

— Pardon, pardon, pardon, ma chérie, s'excuse-t-elle, une main devant la bouche. Mais je suis si contente !

Si elle le pouvait, elle lâcherait le plateau de fromages à terre pour me prendre dans ses bras.

— On en parle plus tard, OK ? lui dis-je.

Elle retourne à table. Elle propose du fromage avec un enthousiasme débordant. Elle pourrait brûler tous les convives tant elle irradie de joie. Et c'est exactement ce que je ne voulais pas. Thomas la regarde, me regarde. Il m'interroge d'un signe de tête. J'acquiesce. Il fait la moue. Lui aussi aurait préféré que la nouvelle demeure entre nous dans l'immédiat.

31 — LOÏSE

25 décembre

Les statistiques sont implacables. Je ne sais pas comment je suis tombée sur cet article sur Google qui m'expliquait que « *Pour s'occuper d'un enfant handicapé, deux tiers des mères arrêtent, réduisent ou aménagent leur temps de travail sur le long terme. 20 % des pères modifient leur rythme professionnel, le plus souvent en réaménageant leur poste, selon l'étude quantitative. L'arrivée d'un enfant handicapé pèse aussi sur la vie de couple, avec une surreprésentation des familles monoparentales : 13 % versus 9 % chez les enfants de 4-6 ans et 21 % versus 17 % pour les 10-12 ans. Dans près de la moitié de ces familles, le rôle du handicap est cité comme un des facteurs de la séparation (rôle certain dans 36 %, déterminant dans 16 %, aggravant 20 %*[20]*).* » Et je ne sais pas pourquoi j'y repense alors que je suis en train d'aider ma mère à mettre le couvert pour le déjeuner de Noël qui se tient chez elle cette année. Peut-être parce qu'après la joie des fêtes on devra leur annoncer notre décision ?

Je crois que je déteste Google. Il file des informations déprimantes. On le considère comme un ami qui a toutes les réponses alors qu'en fait, c'est un traître qui balance les pires horreurs à la moindre occasion. Il avait raison quant aux difficultés qui nous attendaient. L'explosion de notre couple en est une autre que je n'avais pas envisagée jusqu'alors.

— Un couteau à fromage et une cuillère à dessert par personne suffiront, ma chérie.

---

20 Source : https://informations.handicap.fr/a-parents-isolement-separation-7588.php

La voix de ma mère m'extrait de ma réflexion.

— Pardon ! J'ai la tête ailleurs !

— Je vois ça. Quelque chose te tracasse ? C'est à cause de Paul ? Je te promets que j'ai tenu compte de toutes tes consignes : pas de musique, pas trop de monde et tu pourras t'isoler avec lui dans ta chambre d'enfant autant que tu le voudras. Même si on est en pleine dégustation de la dinde, personne te grondera, dit-elle sur un ton qui se veut taquin.

Je souris. Plus pour lui faire plaisir et la rassurer. Je n'ai pas envie de gâcher ce dernier repas de fête en famille.

Tout est allé très vite après ma discussion avec Ben. J'ai tout fait pour le convaincre de nous laisser une chance, mais il s'est montré inflexible. Il m'a promis que cette décision n'avait rien de définitif, qu'il s'agissait avant tout d'une pause pour réfléchir, chacun de son côté. À la réflexion, il n'a pas tort. Cela fait des mois qu'il n'y plus de tendresse entre nous, qu'il ne m'a pas appelée « ma douce ». Mon sens de l'humour a déserté, ma fatigue s'intensifie, j'alterne phase d'espoir et de découragement. Il a aussi raison sur ce fait : je mange Paul, je dors Paul, je vis Paul. Le handicap de Paul occupe quatre-vingt-quinze pour cent de mes pensées. Mais comment faire autrement ? Qu'il me donne la solution s'il la connaît ! L'autisme sévère de notre cadet prend toute la place et fait tout exploser sur son passage. C'est un véritable ouragan de force cinq qui fait s'effondrer nos vies, telle une tornade ferait s'effondrer des immeubles en pierre comme s'ils étaient construits en paille. Il faut posséder une force phénoménale pour affronter cela.

J'ai une boule au ventre plus grosse qu'un globe terrestre. J'en suis malade de devoir annoncer ça à nos familles et surtout à nos fils. Enfin à Côme, car Paul ne comprendra sans doute pas grand-chose de la situation. Devoir lui imposer un nouveau déménagement, ça me bouleverse. J'avais imaginé voir nos enfants grandir sous le toit qu'on avait choisi ensemble et dans lequel on a emménagé il y a tout juste un an… Cette année qui s'est écoulée a été celle de tous les coups de tonnerre.

J'ai commencé à regarder les appartements en location. Tout s'avère trop cher pour mes revenus qui ont fondu comme neige au soleil avec ma limitation du temps de travail. Ben s'est engagé à payer le loyer, il veut que ses fils vivent dans un logement décent. Je préférerais trouver quelque chose à proximité du CAMSP, mais ça obligerait Côme à changer à nouveau d'école. Le tout, en pleine année scolaire. Aussi je crois que je vais tâcher d'habiter pas trop loin de notre quartier actuel. Même si on n'a pas encore discuté de l'organisation de la garde des enfants, j'imagine que c'est mieux si je ne m'éloigne pas trop. Je refuse d'envisager une garde partagée, ne voir Côme qu'une semaine sur deux me déchirerait. Quant à Paul, c'est tout simplement inenvisageable. Ben n'a pas la possibilité logistique de gérer ses rendez-vous et je suis certaine qu'il ne saurait pas s'en occuper à temps plein. Il a beau rejeter la faute sur moi, me dire que c'est moi qui ne lui laisse pas l'opportunité de gérer, je pense que ça l'arrange de ne pas avoir à le faire.

Je fais de mon mieux pour profiter du repas. Autour de la table, mes parents, ma tante et son mari, Ben et moi avec les enfants. Ça rit, ça papote. Je saisis les conversations au vol, m'accroche à un mot, tente de faire bonne figure, de sourire aux traits d'esprit d'oncle Jacques qui a toujours deux ou trois blagues en réserve.

Tout au long du déjeuner, il a joué au client de restaurant avec Côme, ma mère remplissant le rôle de serveuse, propriétaire du restaurant. Le repas terminé, notre aîné demande combien coûte le repas. Ma mère annonce un prix. Durant le déjeuner, Côme avait confectionné de faux billets avec des bouts de papier sur lesquels il avait dessiné des trucs et écrit des chiffres au hasard. Il paye ma mère qui dépose un baiser sur sa joue. Jacques intervient :

— Et le pourboire ?

Côme ouvre de grands yeux et lui rétorque :

— Mais je n'ai même pas bu !

Tout le monde explose de rire[21]. Moi peut-être un peu plus fort que

---

[21] Merci à Jacqueline pour l'anecdote ☺

les autres, entre joie et tristesse. Non, je ne veux pas qu'on m'enlève ces moments-là. J'ai trop besoin de la spontanéité et de la fraîcheur de Côme. Des éclats de lumières vacillantes qui parsèment mes journées souvent trop grises depuis plusieurs mois. Je me battrai toutes griffes dehors si Ben décide de m'imposer une garde alternée. Puisqu'il ne veut plus de moi sous son toit à temps plein (et sans doute de Paul, je n'arrive pas à m'ôter du crâne que sans le handicap de notre cadet, on n'en serait pas là), il devra en assumer les conséquences.

32 — OLGA

25 décembre

Les mots bousculent mes lèvres, ils trébuchent, s'amassent, se percutent, s'ordonnent de guingois, j'ai choisi les premiers avec minutie, les derniers avec empressement. Dans une logorrhée impossible à dompter, je vomis mes pensées après des années de musellement. Je prends garde à ne rien oublier, je veux qu'il sache tout, qu'il imagine tout, qu'il ressente tout. Allongée dans la pénombre, je vide mon sac à un Philippe abasourdi, qui engloutit mon repenti.

Il souhaitait garder la lumière allumée, je ne voulais pas. Je ne voulais pas de ses yeux sidérés qui darderaient les miens, je ne voulais pas lire sur sa mine déconfite l'incompréhension, les jugements que j'anticipais. Les déceler dans le timbre de sa voix m'infligerait un châtiment suffisant.

Dans le noir, il devine l'eau dans mes yeux que mes mains cherchent à essuyer, car il m'exhorte de ne pas pleurer. Mes larmes l'ont toujours encombré, tétanisé, il ne sait ni comment les accueillir ni comment les apaiser.

— Pourquoi tu ne m'as jamais parlé de tout ça ? J'aurais pu… Je ne sais pas, j'aurais pu t'aider !

— M'aider ? Mais, Philippe, plein de fois, je t'ai demandé d'être plus investi dans l'éducation des enfants, plus impliqué dans les tâches ménagères. Tu me répondais inlassablement que tu étais fatigué entre deux séjours sous notre toit. Et moi, j'enchaînais, les enfants, le ménage, le travail, mes parents. Tu n'as jamais remarqué que je n'avais pas de temps à accorder à mes loisirs, à l'exception de quelques brèves minutes de lecture le soir, épuisée par mes journées marathons ?

Mon époux se tait. Il prend la mesure de mon désarroi abyssal, de son absence physique et morale.

Ce jour de Noël aura représenté le pire de notre vie. Nous avons déjeuné dans une ambiance morne après le départ tapageur d'Alice et les siens, je brûlais de honte d'avoir lavé notre linge sale en famille devant Jordan et Iris. Nous avons avalé la dinde en un tournemain, chacun avait hâte de se séparer des autres, pour s'éviter la mascarade de la famille unie, pour éloigner les stigmates de l'altercation. Ce repas familial qui me réjouissait tant quelques heures auparavant s'est transformé en un véritable fiasco.

À la fin du repas, j'ai reçu ces mots d'Alice via un SMS. Bien que mérités, ils ont fusé comme des flèches affûtées qui m'ont bombardé le cœur.

« Puisque tu regrettes d'avoir fait des enfants, oublie-moi, je crois que c'est le mieux. Alice (la fille que tu regrettes d'avoir eue) ».

J'ai réfréné mon envie de répondre, les émotions qui nous envahissent altèrent notre jugement, déforment nos paroles, étouffent la raison, la situation ne pouvait que s'envenimer si je tentais de me justifier. À peine nous sommes-nous retrouvés seuls, que Philippe a souhaité des explications quant aux propos de Fanny. Qu'est-ce qui lui avait pris de dire ça ? Pourquoi n'étais-je pas intervenue pour la faire taire ? J'ai tourné les talons, et suis venue me réfugier dans la chambre, comme lorsque j'étais petite fille. Et lui, pourquoi ne s'était-il pas interposé ? Son désengagement m'a paru incroyable, pour la première fois, j'en prenais la mesure et arrivais au bout de ce que je pouvais tolérer.

Il m'a rejointe, s'est allongé à mes côtés et m'a suppliée de lui parler. Je lui ai intimé d'éteindre la lumière et j'ai tout déversé de mon premier accouchement à aujourd'hui.

Tout.

Mes migraines, la déformation physique, mes angoisses, l'absence de loisirs, mes regrets amers, le manque de temps pour moi, mes renoncements, le poids des décisions et des responsabilités, mes frustrations, mes désillusions, le fossé qui sépare l'implication du père de celle de la mère, mon épuisement, les chaînes virtuelles pourtant si réelles, la privation de liberté, ma solitude, le stress, mon désenchantement, la pression, mes déceptions, la subordination.

J'ai parlé sans discontinuer pendant près d'une heure, il ne m'a pas interrompue. À présent, je me tais, Philippe aussi.

Nous restons un long moment silencieux. Puis Philippe se met à me caresser le bras avant de reprendre.

— Je me sens minable. Je n'ai rien deviné de tes tourments. J'admets que pour moi, c'était normal que tu assumes tout. Tu ne te plaignais jamais.

— Si, Philippe, je me suis plainte, plusieurs fois. Mais tu m'as ignorée.

Étrangement, quand j'ai pris ma retraite, je me projetais avec Philippe. J'avais hâte qu'il cesse lui aussi de travailler afin que nous partagions un maximum d'activités ensemble, que nous ravivions la flamme de notre jeunesse. Mais à cette seconde, ce n'est plus ce sentiment qui m'anime.

Une colère sourde point en moi, je lui en veux, je lui en veux terriblement. Il est aussi coupable et pourtant, je porte seule depuis toutes ces décennies le fardeau de la culpabilité, de la honte. En lui ouvrant mon cœur, cette assertion m'a percutée : il détient une part de responsabilité non négligeable dans mes difficultés maternelles, nos enfants le concernent tout autant que moi. Et malgré tout, il a toujours été le grand absent de l'histoire, malgré mes demandes de soutien. Aujourd'hui encore, il considère qu'il m'incombait d'interrompre le conflit entre nos filles, voire de l'anticiper afin qu'il n'éclate pas. Il n'a pas assumé sa fonction comme le fait Dong-Soo, il connaît à peine ses enfants, il n'a partagé aucun tête-à-tête avec aucun d'entre eux. Il ne sait rien de leurs secrets, de leurs espoirs, de leurs contrariétés. Il ne connaît même pas leurs goûts culinaires ou leur couleur préférée tellement il les côtoie peu.

Et c'est moi qui culpabilise ? Moi à qui on reproche de ne pas assez m'investir ? Moi à qui on refuse que je m'octroie enfin du temps libre ?

Je retire mon bras, ses caresses m'insupportent. Surpris par ma brusquerie inhabituelle, il s'étonne :

— Qu'est-ce que j'ai fait ?

— Rien justement, comme d'habitude, tu n'as rien fait !

Je me redresse et allume la lampe de chevet.

— Je viens de réaliser que j'endosse seule une culpabilité qui te concerne tout autant que moi. Si tu t'étais montré plus présent comme je te l'ai demandé à plusieurs reprises, je pense que ma mission de mère aurait été plus facile à accomplir et nous n'en serions pas là aujourd'hui. Je t'en veux, Philippe, je t'en veux profondément. Moi qui avais hâte d'une retraite ensemble, je ne suis même plus sûre d'avoir envie de partager mon temps libre avec toi.

Il me regarde, ahuri, puis finit par lâcher d'une voix blanche :

— Je ne comprends pas. Qu'est-ce que tu veux ? Me quitter ? Parce que je ne me suis pas assez occupé des enfants ? Ça n'a pas de sens, les enfants sont grands maintenant.

— Non, tu n'as rien compris. Je ne veux plus qu'on aliène mes libertés. Je veux vivre pour moi, dis-je en me frappant la poitrine. Tu dois comprendre le concept, toi qui as toujours fait ça !

Il se lève et me toise :

— Tu es ridicule ! Tu n'as que ça, du temps pour toi, puisque tu ne travailles plus.

— Et Yon, tu l'oublies ?

— Ce n'est rien, c'est quatre mois, Olga, tu peux bien faire ça pour ta fille.

— *Notre* fille. Et puisque ce n'est rien, tu n'as qu'à le faire, toi.

— Je ne peux pas, je travaille !

— La belle excuse, je la connais par cœur. Moi aussi je travaillais et pourtant, j'assumais tout.

Il souffle, peste, fait des allers-retours pieds nus sur la moquette.

— Qu'est-ce que tu attends de moi, Olga ?

Je réfléchis un instant.

— Que tu m'écoutes, que tu me respectes à défaut de me comprendre, quand je te dis que pour moi, quatre mois à temps plein avec un petit enfant, ce n'est pas rien. Parce qu'après Yon, ce sera sa sœur ou son frère, et peut-être les enfants de Théo ensuite, voire ceux de Fanny si elle change d'avis.

— Tu extrapoles !

— Peut-être. Mais je sais de quoi je parle et je ne veux pas d'une histoire qui se répète à l'infini. Ce n'est pas comme ça que j'avais imaginé ma vie.

— Et moi, qu'est-ce que j'ai à voir là-dedans ?

— Tu n'as donc rien compris ?

— Si, bien sûr que si ! s'insurge-t-il. Mais tu me parles des difficultés d'autrefois avec les enfants, ensuite tu dis que tu ne veux plus passer ta retraite avec moi. Je suis paumé, je ne vois pas le lien !

Je lui ai tout expliqué sans filtre, sans pudeur, pourtant, c'est insuffisant.

— Est-ce que tu m'aimes toujours ? demande-t-il en se rasseyant à mes côtés.

Ses prunelles réfractent l'espoir d'une réponse positive.

— Oui. Mais je ne veux plus de notre fonctionnement.

— Qu'est-ce que je peux faire pour me faire pardonner, pour te prouver ma bonne volonté ?

S'il m'a écoutée, il trouvera.

33 — MIA

25 décembre

— Je vais y aller, dis-je à Thomas.

— Attends, je t'accompagne.

En cuisine, ma belle-mère, Mathilde et Romain lavent, récurent, essuient, rangent. Dans le salon, ma mère joue avec Adam et Félix au pied du sapin, tandis que mon père discute avec mon beau-père en buvant le digestif. Thomas finit de ramasser ce qui traîne sur la table.

— Adam, tu restes ici, on revient.

J'enfile mes bottes, mon écharpe et mon manteau de laine puis je retrouve Thomas qui a déjà démarré la voiture. Dans mon sac à main, le petit cadeau attend précieusement.

— Alors, tu l'as dit à ta mère ? me demande-t-il.

— Pas le choix, elle l'a deviné.

— Bon, j'espère qu'elle saura tenir sa langue.

— Elle me l'a juré.

Ma mère se montrait tout à la fois heureuse et inquiète ; l'ombre de Romy plane, et planera toujours. Elle a tellement hâte de devenir grand-mère. Elle m'a promis de m'accompagner à chaque étape, mais j'ai refusé. Je n'ai pas besoin qu'elle me tienne la main comme si j'avais cinq ans. Et je n'ai pas besoin qu'elle me communique son stress et ses craintes. Je m'en charge avec brio toute seule.

Thomas coupe le moteur et nous avançons en silence. Seul le bruit de nos pas crissant dans le gravier informe Romy de notre arrivée. Nous nous recueillons main dans la main. La plupart du temps, je ne pleure plus quand je viens rendre visite à Romy. Mais certaines dates se révèlent plus éprouvantes à affronter : celle supposée de sa conception, le jour où j'ai appris que j'étais enceinte, le jour de sa naissance, celui de ses obsèques, la date officielle de mon terme, la saint Romy, Noël.

Des pas qui craquent dans l'allée me ramènent au présent alors que j'étais plongée dans mes pensées. Nous ne sommes pas les seuls à rendre visite à nos morts en ce jour de fête. Je sèche mes larmes silencieuses, j'orne mes lèvres de mon plus beau sourire, et je romps le silence la première.

— Bonjour, ma merveille.

Je m'assois sur la stèle dont le marbre est glacé. Aujourd'hui, je n'ai pas de fleurs pour Romy, mais un nouveau doudou. Le dernier qu'il restait a été volé il y a plusieurs semaines de cela. Tout comme il arrive qu'un bouquet ou une plante disparaisse. J'ai bien du mal à comprendre les motivations de certains. Ce manque de respect pour la tombe d'un bébé me fait enrager et me déchire. Si j'attrape quelqu'un en train de toucher à quoi que ce soit qui appartient à Romy, je ne réponds pas de moi. Mais ce n'est jamais arrivé.

— C'est pour toi, dis-je en déballant avec minutie le nouvel ours en peluche.

Thomas s'accroupit auprès de moi. J'approche le doudou du croquis qui représente Romy.

— J'espère qu'il te plaît. Il s'appelle Léon. Il va te tenir compagnie.

Je replie les jambes de l'ourson et l'appuie contre une plaque de commémoration, le plus près possible du portrait de Romy. Puis, comme j'ai l'habitude de le faire, je lui parle. Je lui raconte Noël, le sapin, les lumières, les cadeaux, les rires, son absence. Je lui parle du petit frère qui pousse dans mon ventre. Thomas réchauffe mes mains dans les siennes. Il m'écoute, sourit, caresse ma cuisse. Il m'accompagne régulièrement, mais je ne l'ai jamais entendu parler à Romy. Pourtant, cette fois, juste avant de partir, il lui dit :

— Joyeux Noël, mon petit ange. Tu me manques.

Puis, il envoie un baiser de la main. Le ciel est devenu blanc, quelques flocons nous raccompagnent jusqu'à la grille. Nous rentrons chez nous, le nez rougi par le froid, les yeux rougis par nos larmes. Nous poussons la porte d'entrée. Il y a du bruit, il y a de la vie qui contraste avec le silence du cimetière. Nous n'avions pas dit où nous allions, c'était inutile. Chacun savait. Et lorsque je franchis le seuil du salon, ma belle-mère, peu démonstrative, me prend dans ses bras et m'étreint de toute sa force. Dans un murmure, juste avant de me relâcher, elle me dit :

— À moi aussi, elle me manque. Je te trouve très courageuse.

Sa confidence et son geste me déstabilisent. Excepté le premier mois qui a suivi la mort de Romy et lors de la fête d'anniversaire organisée par Thomas, depuis, elle n'a jamais eu une phrase de soutien, de compassion à mon égard. Elle n'en parle pas, comme si elle n'avait pas existé et ça m'est douloureux.

Les invités s'en vont les uns après les autres. Thomas conduit Adam chez sa mère afin qu'il puisse ouvrir ses cadeaux là-bas aussi. Cela me laisse près de deux heures de solitude et de calme qui s'opposent à la journée animée que nous venons de passer.

Lorsque je suis seule, je me rends dans la chambre de Romy. Comme j'aime à le faire, j'allume des bougies, je m'installe dans un fauteuil et je pars à la rencontre de ma merveille étoilée. Je commence par la boîte à trésors. Je la cale sur mes genoux, puis je l'ouvre avec délicatesse. Je rends visite à son souvenir, celui qui est auréolé de douceur, de plaisir. Avec le temps, ce rituel est devenu moins pénible. Même si, depuis que je suis enceinte, un mélange d'appréhension et de culpabilité s'invite dans cette parenthèse qui n'appartient qu'à moi.

Une à une, je déballe les richesses qu'elle contient : une mèche si douce de cheveux, le petit bracelet de maternité sur lequel est inscrit son prénom, la feuille cartonnée et plastifiée avec ses empreintes de pieds et de mains. Des pas grand-chose, des petits riens qui représentent tellement. Des traces tangibles, palpables que Romy a laissées de son passage. Je me plonge dans leur contemplation en perdant toute notion du temps. Il n'y a qu'elle et moi.

Puis, je dispose ces trésors sur la console et m'empare des deux albums photos. Le premier alterne les échographies et les shootings que j'ai faits au cours de ma grossesse chez un professionnel. Mois après mois, je la vois grandir in utero. Le second, le plus précieux, renferme les photos prises à la maternité. Nous en avons fait retoucher certaines, pas toutes. De la pulpe de mon doigt, je dessine le contour de son visage. Pour le garder intact en mémoire. La peur d'oublier à quoi elle ressemblait me hante toujours.

La nuit noire m'informe qu'il est temps de fermer cette parenthèse. Les flammes vacillantes sont à bout de souffle, je ne vois quasiment plus rien. J'allume la lampe de chevet, j'éteins les bougies, je range tout, et je vais m'allonger en attendant le retour de Thomas et Adam. Je suis un peu fatiguée après cette journée à la fois ordinaire et particulière. Un Noël comme tant d'autres, chez tant de familles. Et, en parallèle, des petits cailloux blancs essaimés de-ci de-là, des perles de joie : Félix qui vole dans mes bras, la découverte de ma seconde grossesse par ma mère, la communion de Thomas et moi au cimetière, la force de notre amour qui me paraît indestructible, les mots de ma belle-mère.

Quand les hommes reviennent à la maison, je me suis assoupie. Le souffle chaud de Thomas dans ma nuque et sa main qui caresse mon ventre me réveillent.

— Coucou, mes amours, chuchote-t-il.

Je me redresse sur un coude, les yeux embrumés de sommeil.

— Il est quelle heure ?

Il est tard, il me propose de grignoter devant la télévision, chose rare qui réjouit toujours Adam. Nous déposons des plateaux-repas sur la table basse, Adam lance le dessin animé de son choix, surexcité. En mangeant, il me raconte tous les fabuleux cadeaux que sa mère lui a offerts. Son enthousiasme se révèle contagieux. Agenouillée à même le sol, mes pieds repliés sous mes fesses, un toast de foie gras dans une main, je ris.

J'ai survécu à ce Noël sans toi, ma merveille, et c'était bien. Je ne guérirai jamais de toi, mais j'apprends chaque jour un peu plus à accepter que ta présence se limite à mon cœur. Et puis il y a là, au chaud, l'espoir d'une nouvelle vie.

34 — LOÏSE

Fin janvier

Seule dans cet appartement vidé de la présence de mes fils, je sirote une flûte de champagne, assise à même le carrelage de la chambre de Paul. En survêtement. Y a pas de tenue imposée pour boire un vin supposé être de luxe ! Je fête avec trois semaines de retard la foutue nouvelle *bonne* année. J'hésite entre rires et larmes tellement la situation me paraît ridicule, douloureuse et étrange.

Moi, ici, seule, sans mes fils. À quelques centaines de mètres de mon ancienne vie. Je n'ai plus à me soucier de la trace de mon string sous mon jean, des pinces qui abandonnent mon chignon, de l'effet hypnotique ou non de mon mascara, je n'ai plus le temps pour ces préoccupations esthétiques. Le jogging est le héros de Ben depuis toujours, il est aussi devenu le mien. J'aurais pu céder au cliché de la femme qui s'empiffre de glace comme au cinéma (ben oui, à chaque fois, c'est une femme qui fait ça), mais j'ai préféré le champagne. Parce que purée, je le vaux bien, merde !

Dès que j'ai réussi à trouver un logement susceptible de convenir, j'ai tout emballé dans les cartons, Ben m'a aidée à déménager. Mes fils et moi passons d'une maison luxueuse, spacieuse à un appartement de moins de soixante mètres carrés. Une boîte à chaussures où chacun a sa chambre, c'est déjà ça. Ce point n'était pas négociable. Déjà qu'il n'y a pas d'espace vert qui permettrait à Côme et Paul de se défouler ! J'avais très envie d'embarquer Frimousse, car je sais tout le bien qu'elle fait à Paul, mais on est assez à l'étroit.

J'avale une goulée sans prendre le temps de la déguster.

Je suis sidérée par la vitesse à laquelle les évènements se sont enchaînés. *Bam ! En pleine gueule, Loïse ! Adieu, l'ennéagramme 7 !*

En moins d'un an, notre monde s'est écroulé, en quelques semaines, notre famille a été pulvérisée, nos presque seize ans d'amour jetés aux ordures. Ben a beau dire que c'est transitoire, je n'y crois plus. Je le revois, le jour du déménagement, lorsque le dernier carton a été vidé de la fourgonnette que nous avions louée.

— Bon, ben salut !

Il se dandinait d'un baobab à l'autre, hésitant, ne sachant s'il devait me faire la bise ou partir sans bruit. Je me suis approchée, il a eu un mouvement de recul. Croyait-il que j'allais l'embrasser à pleine bouche ? Le supplier ? J'ai planté des bises sur ses joues avant de répliquer :

— Salut ! On s'appelle pour les garçons.

Une lueur de soulagement a illuminé ses yeux. Oui, de soulagement. *Enfoiré !* Soulagé d'en terminer avec moi, avec nous, le salopard. J'ai affiché une mine de dégoût qu'il a dû percevoir, car, après avoir pris la direction de la sortie, il a fait volte-face, puis a débité :

— Je regrette, c'est pas ainsi que je voyais notre futur. Sois heureuse.

Sois heureuse ! Je n'ai même pas répondu. Comment pourrais-je me sentir heureuse dans cette nouvelle vie, sans lui, dans ce logement trop étroit, en n'ayant plus de loisirs, plus d'amis, quasi plus de travail et un enfant handicapé sévère qui génère des angoisses sans fin ?

Mais le pire, eh bien le pire, c'est que j'ai entendu hier à la radio qu'on était le 23 janvier. Ce qui veut dire que dans très exactement une semaine j'aurai trente ans ! J'avance le nez dans le guidon, j'avais oublié cette date. J'aurai trente ans, seule, moche, et déjà à moitié moisie. Je n'avais pas prévu de les fêter de cette façon. Il devait y avoir du bruit, de la musique, des sifflets, des cotillons. Des amis et un Ben éperdument amoureux pour picoler du champagne avec moi, yeux dans les yeux.

Je remplis à nouveau la coupe que j'ai bue d'un trait, sans y penser. J'écoute le crépitement puis je me perds dans la contemplation des bulles qui montent à la surface, au ralenti, précieusement, comme si elles savouraient ces dernières secondes d'existence avant d'exploser dans leur robe couleur sable.

— Joyeux anniversaire, Loïse, à la tienne ! dis-je en levant mon verre.

Moi aussi, mon existence s'est éteinte. C'était il y a deux semaines, quelques jours à peine après le premier janvier. Nouvelle année, nouvelle vie, nouveau départ.

Je ris. Un rire cynique. Qui se mue peu à peu en rire rembruni avant de laisser couler les larmes amères que je retiens depuis des jours et des jours. Je bois ma coupe, je mêle le sel de mes pleurs à l'âpreté de mon champagne. Un champagne de mauvaise qualité, premier prix. Je n'ai plus les moyens de m'offrir des folies. Tout se fait au rabais, même l'entrée dans ma nouvelle vie.

En deux semaines, les garçons ont vu leur père tous les deux ou trois jours. Quelques minutes pour Paul, davantage pour Côme qu'il récupère parfois après l'école, qu'il a amené au parc samedi et au McDo dimanche.

— C'était trop bien, maman !

J'ai souri. Pour la forme. Mais j'avais mal. Ce « trop bien » me saccageait l'âme et le cœur. J'aurais dû me sentir heureuse pour mon fils, heureuse de son bonheur partagé avec son père. Je n'y arrive pas. Pas encore.

Aujourd'hui, il a proposé de les prendre toute la journée de samedi à la maison. Côme pourra rester dormir s'il le souhaite. Ils sont partis il y a moins d'une heure et j'ai pourtant l'impression d'être abandonnée depuis des semaines. Abandonnée. C'est idiot ! Je ne suis pas une gamine. Et puis mes fils vont revenir. Mais j'appréhende tellement que Ben ne s'en sorte pas avec Paul. Je lui ai donné mille recommandations, vérifié cent fois que j'avais mis tous ses renforçateurs dans son sac avec son classeur d'images, réexpliqué pour la millième fois à Ben comment s'en servir, même si je sais qu'il peut compter sur le soutien de Côme qui est très investi dans les difficultés de son frère. Ce frère qui accumule les crises depuis que nous avons emménagé, en perte de repères, en manque d'espace. Des crises qui perturbent Côme qui s'inquiète, il pense que son frère se sent très malheureux. Alors lui-même, vaillant petit bonhomme, super héros, m'assure que tout va bien. Que l'appartement est super chouette. Que son papa ne lui manque pas trop.

Et pourtant… Pourtant j'ai entendu ses pleurs à travers la porte de sa chambre avant-hier soir. J'ai mis la main sur la poignée, j'ai hésité. J'ai été lâche. Je l'ai laissé seul avec sa douleur. J'avais trop peur de m'effondrer moi-même devant lui. Et je ne veux pas ça. Il doit pouvoir compter sur moi.

Toutes les dix minutes, je consulte mon portable. J'attends un appel à l'aide de Ben. Je ne l'imagine pas capable de gérer Paul toute une journée durant. Il ne l'a jamais fait lorsque nous vivions ensemble. Pourquoi y arriverait-il maintenant ?

Peut-être à cause de ça ? À cause de ce qu'il m'a dit lorsqu'il m'a annoncé qu'il souhaitait qu'on se sépare ? « *Je ne peux pas m'en occuper. Dès que je m'en approche, tu rappliques avec ton air suspicieux. Tout ce que je fais n'est jamais assez bien. C'est pas comme ça qu'il faut lui tendre l'image, c'est pas comme ci qu'il faut lui parler, ni comme ça qu'il faut lui mettre le pyj. Et faut pas mettre la musique ni allumer la télé trop fort. Merde à la fin ! On n'a plus le droit de vivre ici. Et quoi qu'on fasse, ça ne te convient jamais.* »

Il y avait du vrai dans ce qu'il a dit, mais je ne suis pas rassurée pour autant. Qu'est-ce qui me prouve qu'en ce moment même, il n'a pas mis la musique à fond, tout en cuisinant avec le bruit de la hotte ? Sans compter que Côme doit jouer avec Frimousse qui doit aboyer.

Ça me fait mal d'imaginer mon petit garçon souffrir et personne qui ne s'en soucie. Tout comme ça me fait mal de les imaginer heureux tous les trois, sans moi.

Je devrais profiter de ce moment de répit, pourtant je n'y arrive pas. Je réalise à quel point je ne parviens pas à faire confiance à Ben. À quel point le handicap de Paul a pris possession de toutes les sphères de ma vie : amoureuse, familiale, professionnelle, amicale. Même quand il n'est pas avec moi, je pense à lui, je m'inquiète pour lui, je crains pour lui. J'ai connu ça avec Côme, j'imagine que toutes les mamans s'inquiètent naturellement pour leurs enfants. Toutefois, avec Paul, c'est démultiplié, tout prend des proportions incroyables, car tous les repères sont bousculés. Ma première expérience de mère ne me sert à rien. Je dois tout réapprendre constamment, me battre chaque jour.

Avec cette peur latente qui envahit chacune de mes pensées : comment fera-t-il quand je ne serai plus là ? Que se passera-t-il si je venais à mourir demain ?

Cette séparation représente sans doute l'occasion de laisser Ben faire ses preuves.

Je me lève, me dirige vers la cuisine où je n'ai pas le goût de mitonner quoi que ce soit. Je ferai réchauffer des restes, je n'ai pas très faim de toute façon. Alors que je m'apprête à croquer dans un bout de lasagnes de la veille, mon téléphone sonne.

Ben !

La deuxième sonnerie n'a pas encore retenti, que j'ai déjà décroché.

— Tout va bien ?

— Paul refuse de manger.

Je regarde ma montre. Quatorze heures !

— Mais vous n'avez pas encore mangé ?

— Je ne t'ai pas appelée pour une leçon de morale, cingle la voix de mon ex.

— J'arrive.

J'abandonne mon assiette sur la table de la cuisine, cours chercher mon sac à main et ma doudoune, chausse mes baskets, sans prendre le temps de vérifier mon apparence. À quoi bon ? Je sais que je ressemble à un épouvantail et Ben ne me regarde plus. Moins de cinq minutes plus tard, je sonne à la porte de mon ancienne maison. Je sonne pour rentrer là où j'allais et venais librement il y a peu. J'entends Frimousse aboyer, Paul qui pousse des cris. Côme vient m'ouvrir.

— Maman ! Tu es venue manger avec nous ? se réjouit-il.

— Non, mon super héros, je suis venue chercher ton frère.

Je caresse ses cheveux et le prends dans mes bras pour tenter de contrer sa mine déçue. Ben s'approche et me dit d'entrer. Paul ne réagit pas particulièrement à mon arrivée. Il me reconnaît, c'est évident, mais il ne manifeste aucun signe de joie particulier. Cette absence d'émotion fait partie des choses auxquelles j'ai le plus de mal à m'habituer. C'est impossible de faire le deuil de câlins spontanés, d'entendre sa voix me dire « maman », voire carrément, « je t'aime, maman ». J'ai envie d'y croire malgré tout.

— Pourquoi maman elle mange pas avec nous ? demande Côme.

Ben passe sa main dans ses cheveux, mal à l'aise. Je comprends qu'il ne souhaite pas que je reste. C'est sans doute trop tôt pour envisager de partager des moments à quatre et ça pourrait envoyer un mauvais signal à Côme. J'ignore les cris de Paul et m'accroupis pour parler à Côme.

— Une autre fois, mon poussin, j'ai déjà mangé.

Côme se rembrunit, Ben intervient.

— Tu as peut-être encore un peu de place pour une crêpe ?

Mentalement, je le remercie avant de sourire.

— D'accord, mais juste une crêpe, ensuite je m'occupe de Paul.

— Trop génial, dit Côme en sautant partout.

Une fois n'est pas coutume, je lâche un peu de lest et donne la priorité à quelqu'un d'autre que Paul. Je vais vers lui, lui tends son classeur de communication, car il ne sait pas encore aller le chercher tout seul. Il demande sa sucette. Je la lui donne. Il se calme. Voilà, rien de compliqué à faire, mais je crois que Ben ne réalise pas encore à quel point les différences de Paul nécessitent un soin particulier. Il ne peut pas s'adapter à nous. C'est nous qui devons nous adapter à lui. Et Côme ne peut pas prendre la responsabilité de gérer les différences de fonctionnement de son frère quand je ne suis pas là. J'ai envie de grogner contre Ben, mais je me retiens. Je ne veux pas gâcher ce moment, puis je l'ai vu qui m'observait du coin de l'œil. Il a dû lui-même conclure qu'il aurait pu s'en sortir sans moi.

On mange une crêpe, Côme est surexcité. Paul déambule en secouant sa tête, sucette en bouche, il n'a rien mangé, mais ce n'est pas grave. Je sais qu'il ne se laissera pas mourir de faim. Une des caractéristiques de l'autisme est de manger plus que nécessaire, comme s'il ne ressentait pas la sensation de satiété, tout comme il ne paraît pas sensible aux différences de températures ni à la douleur. Il se montre hypersensible dans certains domaines et hyposensible dans d'autres.

Quand la crêpe est terminée, je décide de rentrer avec Paul. Côme annonce qu'il préfère rester dormir dans son ancienne chambre ce soir. Je souris en signe d'approbation. Encore une fois. Mon cœur saigne. Encore une fois. J'imagine que je finirai par m'habituer. Je l'espère.

35 — OLGA

Fin janvier

Alice,

J'aurais pu t'appeler, passer te voir, mais je sais que tu refuseras de m'écouter. Alors je t'implore de lire cette lettre que je remets à Dong.

La première chose que je voudrais que tu saches, Alice, c'est que tu as été une enfant désirée. Il est important que tu gardes ça à l'esprit. Je me suis sentie heureuse d'apprendre que tu poussais dans mon ventre, tu incarnais la continuité évidente de l'amour qui nous liait, ton père et moi. Je ne regrette pas mon désir d'enfant, je ne regrette pas votre présence dans ma vie, en aucun cas. Ce que je regrette, c'est ma fonction de mère et tout ce qui m'incombe depuis que j'ai basculé dans ce rôle.

Nos relations ont toujours été compliquées, Alice, depuis la première seconde où l'on t'a posée sur mon ventre. J'ai fait connaissance avec ta frimousse et je ne t'ai pas accueillie comme je l'aurais dû, comme tu le méritais. Sans doute parce que j'ai compris à ce moment-là que je ne pourrais plus jamais revenir en arrière. Ta fragilité m'a bouleversée, et en un éclair de seconde, j'ai saisi l'immensité de mes responsabilités, mon impuissance face aux turbulences du monde que tu affronterais inévitablement, et mon asservissement à tous tes besoins. Le piège s'était refermé sur moi pour l'éternité de ma vie.

S'il te plaît, ne t'arrête pas là, continue ta lecture même s'il t'en coûte. Dis-toi qu'il m'en coûte tout autant de m'ouvrir à toi, car je ne suis pas certaine que tu puisses entrer dans mon univers, celui du regret maternel, toi qui as tellement espéré devenir mère et qui as tellement souffert pendant des années de ne pas voir ton ventre s'arrondir.

Cela a été plus « simple » avec ta sœur et ton frère. Parce que je savais. Je savais qu'il n'y aurait pas d'explosion de joie, pas de coup de foudre, que ces accouchements ne seraient pas les plus belles des expériences, et que tous les jours qui suivraient ne représenteraient qu'un amer mélange d'angoisses, de culpabilité, de doutes, de regret.

Ce que je regrette, c'est la migraine qui ne me lâche pas depuis que j'ai enrôlé le job de maman à cause de ce sentiment vertigineux que vos vies dépendaient à 100 % de la mienne.

Ce que je regrette, c'est la pression, la peur de ne pas me hisser à la bonne hauteur, de ne jamais faire assez bien, de ne pas savoir vous protéger suffisamment, de vous décevoir. Je regrette ma liberté, mon insouciance, mes heures de plaisir rien qu'à moi. Je regrette toutes les angoisses liées à votre existence, l'effroi qu'il vous arrive quelque chose, qu'on vous brutalise, qu'on vous détruise, mon incapacité à vous épargner des tourments.

Et aujourd'hui, ce que je regrette, c'est le mal que je t'ai fait.

On ne m'avait pas dit que donner naissance, c'était oublier qu'il y avait une femme derrière la mère. Qu'à partir de là, je ne serais plus que la maman d'Alice, Théo et Fanny. Que tout ce qui vous concernerait m'incomberait à moi, et à moi seule, tant que j'évoluerais dans ce monde. Que si vous alliez bien, c'était grâce à moi, si vous alliez mal, c'était à cause de moi. À moi de penser à mettre le change dans votre cartable, de vous accompagner dans vos activités, vos malheurs, vos espoirs déçus, vos tentatives, à moi de vous apprendre la politesse, l'imparfait du subjonctif et le sens de la vie. À moi de vous écouter jour et nuit, du lundi au dimanche, à chaque fois que vous l'aurez décidé.

Je suis mère partout, tout le temps, c'est ce qui me définit. Alors que j'ai tant rêvé d'être Olga, tout simplement.

On ne m'avait pas dit non plus, quand tu deviendras mère, tu n'auras plus de temps pour t'accomplir toi personnellement, continuer à lire, à écrire, à te réaliser à travers de multiples activités, tu n'auras plus de temps pour rêvasser, apprendre. On ne m'avait pas prévenue que ce serait si dur, si difficile, si épuisant, si éprouvant.

On ne m'avait vendu que l'image du bonheur absolu, une destination finale et incontournable pour toutes les femmes épanouies. Oui, être maman apporte une dose de bonheur, mais pas que ça, loin de là, et je ne m'y attendais pas.

Peut-être que depuis que Yon est entrée dans ta vie, il t'arrive, parfois, de percevoir ces difficultés toi aussi ?

Je t'ai vu souffrir de ne pas pouvoir tomber enceinte. J'ai regardé ton combat, j'ai espéré pour toi puisqu'un enfant représentait un accomplissement incontournable pour ton couple. J'ai entendu ta joie quand tu es tombée enceinte. La maternité te va bien, Alice, elle te va merveilleusement bien, tu rayonnes depuis que tu es devenue maman. Mais la maternité ne convient pas à toutes les femmes. La maternité, c'est un statut, un choix de vie dont il faut prendre pleinement la mesure. Ce ne devrait pas représenter un trophée, comme la réussite ultime dans la vie d'une femme, un incontournable à l'accomplissement féminin.

Peut-être que tu comprendras que regretter d'être mère ne signifie pas ressentir un désamour vis-à-vis de ses enfants. Je vous aime tous les trois. Mais cet amour ne s'est pas présenté, immédiat, instinctif comme on le raconte partout. J'ai dû apprendre à vous connaître, partir à votre rencontre. Et même si vos présences ont enrichi et illuminé mon existence de multiples fois, la peur qui se terre au fond de mon ventre chaque jour qui passe depuis que vous êtes nés prend trop de place. J'aurais aspiré à davantage de légèreté et de liberté. J'ai retrouvé cette légèreté et cette liberté depuis que vous êtes devenus des adultes responsables, c'est-à-dire, tardivement.

Toutefois, l'idée de veiller sur mes petits-enfants ranime mes vieux démons, garder Yon m'angoisse, et me donne l'impression de ne pas pouvoir me libérer de la prison de la maternité, que tout est un éternel recommencement, que jamais je ne pourrai vivre pour moi. J'aimerais, à soixante ans passés, avoir le droit de faire passer ma vie avant celle des autres.

Bien sûr que je garderai Yon si vous n'avez pas d'autres solutions, mais j'aurais apprécié ne pas être mise devant le fait accompli lors d'un repas de famille, apparaître comme la réponse évidente à vos problèmes sans être consultée au préalable. J'aimerais qu'on en parle et que l'on trouve ensemble une alternative qui TE convienne, mais aussi qui ME convienne.

J'ignore s'il y a une limite, une voûte, un dôme qui permettra à mes regrets, à ma honte et à ma culpabilité d'arrêter de s'étendre plus encore. J'aurais tellement voulu évoluer autrement, j'aurais tellement voulu me transformer en cette mère heureuse de son statut à chaque respiration. Peut-être que tu m'accepteras avec mes regrets à défaut de les comprendre. Ne me hais pas pour ce que j'éprouve, je me suis employée toute ma vie à ne pas vous faire porter le tort de vous avoir mis au monde, vous n'étiez pas responsables ni de mes décisions ni de mes ressentis. Respecte ta sœur et son désir de ne pas enfanter. Cela n'a rien à voir avec de l'égoïsme. Cela a à avoir avec une conscience personnelle et des choix de vie qui n'appartiennent qu'à soi et à personne d'autre.

Je suis soulagée de constater qu'aujourd'hui la parole se libère, que ce tabou ultime soit enfin considéré comme possible. J'en suis la preuve vivante. Je suis heureuse de savoir que Fanny et toi avez eu le pouvoir de choisir en vous questionnant, que l'une aspirait à devenir mère et est satisfaite de l'être, et que l'autre envisage une autre destination pour s'épanouir.

Je souhaite que tu ne t'éloignes pas de moi. Tu me manques, Alice, chaque jour qui passe. Te savoir fâchée contre moi m'attriste profondément. Ne confonds pas tout, s'il te plaît. Ne t'enferme pas dans ta colère, dans tes convictions. Fais-le pour toi, pour moi, pour Yon et le bébé qui grandit en toi.

Appelle-moi.

Ta maman qui t'aime.

36 — MIA

Fin janvier

Le réveille-matin indique 2 h 48. Brumeuse, des crampes au ventre m'obligent à me redresser légèrement dans le lit. Je ferme les yeux et retiens un hurlement lorsque je sens un liquide épais et chaud s'écouler entre mes jambes.

Pourquoi ? Pourquoi moi ? Ai-je été odieuse à ce point pour mériter ça ? J'entrais dans ma douzième semaine de grossesse, nous avions prévu de l'annoncer aux parents et au frère de Thomas après-demain, samedi, au cours d'un repas organisé chez Romain et Mathilde.

Je secoue Thomas sans me soucier de la délicatesse de mes gestes.

— Réveille-toi !

Il grogne, me tourne le dos.

— Réveille-toi, Thomas, je suis en train de faire une fausse-couche.

Il soupire. J'insiste. D'un bond, il s'assoit dans le lit.

— Qu'est-ce que tu dis ?

— Je suis en train de faire une fausse-couche.

— Oh non ! Non, non, non, dit-il en me prenant dans ses bras.

J'explose alors en sanglots, en répétant : « Pourquoi ? ». La logique voudrait que je me lève, que j'aille me changer, que je glisse une protection dans ma culotte. Mais mon corps se rebelle et refuse de bouger. *Je* refuse de croire que ça m'arrive à nouveau.

Nestor, mon collègue, a procédé à la deuxième échographie en début de semaine à laquelle Thomas a assisté. Officiellement, il s'agit de la première, l'échographie de datation du premier trimestre. Dans les faits, c'était ma deuxième. Mon collègue, que j'avais choisi pour mon suivi, s'était engagé à me faire une échographie tous les mois depuis que je lui avais annoncé l'heureuse nouvelle.

Depuis le début, j'ai résisté à la tentation de m'en faire à moi-même, j'ai décidé de respecter les règles, de ne pas autoriser mon angoisse latente à me dominer. Lorsque Thomas et moi avons vu se dessiner les contours de notre petit bébé, une émotion intense nous a submergés. J'ai laissé Nestor effectuer son travail sans broncher, sans interférer. J'ai pris sur moi pour me comporter comme une patiente lambda, et non comme une gynécologue qui aurait rencontré son premier enfant le jour de son décès.

Je l'ai laissé promener la sonde avec sa main experte et analyser avec ses yeux experts, en retenant mon souffle. Je regardais sur l'écran les formes de mon bébé, je m'abstenais d'émettre un jugement. Je ne voulais pas sombrer dans la psychose et scruter chaque détail, ou m'échographier moi-même plusieurs fois par semaine. J'ai tout fait pour permettre à la nature d'œuvrer, avec confiance. Cette confiance en la vie, qui recommençait à s'ébattre en moi, me trahit une nouvelle fois.

Nestor a tout vérifié, tout examiné, tout mesuré, absolument tout comme il se devait de le faire : la tête, le thorax, les membres, le ventre, les différents organes, le cœur, la clarté nucale. Il n'y avait rien. Pas d'anomalies ou de malformations. Il m'a ensuite auscultée sans rien omettre, il connaît mon intimité comme aucun autre de mes collègues ne la connaîtra jamais. Il a pris son temps, vérifiant deux fois chaque donnée. Il savait ce que cette deuxième grossesse représentait pour moi.

J'ai souri comme je n'avais plus souri quand il m'a assuré que tout se déroulait sans encombre il y a un peu plus d'un mois de ça et l'a réaffirmé en début de semaine. Chaque jour qui passait, je respirais à peine plus fort, un peu plus librement. Il m'avait promis de m'accompagner de toute son amitié et son savoir-faire dans cette nouvelle aventure. Je me sentais forte, protégée. Grâce à sa présence. Grâce à l'amour de Thomas. Parce que l'autopsie effectuée sur Romy n'avait rien révélé d'anormal. Et parce que le malheur ne frappe pas deux fois à la même porte.

Une ineptie, je le sais. Combien de femmes ai-je accompagnées dans de multiples fausses-couches à des stades plus ou moins avancés de leur grossesse, avant de parvenir à en mener une à son terme ? Mais le cerveau a cette capacité incroyable à se mentir quand il refuse d'admettre un fait. Malgré l'expérience, malgré les statistiques, même une scientifique comme moi peut laisser ses émotions berner sa raison.

— Lève-toi, je vais t'accompagner à la salle de bain.

Thomas a fait le tour du lit et m'aide à marcher. Les contractions se renforcent. L'intensité ne se compare pas à celle d'un accouchement à terme, mais la douleur est reconnaissable. Il m'aide à me déshabiller et pendant que je me douche, il change les draps du lit. Lorsque je regagne la chambre, il est assis sur le bord du matelas, la tête entre ses mains. Il redresse son visage vers moi.

— Je ne sais pas quoi dire, murmure-t-il.

Malgré le sentiment d'injustice, la douleur morale et physique, je retrouve mes réflexes de médecin. Sans doute pour me rassurer.

— C'est la nature qui fait son travail. Il ne devait pas être viable, voilà tout, et quelque chose nous a échappé aux échographies.

Ni Thomas ni moi ne parvenons à nous rendormir. Je me rends régulièrement dans les toilettes pour changer ma serviette hygiénique. Et puis, vers 6 h du matin, alors que je descends ma culotte, il gît, là. Dans la mare de sang, je vois mon tout petit, mon petit garçon aux contours imprécis. Le sexe n'était pas encore déterminé, mais je me suis convaincue que c'était un garçon. Je reste figée une longue minute à le regarder sans savoir que faire. J'aurais préféré ne pas le voir, ne pas le rencontrer, contrairement à Romy. Car rien n'est prévu pour un fœtus de cet âge-là. Même s'il a dépassé le stade d'embryon, il est encore trop petit, imprécisément formé pour être considéré comme un enfant que l'on inscrirait sur le livret de famille et à qui on organiserait des obsèques.

Paniquée, j'appelle Thomas. Je ne sais que faire du fœtus. Je suis incapable de jeter la serviette hygiénique dans la poubelle, comme si de rien n'était. Je ne peux davantage l'évacuer dans les toilettes ou l'enterrer dans le jardin.

Dans mon travail, il ne s'agirait rien de plus qu'un déchet organique qui serait incinéré avec les autres déchets organiques.

Cependant, ici, dans mes toilettes, ma maison, je ne suis pas un médecin, mais une mère qui vient de perdre une fois de plus son enfant. Et il existe des situations que je ne peux affronter autrement qu'avec mon cœur de mère. Il s'agit de mon tout petit et non d'un déchet organique.

Désemparée, la vue brouillée, je pointe le fœtus qui *dort* dans ma serviette hygiénique. Thomas ferme les yeux quelques secondes, puis, d'une voix assurée, m'ordonne :

— Donne.

Je quitte ma culotte et la lui tends. Il referme la porte derrière lui. Je m'assois sur la cuvette des toilettes et, dans un geste réflexe, je me bouche les oreilles. Je ne veux pas chercher à deviner ce que Thomas est en train de faire en espionnant les bruits dans la maison. Je ne saurai jamais comment il a géré la cruauté de cette situation et ne lui poserai jamais la question. Ce sujet restera définitivement clos entre nous deux.

Vers 8 h, je téléphone à Nestor. Il m'ordonne de venir aussitôt afin de vérifier que tout a bien été expulsé. Il me prescrit un arrêt de travail d'une semaine et me demande de revenir mercredi prochain pour une nouvelle échographie de contrôle. En me disant au revoir sur le pas de la porte, il me glisse :

— Ma femme a fait trois fausses-couches avant de pouvoir enfanter, à chaque fois vers trois, quatre mois. Alors j'ai une petite idée de ce que Thomas et toi vivez. Prenez soin de vous, ne vous négligez pas. Je te promets qu'un jour, vous aurez un petit bébé à bercer. Mais en attendant ce jour, aimez-vous et soutenez-vous. Aujourd'hui j'ai trois fils et je suis quatre fois grand-père. Ça viendra pour vous aussi.

À mon retour à la maison, j'informe mes parents, les seuls au courant de cette nouvelle grossesse. Ma mère est effondrée, plus que moi qui m'embourbe dans l'irréalité.

PARTIE 3

Deux ans et demi plus tard

37 — MIA

Début juin

Sous le pin parasol qui abrite notre terrasse en tek, Thomas et moi encadrons Lina qui trône sur sa chaise haute. J'ai planté dix bougies sur le gâteau pour symboliser son dixième mois.

— On dit « ouistiti », exige ma mère transformée en photographe pour l'occasion.

Lina se penche en avant pour essayer d'attraper, de ses mains potelées, les bougies qui crépitent. Thomas la retient par le bras tandis que nous affichons notre plus beau sourire pendant que ma mère déclenche des *clics* sans fin. Le père de Thomas nous mitraille aussi.

— Et maintenant, à trois, on souffle sur les bougies. Vous êtes prêts ? On y va ! Un, deux, trois !

Nous obéissons. Sauf Lina, elle commence à chouiner et à s'agiter, contrariée de ne pouvoir bouger à sa guise.

— Viens par-là, ma petite puce, dit ma mère en la libérant de la chaise haute, sitôt sa mission de photographe remplie.

Thomas découpe le gâteau et sert les invités, ses parents et les miens, rassemblés dans notre jardin. Ma mère vénère sa petite-fille. Pour moi, les choses ont été plus compliquées…

Lorsque j'ai découvert cette nouvelle grossesse, je n'ai pas sauté de joie. Les bandes roses m'ont presque laissée de marbre, je me préparais au pire. Durant le premier trimestre, je n'ai pas réussi, comme la fois précédente, à contrôler mes angoisses. En plus du suivi effectué par Nestor, régulièrement, je procédais moi-même à des échographies. Juste pour m'assurer que tout allait bien ! Entre le quatrième et le septième mois, j'ai retrouvé une dose de sérénité et de confiance. Je parvenais à me projeter vraiment dans cette future vie à trois. Nous avons appris que c'était une fille, une vague de déception m'a envahie, je craignais de faire un transfert.

Par ailleurs, j'avais repris le travail en obstétrique depuis plus de six mois. J'arrivais enfin à prendre à nouveau en charge des femmes enceintes et à les accompagner jusqu'à l'accouchement. Ce qui me permettait de constater que, dans l'écrasante majorité des cas, tout se déroulait comme attendu. Je le savais déjà, bien entendu, mais cette croyance que le malheur s'abattait plus souvent que le bonheur semblait ancrée dans ma chair.

Et puis la boule d'angoisse est revenue vers la fin du dernier trimestre. Je stimulais sans cesse Lina, m'inquiétait démesurément si je ne la sentais pas bouger pendant plus de deux heures. Je n'avais pas hâte de démarrer mon congé maternité, je ne pourrais plus faire des monitorings ou des échographies à volonté !

À partir du huitième mois, j'ai commencé à préparer l'arrivée de Lina, bien plus tard que pour Romy. Nous lui avons attribué une chambre jusqu'alors en chantier, nous avons racheté tout le matériel de puériculture, absolument tout, y compris les jouets, les vêtements. Je refusais de voir Lina dans la robe qui était prévue pour Romy. Je refusais de la voir tenir, dans ses petites mains, le doudou de sa sœur disparue.

Mais l'accouchement s'est avéré le pire. Lorsque la sage-femme a posé Lina sur mon ventre, j'ai eu un geste de rejet ; j'ai levé les mains en l'air, incapable de la toucher. Un éclair d'incompréhension a traversé le regard de Thomas qui s'attendait à une autre réaction. Moi aussi, je m'attendais à une autre réaction. Ou plutôt, à une autre petite fille… Je savais que j'étais enceinte d'une autre fille, de Lina et non de Romy.

Pourtant, j'espérais rencontrer Romy. Or, elle n'était pas Romy.

Elle n'avait pas ses cheveux blond cendré. Elle n'avait pas ses mensurations. J'espérais une explosion de joie, et malgré tout, plus que jamais, la tristesse s'échappait par tous mes pores. J'ai pleuré toute ma douleur tandis que Lina s'époumonait sur mon ventre. J'aurais dû la mettre au sein, comme je l'avais prévu, mais je m'en montrais incapable. C'était trop pour moi. Alors Thomas l'a prise dans ses bras, il lui a parlé d'une voix la plus douce possible :

— Tu es magnifique et on t'aime très fort. C'est beaucoup d'émotions pour ta maman, et elle aussi, elle t'aime très, très fort, même si elle ne réussit pas à te le montrer encore. Laisse-lui du temps, ma beauté.

Puis, il l'a embrassée avec une infinie tendresse avant de la confier à la sage-femme afin qu'elle lui prodigue les soins. En tant que médecin accoucheur, j'en ai vu des femmes qui n'avaient pas ce coup de foudre espéré, qui, parfois, rejetaient leur bébé comme je venais de le faire. Je sais que ça existe et se produit plus souvent que le pense la majorité des parents. Cela fait partie des secrets des salles d'accouchement. Toutefois, je n'avais jamais envisagé de connaître cela moi-même. Pas après tout ce que j'avais traversé. La naissance de Lina devait être le plus beau jour de ma vie. Je n'avais pas échafaudé d'autre plan. Elle aurait dû panser mon chagrin, combler mes blessures, effacer le traumatisme, concrétiser mon rêve. C'était beaucoup pour des épaules aussi frêles que les siennes.

Elle est *l'enfant d'après*, et j'aurais dû me préparer mieux que ça à son arrivée. Je pensais l'être. Jamais je n'ai envisagé qu'elle puisse remplacer Romy. Dans ma tête, tout paraissait clair, tout au long de la grossesse, j'attendais mon troisième enfant. Pas Romy, pas le fœtus décédé trop tôt, mais bel et bien une troisième personne, distincte des autres.

L'intention profonde était d'aller de l'avant, de retrouver la joie, d'entendre les cris et les rires d'un enfant, d'agrandir la famille. Pas de remplacer Romy. En aucun cas. J'ai parfaitement intégré que Romy est décédée et que je n'aurai jamais la chance et le bonheur de la voir grandir.

Et pourtant… Lina a montré sa trombine, et j'ai sombré dans une grande confusion qui m'a conduite à la dépression.

Cette fois, je n'ai pu échapper à un accompagnement psychologique. Heureusement pour moi, Thomas a fait preuve d'un soutien sans faille. L'entourage, en revanche, n'a pas compris.

Comment pouvais-je rejeter ma fille alors que j'avais perdu un bébé à la naissance trois ans plus tôt ? Comment pouvais-je ne pas me réjouir de cette grossesse menée à terme sans le moindre pépin ? Pourquoi est-ce que je traînais inlassablement cette mélancolie ? Excepté par ma mère, je n'ai pas été épargnée. Les regards qui jugent, les phrases que l'on murmure sous cape, les critiques sans complaisance que l'on assène. J'ai tout entendu, tout subi. Imperturbable, Thomas n'a pas failli, il m'a tenu la main, m'a accompagnée. Il a fait preuve de patience, de bienveillance. Sans lui, ma chute n'aurait pas connu de limite, pas de fond, je n'aurais peut-être pas survécu à tout ce marasme.

J'ai prolongé mon congé maternité par un arrêt de travail de plus d'un mois. Et pendant toutes ces semaines, j'ai appris, fil après fil, à tisser le lien entre Lina et moi. J'ai appris à l'accepter pour qui elle était : elle, Lina, ma fille cadette. Elle n'avait pas à supporter le poids de l'histoire familiale. Et je pouvais apprendre à l'aimer sans trahir Romy.

Lorsque Lina a eu cinq mois révolus, je l'ai amenée au cimetière. Je lui ai présenté Romy, et je lui ai raconté l'histoire de cette sœur aînée qu'elle ne connaîtrait jamais. Lina m'observait avec ses immenses yeux couleur charbon et m'écoutait avec une grande attention. Comme si elle savait. Comme si elle comprenait l'importance de cette rencontre pour moi. Quand j'ai eu fini de lui raconter, elle a babillé puis m'a gratifié d'un de ses sourires qu'elle offre toujours avec une grande générosité.

Ce jour-là, une chape de plomb s'est effritée, bout à bout, au fur et à mesure que j'avançais dans les allées du cimetière pour rejoindre la grille de la sortie. Devant, dans la poussette, Lina gazouillait. Et moi, à chacun de mes pas, je me délestais d'un bout de ma culpabilité, d'un autre de ma rancœur, et puis de ma colère et aussi de ma peine.

Romy ne me manque pas moins depuis, elle a emporté pour l'éternité un bout de mon cœur dans son envol, cependant, j'ai appris à les faire cohabiter toutes les deux. Je n'attends plus de Lina d'incarner celle qu'elle n'est pas, tout comme je n'espère pas que sa venue au monde efface les cicatrices. Elle n'a pas à remplir cette fonction.

J'ai diminué peu à peu les antidépresseurs, jusqu'à ne plus en prendre du tout. Je continue ma psychothérapie, car j'ai réalisé que décharger mon chagrin dans un lieu neutre, auprès d'une oreille empathique s'imposait pour une évolution favorable. C'est mon filet de sécurité, celui qui m'évite une chute dont je ne me relèverais pas. Ce drame m'aura au moins permis cela : apprendre à mieux me connaître et à connaître mes limites. Je ne suis pas invincible, nul ne l'est.

Et un jour comme aujourd'hui, je profite plus que jamais. Car je sais combien la vie est fragile, combien tout peut basculer en un éclair, combien il est important de se remplir de la préciosité de ces instants que certains pourraient considérer comme banals. J'aime Romy. Et j'aime Lina. J'apprends à l'aimer à sa juste mesure, à ne pas trop la gâter, à ne pas l'étouffer, à ne pas la surprotéger après l'avoir rejetée. Tout est question d'équilibre, un équilibre que m'enseigne chaque nouvelle expérience. En cela aussi, ma psychothérapie demeure nécessaire.

Ma mère me demande si elle peut faire marcher Lina, j'acquiesce. Notre puce adore ça, c'est son activité favorite du moment. Le repas d'anniversaire est terminé, tout le monde digère. Il fait très chaud sous le pin parasol, je décide d'enfiler mon maillot et de me rafraîchir d'un plongeon, tandis que mon beau-père s'affale dans un transat pour une sieste. Le brouhaha des conversations parvient à mes oreilles, je plonge la tête sous l'eau puis dans mes pensées.

Devenir maman… Depuis des années, j'accompagne des femmes dans ce tournant de leur vie, de façon mécanique, médicalisée, sans me poser de questions sur les bouleversements et les tempêtes qu'elles traversent. C'était mon quotidien.

Ça l'est toujours, toutefois j'y ai donné une autre dimension. Il y a mille façons de devenir maman et cette expérience laisse des traces indélébiles. Je ne porte plus le même regard sur ces femmes qui portent la vie. J'ai ravalé mes jugements, mes croyances, mes *yaka-il faut*. Et surtout, je laisse la place à la femme derrière la mère, car, être femme ne se résume pas à materner.

Depuis la piscine, tout en barbotant, j'observe ma mère, ma maman, cette donneuse de vie, d'amour illimité, une âme altruiste. Cette femme généreuse, joyeuse, solide, fiable. Dos courbé, elle avance patiemment sur la terrasse. Lina maintient les index de sa grand-mère avec toute la puissance dont ses petits poings sont capables, pour faire ses premiers pas. Une bouffée d'amour m'envahit tandis qu'une silhouette passe.

C'est Romy.

C'est ma merveille, ma merveille étoilée qui brille dans la nuit et qui promène son ombre la journée. Elle aussi observe sa sœur et sa grand-mère en souriant. Elle veille sur elles. Elle est heureuse pour elles. Pour moi. Pour son père. Elle ne veut que notre bonheur. Je sens sa présence, partout et nulle part à la fois, mais toujours auprès de moi.

38 — LOÏSE

Début juin

Il fait déjà incroyablement chaud en cette fin de printemps. Frimousse, qui vit à nouveau sous le même toit que moi (ou moi sous le même toit qu'elle, je ne sais pas trop), aboie au ciel d'un azur éclatant puis disparaît. Sans doute un coup de fil urgent à passer !

Côme barbote dans la piscine gonflable de notre jardin. Je le surveille, allongée dans un transat, tandis que Virginie travaille avec Paul qui n'a pas réussi à obtenir une place en UEMA[22]. Son handicap est trop lourd, on m'a bien fait comprendre qu'il ne serait jamais scolarisé en milieu ordinaire, même a minima, par conséquent il n'était pas prioritaire pour intégrer l'UEMA. À presque cinq ans, il pourra bientôt prétendre à une place en IME[23], il est inscrit sur liste d'attente. Pourtant, j'ai l'impression que son nom ne remonte jamais en première place. J'appelle régulièrement les institutions, ainsi que la MDPH, pour savoir s'il fera sa rentrée de septembre dans un IME, la réponse reste inlassablement la même : il n'y a pas de place pour le moment. Son handicap sévère semble faire peur aux institutions normalement désignées pour le recevoir. Il demande une surveillance constante, à chaque seconde, ce qui nécessite un éducateur dédié qu'aucune institution ne paraît disposée à lui accorder.

J'ai fermé mon cabinet professionnel, je n'arrivais plus à tout gérer, car j'ai retiré Paul du CAMSP depuis la rentrée de septembre dernier, afin qu'il bénéficie d'un suivi plus intensif en libéral. Je n'exerce plus

---

[22] Unité d'enseignement maternelle autisme qui doit permettre à l'enfant de poursuivre sa scolarité en milieu ordinaire après la maternelle.

[23] Institut médico éducatif : établissement qui accueille les jeunes en situation de handicap qui ne peuvent être scolarisés en milieu ordinaire.

comme coach en développement personnel, mais je suis devenue pro en traduction de sigles administratifs et en remplissage de papiers, cases à cocher. Je crois que je vais devenir coach administratif ! « Loïse, pour toute question administrative, traduction de sigles afin de vous éviter une calvitie précoce ». Tiens ! Voilà une idée de reconversion, je la note dans mon téléphone ! Il faut savoir mettre à profit les connaissances nouvellement acquises.

À présent, Paul va chez l'orthophoniste trois fois par semaine, chez la psychomotricienne deux fois. Il continue l'équithérapie dans un autre centre équestre et Virginie, une éducatrice spécialisée en autisme, intervient deux heures le mercredi afin que je libère du temps pour Côme. Même si, très souvent, j'observe Virginie interagir avec Paul, car son intervention est riche en enseignements, tout comme celles de l'orthophoniste et de la psychomotricienne.

Tout ça a un coût, logistique, financier et moral. Je m'occupe de Paul en permanence, ce qui a engendré une coupure définitive dans ma vie sociale. À moins de ne fréquenter que des parents d'enfants handicapés, ce à quoi je ne me suis pas encore résignée. Parfois, le surmenage, les contraintes, la galère continue m'amènent à regretter sa naissance. Il m'arrive d'éprouver de la colère contre lui, contre la société qui semble mettre des bâtons dans les roues au lieu d'aider, par ses longueurs administratives, ses réglementations, les jugements des inconnus qui ne savent rien de notre quotidien. J'avance, au bord de l'épuisement, mais je tiens debout, car, si je craque, qui pourra l'accompagner ?

Et puis, un moment magique se produit et tout s'illumine. Il y a presque deux mois, j'en ai vécu un intense, incroyable, inattendu et tellement espéré.

Paul a prononcé « mama ».

J'en suis restée muette, incapable de réaliser, puis je lui ai sauté dessus, l'ai couvert de baisers. Il m'a repoussée, car il n'aime toujours pas les contacts physiques. Mais je m'en fichais qu'il ne veuille pas de mes câlins. Il m'avait appelée « mama ». L'impossible, l'irréalisable venait de se produire. Alors j'ai embrassé Manon, notre nouvelle orthophoniste, puisqu'on travaillait dans son cabinet. Elle en avait de l'eau plein les yeux. Elle m'a dit que ces moments lui faisaient toujours le même effet, qu'elle en frissonnait à chaque fois. Elle s'est formée à certaines techniques venues des États-Unis pour stimuler les enfants porteurs de handicaps altérant la parole. Je sais bien que Paul ne fera jamais des phrases bien structurées, avec une intonation normale (il a une voix de robot quand il parle), mais depuis que nous avons commencé ces séances il a appris à dire « pipi », « chocolat » (déformé en « otoa »), « papa » et « mama » de manière adaptée. Pour tout le reste, il a sa tablette tactile pour communiquer (on a laissé tomber le classeur) et quelques signes.

Il fait beaucoup de progrès et je me dis que le jeu en vaut la chandelle. Même si, depuis l'annonce de son handicap, je n'ai plus de vie professionnelle, sociale, sentimentale, même si je ne m'achète plus d'habits, de maquillage, de chaussures depuis des siècles, que je ne sais plus ce que signifient les mots « vacances » ou « repos ». Paul avance. Certes doucement, mais il avance malgré la sévérité de son handicap. Au niveau comportemental, il fait encore pas mal de crises, il est toujours très agité, il porte une couche jour et nuit, ne se lave pas seul, ne s'habille pas seul, a un sommeil entrecoupé de réveils plus ou moins prolongés, ne s'intéresse quasi à aucun jeu, se met régulièrement en danger. Toutefois, l'évolution est tellement positive sur le plan de la communication et de l'alimentation (il commence à accepter les morceaux, mange seul avec une cuillère, ou plus exactement, engloutit tout sans savoir s'arrêter) que dans les moments de creux, ceux où je rêve d'une autre vie, je m'accroche à tout ça.

Et à tout ce que Paul m'apporte : l'art de la patience, de la persévérance, la capacité à se réjouir d'un progrès, si minime soit-il, la tolérance, la bienveillance, la puissance de l'amour. Jamais je n'aurais pu me projeter dans ce genre d'existence. Si on m'avait laissé le choix, j'aurais dit non, sans hésiter. Ce n'est pas une vie qui fait rêver. Cependant, j'y arrive, c'est dur, mais j'y arrive et je parviens à trouver des bulles de joie dans l'immensité des défis à relever. Et Côme ! Il agit de manière incroyable avec son frère ! Il sait faire preuve d'une grande capacité d'adaptation à tous les obstacles. Il sait aussi prendre du recul sur les paroles ou les regards jugeants qui pèsent régulièrement sur Paul. Il y a une tendresse incroyable entre ces deux-là. Une tendresse particulière que Paul réserve à son frère et à Frimousse. Quand un de ces deux entre dans la pièce, Paul manifeste une forme de joie, ses cris changent d'octave. Depuis peu, au milieu des cris indifférenciés, émergent « om » et « im ». Je pense que ce sont les diminutifs de Côme et de Frimousse.

Je suis fière, incroyablement fière de mes fils et de leur capacité de résilience.

— Mon super héros, ça va être l'heure de sortir de l'eau !

Côme râle, il fait chaud, il veut en profiter encore.

— Léa va arriver, elle a promis de t'emmener au parc pendant que je conduis Paul à l'hôpital.

L'argument est suffisant pour qu'il capitule. Il adore Léa. C'est une lycéenne qui le garde ponctuellement quand ni ma mère ni Ben ne peuvent veiller sur lui et que j'ai une obligation pour son frère. Ou lorsque je préfère ne solliciter l'aide de personne. Il se précipite dans ma direction et se jette sur moi alors qu'il est mouillé. Quel chenapan ! Je le punis à coup de bisous et de chatouilles, puis je l'enveloppe dans une serviette de bain.

— Nous avons fini pour aujourd'hui ! dit Virginie qui est entrée dans le jardin en donnant la main à Paul.

Donner la main. Un geste tout bête qu'il faut pourtant lui enseigner afin que je puisse me promener à l'extérieur avec un peu plus de sérénité, sans qu'il cherche à s'échapper ou s'opposer. Ou tout simplement pour des situations comme celle d'aujourd'hui où il devra se rendre à une consultation dentaire. Virginie le prépare depuis plusieurs semaines à ce rendez-vous. Il y a tant à faire, toutefois il faut prioriser : qu'est-ce qui est important pour Paul d'apprendre ? Qu'est-ce qui peut m'aider, moi, dans mon quotidien ?

J'évolue sur une autre planète, bien loin de l'insouciance avec laquelle j'ai éduqué Côme…

Autour de la taille, Virginie a attaché un mousqueton auquel sont accrochés plusieurs pictogrammes. Elle saisit celui qui signifie à Paul que le travail est fini pour aujourd'hui, puis l'applaudit. Côme et moi en faisons de même. Il a bien travaillé, il a droit à un renforçateur. Ses centres d'intérêt sont toujours sa sucette, sa toupie et surtout, surtout l'alimentation. Là aussi, on tâche peu à peu de le récompenser autrement. « Bravo » fait partie des récompenses possibles lorsqu'il n'a pas besoin d'un renforçateur puissant. Je voudrais le prendre dans mes bras pour le féliciter, mais je me retiens pour ne pas l'insupporter. J'ai appris à réfréner mes envies même si ça me démange.

À peine Virginie est-elle partie que Léa arrive.

— Dis donc, Léa, là ça commence à bien se voir !

Elle caresse son ventre.

— Carrément, je peux plus le cacher. Au lycée, tout le monde l'a remarqué.

— Aïe ! Et ça va ? Tu tiens le coup ?

Elle hausse les épaules, je préfère ne pas insister. Elle a seize ans et elle va bientôt devenir maman. J'ai été choquée lorsque j'ai compris qu'elle était enceinte. C'était il y a environ un mois. Elle entamait son sixième mois de grossesse et son ventre s'est arrondi d'un seul coup. Dans ma tête, mille pensées se sont bousculées, pas très flatteuses pour la jeune Léa, je dois bien l'avouer. *Honte à toi, Loïse !* Je ne sais pas comment elle en est arrivée là. Ni ce qui l'a décidée à poursuivre sa grossesse jusqu'au bout. Puis je me suis souvenue que, moi aussi, j'étais régulièrement la cible de jugements déplacés et inadaptés. Qui ne m'aident en rien à avancer. Alors j'ai choisi d'opter pour la bienveillance et le soutien à l'égard de la jeune Léa pour qui la situation ne doit pas être toute rose. Un peu comme une coach en somme ! Bah, voilà, on ne se refait pas et je suis heureuse de savoir que, même noyée sous ma propre maternité, je parviens encore à soutenir celles et ceux qui en ont besoin. Je remplis ma part du colibri[24] au niveau humain (j'en suis très fière sans fausse modestie).

Côme arrive, tout habillé, il s'apprête à sauter sur elle, puis se retient

---

[24] La part du colibri est une légende amérindienne qui incite chacun à s'engager dans la protection de la planète. Un jour, il y eut un immense incendie dans la forêt. Les animaux terrifiés assistaient impuissants au désastre. Tous, sauf le petit colibri qui s'activait, allant chercher quelques gouttes avec son bec pour les jeter sur le feu. « Je fais ma part » répétait-il aux autres animaux incrédules.

à temps. Lui non plus ne s'y fait pas à la grossesse de sa jeune baby-sitter. Alors elle lui tend la main, ils se font un check et ils partent au parc avec le goûter dans une glacière.

J'appréhende cette consultation. Paul ne se brosse pas les dents. On le lui fait, mais c'est très compliqué. Aussi son état buccal laisse à désirer. Depuis le début de l'année, les crises de pleurs, de colère s'intensifient. On soupçonne des douleurs dentaires à l'origine de ce comportement qui s'est aggravé, car il ne sait pas exprimer la souffrance, y compris avec ses pictogrammes. L'aggravation de ses crises trouve peut-être son origine ailleurs, mais il faut écarter cette piste qui est une cause fréquente.

On s'est rendu quelques fois à l'hôpital où aura lieu la consultation. D'abord sur le parking, puis jusqu'à la porte d'entrée, puis dans les couloirs. Aujourd'hui il doit rencontrer le chirurgien-dentiste qui va faire un état des lieux. On a sa photo. Avant de quitter la maison, je l'ai montrée à Paul, ainsi que le pictogramme du médecin et de l'hôpital qui sont accrochés sur son planning du jour. Ses journées sont rigoureusement planifiées. Comme il ne comprend que peu de mots, chaque tâche est représentée par une image sur un planning mural. Quand l'activité est terminée, il met l'image dans la boîte « fini » et on regarde la suivante pour savoir ce qui est prévu. Chaque sortie doit être anticipée, préparée, organisée afin d'abaisser le niveau d'angoisse de Paul.

Dans l'hôpital, l'attitude de mon fils me remplit de fierté. Il me donne la main sans broncher, je renforce régulièrement ce comportement positif. Le dentiste d'Handident[25] nous prend à l'heure. Il sait que l'attente avec un enfant porteur de TSA n'est pas envisageable. La consultation est rock'n'roll, Paul se débat, refuse de garder la bouche ouverte, impossible de vérifier s'il a des caries. Il aurait fallu venir plusieurs fois, que le médecin l'apprivoise peu à peu pour qu'il accepte de coopérer, mais ça relève de l'utopie. Là aussi la

---

[25] Association dédiée à la santé bucco-dentaire des personnes en situation de handicap.

liste d'attente est longue, on n'a pas pu faire meilleure préparation que celle qui a été réalisée.

Le verdict tombe : Paul sera anesthésié pour inspecter sa bouche et en profiter pour soigner ses dents si nécessaire. Je sens une boule se former dans ma gorge. Je redoutais cette foutue possibilité et avais tout fait pour l'écarter des hypothèses.

Je remercie le médecin et repars vers la voiture avec un Paul passablement agacé. Sur le chemin du retour, j'achète des pizzas, car Paul adore ça et il l'a bien mérité. Moi aussi, je le vaux bien ! Et puis Côme et Léa aussi ! Je proposerai à la baby-sitter de dîner avec nous. Elle a la moitié de mon âge et pourtant, c'est presque ma meilleure amie depuis quelques mois ! Les autres ont déserté dans leur grande majorité.

Le lendemain, je rappelle l'hôpital pour prendre rendez-vous avec l'anesthésiste qui est fixé au 4 juillet.

39 — OLGA

Début juin

Je me souviens de cette sortie en fin d'année scolaire de primaire, lorsque, pour la première fois, j'ai découvert l'immensité de la nature, l'infini des paysages, le mélange de couleurs et d'odeurs semées par-delà le chemin que nous gravissions en chantonnant : « Un kilomètre à pied, ça use, ça use… », main dans la main avec ma camarade. Moi qui, jusqu'alors, n'avais connu que les rues de ma ville rose, les couloirs parquetés de l'appartement familial, les murs de ma chambre, je découvrais qu'il existait d'autres panoramas, d'autres perspectives, et que l'horizon s'étendait plus loin qu'à la crête dessinée par les antiques immeubles toulousains, d'inspiration haussmannienne. Ce jour-là a peint la silhouette d'un désir : celui de voir, de vivre autre chose. J'aurais pu lire allongée sous un arbre, entourée de criquets, l'odeur du foin chatouillant mes narines, ici, ailleurs, libre, le regard porté aussi loin que les courbes de la nature m'y autorisaient.

Cette journée réverbère les contours de ce souvenir empli d'un sentiment nouveau de liberté. Philippe se retourne, me tend une main et m'encourage.

— Allez, ma chérie ! Plus qu'une centaine de mètres et on aura atteint notre but.

Là, juste au-dessus, le pic des Mouches, le sommet de la Sainte-Victoire triomphe, mon bout du monde, l'œuvre de Cézanne grandeur nature. Cette sortie s'inscrivait comme incontournable lors de notre séjour provençal.

Petite, je rêvais de sillonner le globe terrestre que je faisais tournoyer entre mes mains pour déterminer une destination au hasard. Ou bien je pointais un index, yeux fermés, sur l'une des cartes géographiques accrochées sur le mur de ma chambre. C'était là que j'irais, plus grande, pour écrire.

Depuis que Philippe est retraité, il a pris un engagement : trois voyages par an, de préférence en France. Nous connaissons à peine notre pays alors que nous pouvons admirer de si beaux endroits à la porte de notre maison. Néanmoins, nous ne nous interdisons pas une destination plus lointaine, en Europe, si la tentation nous démange.

Et il m'a obligée, moi, à en prendre un autre : tous les jours, écriture. Qu'il pleuve, qu'il vente, que la canicule s'installe, que mes enfants aient besoin de moi, que la planète s'effondre, je ne m'active à rien d'autre tant que je n'ai pas rempli au moins une page. La plupart du temps, j'en noircis aisément deux ou trois. Les idées se bousculent, elles ont si longtemps espéré exister sur le papier qu'elles exultent de pouvoir enfin être libérées, fluidifient le geste qui gagne en assurance jour après jour. Actuellement, je couche mon expérience de femme inaccomplie dans son rôle de mère même si je n'ai pas d'objectif particulier quant à ce que je ferai de tout cela. Fanny m'encourage à ouvrir un blog, pour y poster un chapitre toutes les semaines, pour alerter, pour informer, pour témoigner auprès de femmes plus jeunes, qui vivent la même situation et leur signifier que d'autres connaissent ce regret. Que j'ai mis des années, mais qu'aujourd'hui je suis épanouie et que j'ai trouvé mon équilibre. Libérer ma parole auprès de mes enfants et de mon époux, mettre des mots sur mon ressenti m'a permis de franchir une étape importante dans mon acceptation.

À mon tour, je tends ma main à Philippe. Il la saisit en même temps que mon sourire et me tire vers lui. Je le dépasse, il me donne une petite tape sur les fesses. Je proteste, il ordonne :

— Avance !

Je me retourne, lui tire la langue, appuie de toutes mes forces sur mes bâtons et allonge le pas, sans me soucier des perles de sueur qui luisent sur mes tempes. Beau joueur, il me laisse prendre de l'avance ainsi j'atteins le sommet la première. Arrivé à mon niveau, il glisse son bras autour de ma taille. J'ai mis une main en visière pour profiter du paysage, une vue à trois cent soixante degrés s'offre à nous, époustouflante. Il m'embrasse les cheveux et, plongé lui aussi dans la contemplation du cadre qui nous entoure, me demande :

— Heureuse ?

— Oui. Très.

Et c'est vrai. Des années que je n'avais pas expérimenté une telle plénitude, malgré les remous, les incompréhensions. Après ce repas de Noël complètement raté, Philippe a passé sa semaine de congé à ruminer, à tenter de comprendre ce que j'attendais de lui. Je l'ai laissé se dépatouiller, j'estimais qu'il me devait bien ça. Et ça a fonctionné.

Il s'est organisé au niveau professionnel pour travailler à mi-temps jusqu'à son départ en retraite. Il a comploté avec Fanny pour que son plan réussisse. Il a convaincu Alice de ma bonne foi, car elle refusait de m'adresser la parole malgré le courrier que je lui avais remis par l'intermédiaire de Dong-Soo. Il s'est démené pour rabibocher les filles, même Théo, appelé à la rescousse, s'en est mêlé. Il a fini par trouver un accord qui convenait à tout le monde : Fanny a systématiquement un jour de repos par semaine, il a été dédié à la garde de Yon jusqu'au congé maternité d'Alice. Philippe avait réussi à concentrer son emploi du temps sur trois jours, il s'octroyait ainsi la possibilité de s'occuper de sa petite-fille deux jours par semaine. Moi, plus flexible, je comblais les trous, en fonction des repos, RTT et autres congés d'Alice et Dong-Soo. Théo venait donner la main ponctuellement, avec la maladresse de son inexpérience, mais la volonté profonde de ressouder la famille.

Ne pas porter seule la responsabilité de ma petite-fille cinq jours par semaine, savoir que ma liberté ne serait pas intégralement rognée m'a allégée d'une couche de lest. Avoir été entendue, épaulée par mon époux, comprise par au moins une de mes enfants m'a délestée d'une seconde couche. La lézarde qui fissurait sournoisement les relations de notre famille avait été mise au grand jour, transformant nos difficultés en une faille bien plus large à enjamber. Toutefois, chacun s'est donné la main pour soutenir Alice et m'aider, moi. Nous avons dû apprendre à nous connaître avec nos écorchures, nos faiblesses, nos torts. Théo est tombé des nues après mes révélations, il s'est juré de s'investir dans son rôle de père si un jour il basculait vers cette fonction. Alice n'a pas pardonné, même si elle a accepté que je revienne dans sa vie, pour Yon et pour Bae, leur garçon. L'ironie de l'histoire est que la blesser en lui narrant l'indicible a permis de guérir ma propre blessure. Puisse-t-elle finir par cicatriser elle aussi, je le souhaite, l'expérience lui permettra sans doute de mettre de l'eau dans son vin.

Je comprends et j'accepte son ressentiment. Le plus important est qu'à partir de ce jour, j'ai su que je n'affronterais plus jamais seule les responsabilités de parents et, à présent, de grands-parents, et j'ai obtenu plus de temps libre pour me consacrer à ce qui m'anime. Philippe s'investit davantage dans notre quotidien, il est devenu chef linger, cuisine les jours pairs, et passe l'aspirateur tous les soirs.

Alors oui, tout cela s'est réglé sur le tard. De plus, mes relations avec Alice restent complexes et tendues. Mais qu'importe ! Je préfère ne pas m'attarder sur ce qui aurait pu être, j'ai perdu bien assez de temps, je préfère focaliser sur ce qui me réjouit et m'enrichit.

Nous nous laissons glisser sur le sol caillouteux, je dépose ma tête contre l'épaule de mon époux retrouvé.

— C'est magnifique. Merci, dis-je en lui souriant.

Sur notre droite, la crête escarpée et rocheuse serpente. En contrebas, la plaine s'étale, dans un jeu d'ombres et de lumières, alternant toitures flamboyantes, champs de lavande à la floraison balbutiante et campagne arborée de résineux, d'oliviers. Philippe et moi regardons ensemble dans la même direction, là, en cet instant, et aussi dans notre quotidien qu'il a fallu réinventer. J'ai retrouvé l'homme qui incendiait mon cœur de jeune femme, j'ai surtout réalisé combien je nourrissais un ressentiment muet à son égard. Je l'ai compris lorsque nous nous sommes livrés sur nos déceptions passées et nos attentes futures. Nous n'avons pas réussi à trancher entre tennis et danse de salon, nous avons fini par opter pour le vélo et la randonnée pédestre.

Il tire le pique-nique de son sac à dos, nous nous restaurons d'un sandwich au jambon et d'une pomme, puis nous reprenons le chemin du retour. Je m'enivre de l'odeur de thym sauvage qui colonise chaque particule aérienne.

— Regarde, là, un lièvre ! s'enthousiasme Philippe en pointant une silhouette qui saute à vive allure entre la rocaille et les buissons, libre, insouciante.

Mon téléphone sonne, Philippe m'invite à l'ignorer pour profiter pleinement du moment présent. Le sien prend le relais puis à nouveau le mien. Je décroche, c'est Théo.

— Iris est enceinte, hurle-t-il à m'en briser le tympan.

Philippe me regarde, inquiet. Je souris. Je n'ai plus peur, je sais que tout cela ne m'appartient pas. Et puis… et puis mes petits-enfants ont fini par attraper mon cœur ; ils ne sont pas une prolongation de ma vie, leur éducation ne m'incombe pas, mon rôle reste limité, dénué de contraintes. Partager du temps avec eux, les voir grandir, évoluer, me procure un plaisir que je savoure à plein. Yon est devenue une petite fille espiègle et curieuse. La semaine dernière, tandis que je plongeais des œufs dans une casserole d'eau bouillante, elle m'a demandé :

— Dis mamie, c'est quelle poule qui fait l'œuf dur et laquelle qui fait l'œuf liquide ?[26]

J'ai interrompu mon geste, ravalé le rire qui montait dans ma gorge face à sa mine très sérieuse, et j'ai entrepris de lui démontrer comment ils passaient d'un stade à l'autre. Ces moments remplis d'innocence me revigorent, j'ai appris à les apprécier.

Je dois l'admettre, je me sens comme le lièvre : libre, insouciante.

---

[26] Merci à Romane pour l'anecdote ☺

40 — MIA

Mi-juin

Dans la salle de repos, je déjeune avec Nestor et Fanny, une puéricultrice de la clinique avec qui j'ai sympathisé. J'adore sa personnalité, colorée, enthousiaste, tendre et bienveillante. C'est une professionnelle consciencieuse, très appréciée des jeunes mères qui trouvent en elle une écoute sincère, dépourvue de critiques.

Elle n'a pas d'enfants et ne cache pas qu'elle n'en désire pas, ce qui étonne souvent, compte tenu de son travail qui implique un intérêt évident pour les nouveau-nés.

— Ça n'a rien à voir ! On peut profondément adorer les enfants et décider de ne pas en avoir, m'avait-elle expliqué un jour au cours d'une discussion à bâtons rompus.

— Pourquoi ne pas fonder une famille si tu adores les enfants ? avais-je rétorqué.

— Ah, ah ! Jordan et moi sommes une famille, revois tes définitions, avait-elle asséné dans un sourire. Il y a de plus en plus de femmes, de couples qui ne désirent pas faire d'enfants, pour diverses raisons. Certains pensent à leur avenir qu'ils imaginent très sombre, à la surpopulation, au déclin écologique, d'autres ont des ambitions professionnelles. Moi, ce n'est pas pour ça. C'est juste que j'aime ma vie telle qu'elle est et je n'ai strictement aucun désir de maternité. Quand je vois ma mère qui s'est donnée corps et âme pour nous, et qui aujourd'hui regrette de ne pas avoir connu la vie qu'elle s'était imaginée, mon choix est vite fait.

— Mais t'as pas peur de regretter ? De te sentir vide, seule, quand tu seras plus âgée ?

— Pourquoi ça ? Tu penses qu'on fait des enfants pour soi ? Pour les garder toute la vie ?

— Non ! Mais je me dis que c'est bien d'avoir quelqu'un sur qui compter en vieillissant, pour prendre soin de toi, pour te rendre visite, s'assurer que tout va bien.

— C'est une belle vision de la famille, avait répliqué Fanny, mais de plus en plus irréaliste. Combien de parents vieillissent en institution loin de toute leur progéniture, expatriée à des centaines ou des milliers de kilomètres ?

Notre discussion avait duré, chacune avançant ses arguments. J'avais adoré sa franchise. Malgré mon vécu qu'elle connaissait, aucun tabou ne s'immisçait entre nous. Elle aurait pu arrondir les angles, cacher son non-désir pour me préserver, moi la pauvre mère qui avait connu le deuil périnatal et la fausse-couche. Mais ça n'avait pas été le cas. Cette conversation sans faux-semblant nous avait rapprochées. J'avais compris ce jour-là que Fanny se montrerait toujours d'une grande franchise et aussi d'une grande générosité.

Aujourd'hui, elle a apporté une tarte garnie de cacahuètes, caramel, chocolat. Sa spécialité, un pur délice ! Nestor et moi ne nous faisons pas prier pour en reprendre une seconde part. Enfermés dans la salle de repos borgne, sous les néons blafards, cette sucrerie ajoute une sacrée touche de douceur à notre pause déjeuner. Fanny a remonté un de ses pieds sur sa chaise, Nestor s'étire, moi je grignote lentement mon bout de gâteau pour le savourer au mieux. Nous échangeons à bâtons rompus sur les mères et bébés présents dans le service. Cette semaine s'est déroulée dans le calme, peu d'accouchements que ce soit naturels ou programmés, aucune urgence, nous apprécions ces moments de répit.

Nestor tape ses mains sur ses cuisses puis se lève.

— Mesdames, je vais vous abandonner, il est temps pour moi de reprendre mes consultations.

Il lisse sa moustache puis effectue une petite révérence avant de s'éclipser. Je regarde ma montre, moi aussi je dois remonter dans mon bureau.

— Je te laisse, Fanny, j'ai du boulot. Merci pour la tarte, elle est exceptionnelle !

— Pas de quoi, dit-elle en se levant elle aussi.

Je m'apprête à quitter la salle, je l'entends qui range les chaises. Je me retourne, mue par une impulsion :

— Un dîner un soir à la maison pour rencontrer le fameux Jordan, ça te dit ? Thomas cuisine comme un chef.

Un sourire illumine son visage.

— Avec grand plaisir !

J'avance dans les couloirs de la clinique, d'un pas léger, satisfaite par mon idée. Je regagne mon bureau, consulte mon planning. Ma première patiente de l'après-midi est Léa Agnel. Je replonge dans son dossier. Une drôle d'histoire comme on en voit parfois. Elle a seize ans, ses parents ont découvert sa grossesse le mois dernier, alors qu'elle avait entamé son sixième mois. C'est à cette occasion que je l'ai rencontrée en consultation, accompagnée de sa mère.

Elles étaient soulagées de savoir que son bébé, une petite fille, se portait comme un charme. Elle n'avait effectué aucun suivi médical depuis le début de sa grossesse. Lorsqu'elle l'a apprise, elle avait dépassé le délai légal pour avorter, elle avait donc envisagé d'abandonner son bébé à la naissance, à l'insu de ses parents. Une histoire bien lourde à porter pour une si jeune fille.

Leur émotion m'avait touchée, tout comme leur envie d'accueillir ce bébé dans les meilleures conditions, alors que cette histoire avait mal démarré. Malgré son jeune âge, malgré les difficultés, malgré cet accident de parcours inattendu. Ce coup du sort semblait s'être transformé en cadeau de la vie pour cette famille, une fois dépassée la sidération des parents.

Je passe quelques appels urgents, remplis des dossiers administratifs puis vais récupérer Léa en salle d'attente. Cette fois encore, sa mère se tient à ses côtés. Elles entrent dans mon bureau, après les questions de routine, Léa s'installe sur la table d'auscultation. La dernière fois, j'ai effectué une échographie de contrôle, car elle n'avait eu aucun suivi médical. Aujourd'hui, il s'agit de l'échographie officielle, celle du dernier trimestre. J'enduis le ventre de Léa de gel, puis je déplace la sonde afin d'obtenir différentes images du bébé.

— Vous savez comment vous allez l'appeler ?

— Maxine, répond Léa en fixant sa mère avec une infinie tendresse.

Cette dernière lui tient la main et promène son regard de l'écran vers sa si jeune fille, qui va à son tour, bientôt, devenir mère.

— Parfait, alors, ici, voici la tête de Maxine et là, ses pieds. Elle mesure trente-sept centimètres et pèse un kilo six cent. C'est une belle petite fille.

— Oh ! s'extasie Léa, les prunelles rivées à l'écran. Maman, regarde ! Tu as vu, on aurait dit qu'elle nous faisait coucou.

Léa explose d'un rire clair et enjoué. Elle a gardé son âme d'enfant et semble s'accommoder de la situation avec une facilité déconcertante.

— Oui, j'ai vu, confirme madame Agnel.

— Elle m'a donné un coup de pied ! Elle n'arrête pas, toute la journée, surtout le soir, elle bouge beaucoup.

— C'est parfait, lui dis-je.

Je continue de balader ma sonde pour prendre les mesures nécessaires, vérifier les organes, le cerveau, le cœur. Je leur laisse l'écouter un petit moment et ma salle d'auscultation s'emplit d'une grande émotion. Je sens la mère de Léa au bord des larmes, tandis que sa fille s'amuse et s'extasie de tout. Elle parle à sa propre fille à travers l'écran.

— Coucou, ma crevette. C'est maman, j'ai tellement hâte de te rencontrer.

Elle tend son index vers l'écran et dessine les traits arrondis du fœtus.

— Tu es déjà incroyablement belle ! Hein, pas vrai, maman, qu'elle est belle ?

— Oui, elle est magnifique.

— Elle est bien positionnée pour l'accouchement, sa tête est en bas. Tout se présente bien. Je vous confirme un terme au 8 août, comme je l'avais estimé la dernière fois.

Soudain, le visage de Léa se ferme, elle se tourne vers moi d'un air grave.

— J'ai super peur pour l'accouchement, vous serez là ?

— Non, ma présence n'est nécessaire qu'en cas de césarienne, ou d'accouchement à risque. Tout va bien pour vous, c'est une sage-femme qui sera présente. C'est son travail, ne craignez rien.

— Oui, mais si j'ai mal ? Ça fait super mal, non ?

— On vous posera une péridurale. Vous rencontrerez l'anesthésiste pour préparer tout cela.

— Mais vous pouvez pas m'endormir et sortir Maxine ? S'il vous plaît ! me supplie-t-elle, les mains en prière, avec un air de chien battu.

Son innocence m'amuse. Comme beaucoup de mères, elle redoute ce moment tout autant qu'elle a hâte de le vivre.

— Tout se passera bien, ne craignez rien.

— Léa, fais confiance au docteur Maurin, ajoute sa mère.

— Mais toi, maman, tu seras là ?

— Bien sûr, ma puce !

J'essuie le gel sur son ventre.

— Vous pouvez vous rhabiller, c'est parfait pour aujourd'hui. Nous nous reverrons dans un mois pour un dernier point.

Nous retournons à mon bureau, je lui tends le dossier qui contient les clichés numériques. Elle l'ouvre, regarde les échographies, un air nostalgique assombrit son visage.

— Vous savez, j'ai jeté la première échographie qu'on m'a faite de Maxine, quand j'ai découvert que j'étais enceinte. Je regrette. À l'époque, je n'en voulais pas[27]. Aujourd'hui, je n'imagine pas ma vie sans elle.

Je ne sais comment réagir à cette confidence spontanée. Heureusement, sa mère répond à ma place.

— Ce qui est fait est fait, ma puce. L'important est que tu aies pris la bonne décision. Nous avons tous hâte de rencontrer ta crevette.

Elles se lèvent, me saluent, quittent mon bureau. Je n'assisterai pas à l'accouchement de Maxine, en un sens, je le regrette. J'aurais aimé être celle qui aurait permis cette rencontre entre cette jeune maman et

[27] Téléchargez ***Maxine*** la nouvelle offerte sur mon site https://jeanneyliss.fr/bonus

sa *crevette,* comme elle l'appelle déjà bien tendrement.

41 — LOÏSE

4 juillet

Avant le rendez-vous de Paul avec l'orthophoniste, j'ai déposé Léa et Côme dans le centre-ville de Toulouse. Je vais être occupée un bout de temps, car, ensuite, on rencontre l'anesthésiste pour préparer l'opération dentaire de Paul. Le rendez-vous a lieu à midi, ce n'est pas très pratique, mais je n'ai pas eu le choix. Aussi ai-je proposé à Léa et Côme d'aller se balader en ville puis de déjeuner dans un fast-food afin de divertir un peu mon aîné. Il doit passer une grosse partie des vacances scolaires au centre aéré quand il sera ouvert. Mais aujourd'hui, c'est Léa qui le garde, car les vacances d'été n'ont pas encore officiellement commencé même si Côme ne va plus à l'école qui s'est vidée de ses élèves depuis deux jours.

À peine ai-je pénétré dans la salle d'attente de Manon que mon téléphone sonne. Léa ! Je n'ai pas le choix, je décroche. Je m'installe sur une chaise tandis que je laisse Paul libre de ses mouvements, sans me soucier du regard réprobateur de la personne qui patiente face à moi. Rien à foutre de ces jugements infondés, je ne m'en formalise plus et je n'explique plus non plus ! Libre à eux de croire ce qu'ils veulent, j'ai mieux à faire de mon énergie suffisamment sollicitée par le handicap.

— Je vais accoucher ! hurle Léa.

— Hein ?

— Je vais accoucher !

— Mais où es-tu et où est Côme ?

— On est dans une voiture, avec une femme qui me conduit à la clinique.

Quelle femme ? Peu importe, ce n'est pas la priorité. Je regarde l'heure. Je mouline aussi vite que possible. La séance dure trente minutes et, de là, je dois filer tout de suite après pour le rendez-vous avec l'anesthésiste. Même si j'annule à la dernière minute la séance avec Manon, je n'ai pas le temps d'aller récupérer Côme à la clinique où doit accoucher Léa, complètement à l'opposé de la ville, puis de me rendre ensuite au CHU. Et ce rendez-vous avec l'anesthésiste est bien trop important pour être reporté. Ça décalerait d'autant la date de l'opération. Tout est prêt, tout est programmé, si j'annule, il va falloir attendre à nouveau plusieurs semaines et, sans doute, laisser Paul souffrir tout l'été encore. *Merde !* Devant mon absence de solution, Léa panique.

— Loïse ? Je fais quoi ? Qu'est-ce que je fais ?

— J'imagine que tes parents vont te rejoindre, crois-tu qu'ils pourraient surveiller Côme en attendant mon arrivée ?

— Mais non, tu sais bien qu'ils ne sont pas là en ce moment !

Quand le sort s'acharne…

— J'essaie d'appeler Ben et je te rappelle.

Manon entre dans la salle d'attente, je lui saute dessus, sans la saluer.

— Pouvez-vous commencer sans moi ? J'ai une urgence !

J'assiste à toutes les séances de psychomotricité et d'orthophonie de Paul. Je participe quand cela m'est demandé. Le reste du temps, j'observe, j'apprends, je m'implique au maximum. Ma mère, Ben, tout le monde me dit que j'en fais trop. Que je pourrais profiter de ces séances pour souffler un peu, que je fais le choix de m'épuiser moi-même. Peut-être, mais je n'arrive pas à lâcher du lest. Je crois que ça m'aide à me dire que je maîtrise, je veux pouvoir soutenir Paul au mieux, sur tous les fronts. Et je veux assister à chacun de ses progrès.

Manon acquiesce, je lui remets la tablette et n'attends pas davantage pour joindre mon ex. Il ne décroche pas. J'insiste, je le rappelle.

— Ben ? Où es-tu ?

— Comme d'habitude, en stage à Pamiers. Pourquoi ?

— Eh merde ! Tant pis, à plus !

Je raccroche. Il me rappelle aussitôt, je suis obligée de lui donner des explications.

— Demande à la dame qui conduit Léa de surveiller Côme.

— Mais c'est une inconnue !

— Tu as une meilleure idée ?

Bien sûr, Ben a toujours la solution de facilité à laquelle je n'arrive pas à me résigner. Mais en la circonstance, ai-je le choix ? Je rappelle Léa et lui propose cette seule et unique solution.

La carrière sportive de Ben est terminée. Il avait passé des concours pour entrer dans une école de kinésithérapeute. Il a réussi celui de Toulouse, il a donc repris le chemin des études depuis deux ans. Entre sa scolarité, les partiels et les stages, il s'occupe moins de Côme depuis qu'il a arrêté le rugby, et très rarement de Paul. Au fond, je crois que ça l'arrange, au moins vis-à-vis de Paul. Pour Côme, je ne sais pas. Il le prenait régulièrement au début de notre séparation, puis de moins en moins. Un à deux week-ends par mois alors qu'on ne vit qu'à quelques kilomètres. Et moins de la moitié des vacances, parfois pas du tout, quand, comme là, il a des stages.

Moi qui craignais lors de notre séparation qu'il cherche à me priver de mes fils, aujourd'hui je n'espère qu'une chose : qu'il s'intéresse davantage à eux. Pour se dédouaner de son absence physique, il comble sur le plan matériel. Il a vendu la grande villa pour en acheter une plus petite où nous habitons, les garçons et moi. Cette attention nous permet de vivre dans une maison aussi haute qu'étroite, biscornue, serrée contre les autres demeures. Elle a surtout l'avantage d'offrir un bout de jardin et aucun voisin au-dessus ni au-dessous qui ne supporte pas les cris de mon fils. Je les comprenais, mais je faisais au mieux !

Par ailleurs, il participe financièrement à tous les soins non remboursés. C'est sa façon d'être père, de se montrer présent auprès de ses fils. J'aimerais qu'il soit plus investi dans l'éducation de Paul, il n'y arrive pas ; il est dépassé par le handicap de notre cadet. Avec l'arrêt de sa carrière professionnelle, la reprise de ses études, les frais engagés par le handicap de Paul, lui aussi a dû revoir à la baisse son train de vie. Tant qu'on arrive à joindre les deux bouts, je ne me plains pas.

La séance de Paul a commencé depuis presque dix minutes. J'hésite. Et si, pour une fois, je prenais un peu de temps pour moi ? Ce temps qui me manque cruellement ? Il ne sert à rien que je téléphone à Manon, elle ne répondra pas. Je griffonne un mot et le glisse sous sa porte. Je descends à la hâte les escaliers et cours m'installer à la terrasse du premier café que je trouve. Je commande une limonade que je bois en quatrième vitesse, le nez collé à mon téléphone, à la fois pour ne rater aucun appel entrant et pour contrôler l'heure. Je jette la monnaie sur la table, fais le chemin inverse aussi vite qu'à l'aller, et arrive deux minutes avant la fin de la séance de Paul, tout essoufflée.

Je crois que j'ai encore quelques progrès à faire pour réapprendre à profiter et à me détendre ! Qui pourrait croire en me voyant que j'ai été coach en développement personnel pendant presque dix ans ? À cette seconde, je me fais une promesse : renouer avec le lâcher-prise. Je ne peux pas tout contrôler, l'accouchement prématuré de Léa me le prouve. J'ai confié Côme à la garde d'une inconnue ! Je suis une dingue ! Et je le vis à peu près bien (si l'on exclut le fait que je consulte mon portable toutes les dix secondes, au cas où). Je ne parviens même pas à savourer une limonade à la terrasse du café tout en offrant mon visage à la caresse du soleil. À ce rythme, je vais finir bonne pour l'asile, car surmenée.

— La séance s'est bien passée ?

— Parfaitement bien ! m'assure Manon.

Je meurs d'envie de connaître tous les détails, mais je ne peux m'attarder, l'anesthésiste nous attend. Je me rappelle ma promesse faite il y quelques secondes à peine : lâcher prise.

— Manon ? C'est un problème si à l'avenir je n'assiste pas à toutes les séances de Paul ?

Elle sourit.

— Bien sûr que non, je vous l'ai déjà proposé. Si vous êtes là une fois sur les trois séances hebdomadaires, c'est parfait pour vous transmettre les consignes.

Je sais que Manon favorise la guidance parentale, elle considère que rien ne peut se faire sans l'aide des parents. Mais elle connaît aussi l'épuisement physique et moral engendré par le handicap. Elle accepte volontiers que certaines des séances offrent au parent accompagnant un sas de décompression.

L'anesthésiste est en retard, ce qui me contrarie profondément. Je n'arrive pas à joindre Léa et je n'ai pas du tout pensé à lui demander le numéro de cette inconnue. Quand le médecin se présente enfin, je lui laisse à peine le temps de respirer. Je tire Paul avec empressement vers la salle de consultation. Il pose diverses questions, observe Paul, tente de prendre sa tension. Le rendez-vous est expédié en une quinzaine de minutes.

Sitôt terminé, je prends le chemin de la clinique. Je rejoins le service maternité. Dans le couloir, face à moi, mon super héros arrive, accompagné d'une dame d'une soixantaine d'années. J'affiche mon plus beau sourire, heureuse de retrouver mon grand !

42 — OLGA

4 juillet

J'opère un demi-tour sur moi-même tout en me contorsionnant, afin d'apprécier l'arrière de ma silhouette dans le miroir.

— Elle vous va à ravir ! m'assure la vendeuse de son sourire mercantile.

Évidemment, pourquoi m'affirmerait-elle le contraire ? Je préfère me forger ma propre opinion et n'en finit pas de me scruter devant, derrière, de profil. J'absorbe mon ventre, sors ma poitrine, me tords, m'incline, me tourne à nouveau. Verdict : elle me va à ravir ! Ou peut-être que non, mais je déteste faire du shopping, je préfère finalement me rallier à l'avis de l'experte en vêtements afin de gagner du temps. Je profite de ces jours de soldes pour renouveler ma garde-robe, car, la conscience allégée, j'ai perdu la sale manie de grignoter à toute heure et l'abandon de cette habitude couplée aux activités sportives ont affiné ma silhouette, je flotte dans la plupart de mes vêtements.

Je me rhabille, paye et sors avec un premier sac triomphant. Premier magasin, premier achat, à ce rythme j'aurai fini avant le déjeuner, je suis ravie de cette première victoire et de mon efficacité.

Pour m'épargner l'affluence étouffante du centre-ville, je suis venue battre le pavé au petit matin. J'apprécie ce calme relatif, j'en profite pour lever le nez, je ne me lasse pas d'admirer l'architecture de la ville rose. Bien que j'aie passé toute ma vie dans le secteur, j'arpente rarement les artères toulousaines, je préfère ma demi-campagne de Saint-Orens-de-Gameville.

Une blouse légère et fleurie, qui s'expose avantageusement sur le buste d'une mannequin de cire plantureuse, m'appelle. Je m'approche de la vitrine pour la jauger au plus près puis, décidée, m'apprête à entrer dans la boutique, lorsqu'un gémissement de dépit m'alerte.

— Oh non !

Je me retourne. Derrière moi, une jeune fille, bien trop jeune pour être enceinte, se tient les jambes écartées, un ballon démesuré à la place du ventre, de l'eau ruisselant le long de ses jambes. Le petit garçon agrippé à sa main, éclate d'un rire moqueur :

— Tu te fais pipi dessus ! C'est dégoûtant !

Les yeux de l'adolescente font des allers-retours effarés entre ses pieds et l'enfant.

— Merde, merde, merde ! explose-t-elle.

— Faut pas dire de gros mots, c'est pas bien !

— Tais-toi, Côme, c'est pas le moment.

Elle regarde autour d'elle, paniquée, à la recherche d'une solution qu'elle ne trouve pas. Je m'approche.

— Vous avez besoin d'aide, mademoiselle ?

— Je crois que je viens de perdre les eaux, dit-elle d'une voix où pointe la peur. Qu'est-ce que je dois faire ? Aidez-moi.

Ses yeux m'implorent.

— S'il vous plaît, ajoute-t-elle.

J'aurais préféré mille fois que cela tombe sur quelqu'un d'autre et me fustige pour avoir eu la mauvaise idée de me lancer dans la chasse aux bonnes affaires aujourd'hui même. Sa voix suppliante ne me permet pas de me dérober, mon sens du devoir et ma conscience s'allient pour répondre favorablement, bien qu'à contrecœur, à sa demande d'assistance.

— Venez, je vous conduis à la maternité.

Nous regagnons aussi vite que nous le pouvons le parking souterrain où j'ai garé ma voiture.

— C'est votre fils ?

— Non, me répond-elle en me regardant comme la chose la plus stupide qu'elle n'ait jamais vue de sa vie. Je suis bien trop jeune pour avoir un enfant. De cet âge-là, précise-t-elle.

— C'est idiot, en effet. Votre petit frère alors ?

— Je suis la baby-sitter. Léa, dit-elle en me tendant une main cérémonieusement.

— Olga.

— Merci pour le service taxi, Olga. Et tutoyez-moi, sinon j'ai l'impression d'avoir au moins trente ans ! ajoute-t-elle avec un rictus de dégoût.

Durant le trajet, je m'applique à apaiser les angoisses de la très jeune future maman. Je ne pense pas être la mieux placée pour cet objectif, cependant, je ne peux pas lui débiter toutes les désillusions auxquelles elle peut potentiellement être confrontée à quelques jours, voire quelques heures, de son premier accouchement. Elle paraît si jeune, elle a besoin de positivité pour affronter cette étape charnière. Alors je fais comme toutes les femmes avant moi pour qui la rencontre avec leur premier enfant s'est avérée un mélange de déception et de peur : je lui mens. Je m'emploie à ne retenir que le meilleur lorsque je réponds à toutes ses questions qui fusent sous le coup du stress et de l'émotion. Elle ne peut pas accoucher, non, puisqu'elle finit juste son huitième mois ? Et si elle accouche aujourd'hui, va-t-elle avoir mal ? Elle n'a pas terminé ses cours de préparation à l'accouchement, ce n'est pas possible, comment va-t-elle faire pour y arriver ? Est-ce qu'il se peut qu'elle trouve son bébé moche ? Et si, finalement, elle n'était pas aussi prête que ça ? Et puis là, c'est trop tôt ? C'est à partir de quel âge qu'il n'est pas considéré comme prématuré ?

Elle parle, questionne, commente, elle occupe tout l'espace en verbiage pour évacuer ses peurs. Soudain, une première contraction lui arrache un cri tandis qu'elle se cambre pour se soulager.

— Qu'est-ce qui se passe ? Qu'est-ce que c'est ? hurle-t-elle effarée.

Le garçonnet s'inquiète de voir sa baby-sitter dans cet état, je n'en mène pas large moi non plus. *Pitié, faites qu'elle n'accouche pas dans ma voiture !* Je représente la personne la plus incompétente de la galaxie pour affronter une telle situation.

Nous arrivons enfin à la maternité où elle est suivie, celle où Fanny travaille. Une sage-femme la prend rapidement en charge, Léa explique à Côme que je vais veiller sur lui en attendant que sa mère nous rejoigne. Elle l'a prévenue en chemin. Me voilà assignée à la surveillance de cet enfant que je ne connais pas, dans une salle d'attente de clinique, jusqu'à l'arrivée à une heure indéterminée de la maman. Rien ne saurait me réjouir davantage ! Nous nous asseyons et je me motive pour prendre mon mal en patience. J'attrape un stylo et un carnet perdus au fond de mon sac à main. Le ratage complet de ma session shopping m'inspire, je commence à écrire sur le thème de l'inattendu.

— T'as quel âge ? m'interrompt le garçonnet.

— Presque le même âge que toi.

Il pouffe.

— J'te crois pas. T'es beaucoup plus vieille, ça se voit.

Je le remercie mentalement, tandis qu'il balance ses pieds qui ne touchent pas le sol en un mouvement alterné de plus en plus rapide. Je reprends mon activité.

— T'es une mamie ?

Je relève la tête, il semblerait que le jeune homme ne sache pas penser en silence.

— Oui.

— Et t'en as beaucoup ?

— De quoi ?

— Des petits-enfants.

— J'en ai deux pour l'instant, bientôt trois.

— Et ils s'appellent comment ?

— Yon et Bae.

Il plisse les yeux, me sonde puis assène :

— Tu mens, ça existe pas ces noms.

Soudain, il laisse échapper un gaz tonitruant puis me regarde avec un mélange de stupeur et de fierté.

— T'as pas vu ?

— Quoi ?

— Quand j'ai pété, ça a fait bouger mon short. Je crois que j'ai trouvé mon super pouvoir ![28]

---

[28] Merci à Alexandra pour l'anecdote ☺

J'explose de rire, sa fraîcheur m'amuse, me divertit. Je remise mon stylo et mon carnet au chaud, dans mon sac et poursuis avec délectation ma conversation avec Côme. Il déballe sa vie : Frimousse, son chien, Paul, son petit frère handicapé que des camarades de classe traitent de « débile mental » dans la cour de récréation, son père, un super héros grand sportif qui semble avoir quelques faiblesses, car, dans le fouillis verbal de Côme, je crois comprendre que le super héros s'est échappé devant les responsabilités qu'impose un enfant avec handicap, sa mère, une super maman aux cheveux flamboyants, aux supers pouvoirs et à la joie de vivre indestructible.

J'adore la vision que cet enfant a de sa famille, les mots qu'il utilise pour parler d'eux. Je me demande quelle image les miens avaient de notre famille au même âge.

Il me pose aussi de multiples questions sur Yon et Bae et finit par admettre que je ne suis peut-être pas une menteuse.

Je consulte ma montre, nous patientons depuis plus d'une heure et la mère de Côme n'est pas arrivée. J'envoie un SMS à Fanny pour savoir si elle travaille. Elle ne me répond pas, j'en conclus qu'elle doit effectivement être occupée. Je propose à Côme d'aller grignoter un petit quelque chose à la cafétéria de la maternité.

Lorsque nous nous assoyons, Fanny m'appelle, elle est en pause, je l'invite à nous rejoindre. Elle arrive vêtue de sa tenue professionnelle qui impressionne Côme.

— Tu as prévenu sa maman que tu étais ici ?

Quelle idiote, j'ai quitté la salle d'attente sans penser à informer qui que ce soit de mon changement de lieu et je n'ai aucun moyen de contacter la mère de Côme.

— Non, dis-je piteusement.

Fanny dégaine son téléphone de service et communique l'information à l'accueil de la maternité et à une de ses collègues qui navigue dans les chambres de la maternité. Nous finissons de déjeuner puis Côme et moi nous dirigeons vers la salle d'attente.

Dans le couloir, une femme d'environ trente ans, magnifiquement rousse, le chignon ébouriffé, le tee-shirt froissé, le sourire aussi éclatant que les reflets dorés de ses iris, avance à pas rapides dans notre direction, tenant la main d'un petit garçon particulièrement agité, qui pousse des cris en balançant sa tête d'avant en arrière. Côme court vers eux en sautillant.

Je ne sais pas si le père de Côme est un super héros, mais je sens, d'instinct, que sa mère a l'étoffe d'une super héroïne.

43 — MIA

4 juillet

— Mia ? J'ai une brady au tracé, box 4. Viens tout de suite.

Je laisse en plan ma patiente qui venait pour une pose de stérilet. Je cours jusqu'à la salle d'accouchement en question et constate la bradycardie fœtale. Les épisodes très brefs au départ deviennent plus longs et plus fréquents, inutile de tergiverser davantage. Chaque seconde compte, je déclenche le code rouge. Il faut agir. Vite. Le travail a démarré il y a moins d'une heure. Le temps est compté pour sauver le bébé. La patiente doit être emmenée de toute urgence au bloc opératoire pour subir une césarienne. C'est Léa Agnel. Moi qui regrettais de ne pas assister à son accouchement, il semblerait que mon vœu ait été exaucé. Je regarde vers le plafond comme pour atteindre le ciel.

Romy, c'est toi ?

Je n'ai pas le temps de m'égarer davantage dans mes pensées, la vie d'un bébé est en jeu. Visiblement, personne ne se tient aux côtés de Léa pour l'accompagner dans ce tournant de sa vie[29]. Ni ses parents ni son petit ami. Je lis la panique dans ses yeux. Dans ce genre de situation, on ne peut pas se permettre de se perdre en précisions. Cependant, sa détresse me vrille le ventre. La peur de ne pas sauver son bébé aussi. Pas aujourd'hui, ce serait insurmontable. Je ne peux pas rester insensible.

— Je veux pas mourir, hurle-t-elle.

Elle n'a pas compris que ce n'était pas elle qui était en danger, mais son bébé, malgré les brèves explications de la sage-femme. Je sors de ma bulle professionnelle pour la rassurer, même si je ne remplacerai

---

[29] Téléchargez ***Maxine*** la nouvelle offerte sur mon site https://jeanneyliss.fr/bonus

pas la présence chaleureuse de sa famille.

— Je te promets que tout va bien se passer, crois-moi, dis-je en lui serrant rapidement la main.

Je ne tutoie jamais mes patientes. Mais elle est si jeune. Et elle est seule ! Elle pourrait être ma fille si moi-même j'étais devenue maman de bonne heure.

À partir de maintenant, tout s'enchaîne très vite. En moins de deux minutes, les infirmières, le brancardier, l'anesthésiste et son interne, mon interne et le pédiatre débarquent en salle d'accouchement. La sage-femme est déjà sur le pont. Mon cœur bat comme un fou. Depuis que j'ai repris l'obstétrique, je n'ai jamais eu à affronter le décès d'un bébé, même en cas de code rouge. Comme dans une fourmilière, chacun sait ce qu'il a à faire et effectue les gestes professionnels avec sang-froid et rapidité. La sage-femme débranche le monitoring. L'interne anesthésiste injecte une dose supplémentaire dans la péridurale. Une infirmière pose la perfusion. Une autre, la sonde urinaire. Nous avons répété ces gestes plusieurs fois au cours d'entraînements spécifiques. Tout se fait en accéléré dans la maîtrise la plus parfaite. Même si, pour les futurs parents, ce ballet organisé peut se révéler stressant et accroître le sentiment de panique, lié à l'urgence et la gravité de la situation.

Léa a été transférée sur le brancard. Nous courons dans les couloirs pour gagner du temps. Les collègues que nous croisons se plaquent contre les murs pour libérer le passage. Nous passons les portes du bloc, le froid me saisit immédiatement. La patiente est installée sur la table d'opération et préparée. Pendant ce temps, je me lave les mains sommairement, puis revêts ma tenue de chirurgien et les gants en toute urgence. Quand je reviens, un champ stérile me sépare de Léa, mais j'entends ses pleurs déchirer le silence d'une atmosphère où le doute plane. Chacun espère et s'active pour que cette urgence vitale se termine de la meilleure façon qu'il soit. Les tests douleur sont effectués pour savoir si je peux opérer. Je demande à l'anesthésiste :

— C'est bon ?

— Encore une minute, me répond-il.

Je me concentre, je ne veux pas penser à la possibilité de perdre ce bébé. Je voudrais accélérer le temps. Chaque seconde me paraît interminable. Je sonde mon collègue anesthésiste du regard, tandis que ma tête hurle : « Allez, dépêche-toi, laisse-moi l'opérer ! ». Il opine :

— C'est bon.

Avec précision, je commence à inciser, secondée par mon interne. Moins de deux minutes plus tard, la petite fille de Léa vient au monde.

Avec le cordon autour du cou. Les cheveux couleur de miel. Les yeux ouverts.

Je n'ai pas vu la couleur de ses yeux, pour la simple raison que j'étais hypnotisée par celle de ses cheveux lorsqu'elle est apparue. Une sage-femme présente rapidement l'enfant à la jeune mère et l'emporte avec le pédiatre. Je rassure Léa :

— Tu as une magnifique petite fille, et vous êtes en pleine forme toutes les deux.

Elle pleure et rit en même temps, me remercie le visage baigné de larmes et de morve. Je ne peux pas davantage, je demande à mon collègue de prendre la suite en main, je me sens incapable de vérifier que Léa se porte effectivement bien. Puis je sors du bloc, avec un étau qui comprime ma poitrine. Un mélange de soulagement et de douleur m'envahit. Je m'appuie un bref moment contre la porte de mon vestiaire. Yeux fermés, j'attends que mon rythme cardiaque s'apaise. Je ne peux m'empêcher de murmurer : « Romy », en enveloppant mes épaules de mes mains, comme si elle sommeillait là, au chaud, contre ma poitrine, lovée au creux de mes bras.

Je quitte ma tenue de chirurgien et je retourne dans le service de maternité. J'ai besoin de savoir que Léa n'est pas venue seule, ce serait trop cruel. Dans les couloirs, je m'informe auprès d'une puéricultrice qui me désigne deux femmes avec deux enfants. Je ne reconnais pas la mère de Léa. Je m'approche d'elles et demande à la plus âgée si elle est sa grand-mère.

— Non, nous sommes des amies, m'explique la rouquine. Je suis arrivée il y a peu de temps donc je viens juste de prévenir ses parents. Ils sont en déplacement, ils ne seront pas là avant demain matin, je pense. Comment va Léa ? Elle a accouché ?

— Elle s'est fait pipi dessus, m'informe le plus grand des deux garçons en pouffant.

À ses côtés, un garçon plus jeune s'agite et pousse des cris. La femme rousse tente de l'apaiser et s'adresse à lui avec des images accrochées à sa taille, à l'aide d'un mousqueton. La femme plus âgée reste en retrait.

— Elles vont bien, elle a dû subir une césarienne en urgence, mais tout s'est bien passé.

— Elle a déjà accouché ? Mais elle n'était pas à terme, le bébé est en néonatalogie ?

— Ce n'est pas nécessaire puisqu'elle était à trente-cinq semaines de grossesse.

Fanny, qui nous a aperçues au loin, nous a rejointes.

— Tiens, Mia, je te présente Olga, ma mère, c'est elle qui a conduit Léa à la maternité aujourd'hui.

— Enchantée, dis-je à la mère de Fanny qui me salue de la tête.

Je ne comprends pas bien le lien entre elle et Léa, mais ça ne me regarde pas. Tout le monde est en bonne santé, c'est tout ce qui m'importe.

— Mia, je viens de voir la petite Maxine en pédiatrie, la sage-femme m'a expliqué. Tu t'es débrouillée comme un chef encore une fois. Bravo, me félicite Fanny.

Je la remercie d'un sourire. Puis elle s'adresse à sa mère :

— Et toi, ma moune, félicitations aussi, tu étais là pile au bon moment ! Je vais suggérer à Léa de te nommer marraine, dit-elle pour la taquiner. En plus sa petite fille est à croquer, n'est-ce pas, Mia ?

— Oui, elle est adorable.

Des larmes commencent à monter. Craquer au travail, devant des inconnues de surcroît, n'appartient pas à mes habitudes. Je m'excuse et m'éloigne à grands pas.

Nous sommes le 4 juillet et une petite fille aux cheveux miellés a frôlé la mort. Mais elle vit, j'ai réussi à la sauver.

Aujourd'hui, Romy aurait eu quatre ans.

Le reste de mon après-midi de travail se déroule avec lenteur. Une boule obstrue ma gorge en permanence, je voudrais être seule. Avant de rentrer chez moi, je ne peux m'empêcher de faire un détour par la chambre de Léa. Je frappe doucement, puis j'entre. Elle est alitée, sa petite fille dort dans le berceau auprès d'elle. La dame rousse est assise dans un fauteuil, sans ses garçons.

— Tu vas bien ?

— J'ai pas tout compris à ce qui s'est passé, vous pouvez m'expliquer ?

— Oui, demain je t'explique tout, là tu dois être très fatiguée.

Je plonge mon regard vers le nourrisson qui dort à poings fermés, son petit corps secoué de tressaillements.

— Elle est très belle.

Léa couve sa petite fille d'un regard tendre. Quelques années en arrière, je n'aurais pas manqué de juger cette jeune fille devenue mère bien trop tôt. Mais j'ai laissé filer mes idées préconçues. Chaque histoire est unique et s'il y a bien une chose dont nous avons besoin, c'est du soutien des autres femmes, pas du murmure injurieux de leurs arrière-pensées.

— Excusez-moi, intervient la rouquine. Je suis Loïse, une amie de Léa. Est-ce que je peux passer la nuit auprès d'elle ? Ça m'embête de la laisser seule tant que ses parents ne sont pas là.

— Comment tu vas faire pour tes garçons ? lui demande Léa.

— Ma mère s'en occupe.

— Nan ? Tu acceptes que Paul ne dorme pas chez toi ! Docteur, prenez-lui la fièvre, je suis sûre qu'elle délire !

Elles éclatent de rire. Je ne comprends rien à leur histoire, mais ce qui me frappe, c'est leur complicité malgré leur différence d'âge.

— Oui, vous pouvez dormir ici. Je vais vous envoyer une aide-soignante, elle vous donnera un fauteuil lit.

Léa remercie son amie. J'en profite pour m'abreuver de la présence de Maxine.

— Encore une fois, bravo. Ta fille est magnifique. Prends soin d'elle, elle est précieuse.

Une fois de plus, je sens les larmes pointer le bout de leur nez, je préfère en rester là. Je les salue et je pars. Avant de rentrer chez moi, je fais un détour par le cimetière. Je raconte à Romy que j'ai rencontré une petite fille qui lui ressemblait aujourd'hui. Que c'était un merveilleux cadeau, le plus beau cadeau qu'elle pouvait me faire pour sa journée d'anniversaire. Car, j'en suis sûre, c'est Romy qui a mis Maxine sur ma route.

Je passe ma soirée à câliner Lina, puis, lorsqu'elle est couchée, Thomas et moi faisons l'amour avec une rare intensité. Parce que nous sommes vivants. Parce que nous sommes en pleine santé. Parce que nous nous aimons. Parce que les épreuves ont renforcé notre relation. Face à l'adversité, de nombreux couples se séparent. Pas nous. Cela nous a rendus plus forts et nous savons que nous pouvons compter l'un sur l'autre. À la vie à la mort. Pour le meilleur, et pour le pire.

44 — LOÏSE

5 juillet

Les lumières rouge orangé de l'aube filtrent à travers les stores mal fermés. Il est à peine 5 h 30. Je m'étire pour me déverrouiller. Ma carcasse a moyennement apprécié cette nuit étendue sur un campement de fortune. *Bouh, je me fais vieille !* Un petit bruit d'aspiration et des gémissements attirent mon attention : Maxine est en train de téter. Je me tourne vers Léa et sa fille, et les fixe, attendrie. Tout ça me ramène à mes accouchements, les naissances de mes fistons. *Mes fistons !* Je saute sur mon sac à main, avec un craquement de la nuque, pour vérifier mon téléphone. Pas de message. Mes parents ont dû assurer d'une main de maître. De vrais pros de la petite enfance ! Ou pas. Je me demande, peut-être devrais-je les appeler ?

— Inquiète ? murmure Léa à qui mon manège n'a pas échappé.

Comment cette gamine fait-elle pour lire en moi avec une facilité déconcertante ? Elle ne pourra que devenir une maman qui déchire, j'en suis persuadée.

— Du tout.

Ma voix sonne faux. Je ne réussis même pas à me berner moi-même. Je me sens un brin ridicule face à cette jeune fille qui a subi une césarienne en urgence et qui est devenue maman à l'âge où les préoccupations tournent autour des garçons, du dernier gloss indispensable et des soirées. Elle paraît pourtant incroyablement calme. Je me ressaisis : qui est la coach en développement personnel dans cette pièce ? Je relève ma tête, ouvre ma poitrine, affiche un sourire. Posture de la fierté et de la confiance en action. Je veux envoyer un message fort à Léa qui a sans doute besoin d'être rassurée… ou à mon cerveau. Car, si je suis honnête, elle me semble plus sereine et sûre d'elle que moi.

— Tu as bien dormi ? dis-je dans un chuchotement.

— Bof. Et toi ?

— Aussi bien que la princesse aux petits pois !

Léa sourit. Elle m'épate. Je pensais qu'elle aurait besoin de moi et pourtant, à aucun moment de la nuit elle ne m'a sollicitée.

— Tu sais que tu es incroyable ? J'admire ta capacité à faire face.

Elle hausse les épaules, sans lâcher sa fille des yeux.

— C'est elle qui me donne la force. Elle est toute petite, mais elle me booste à fond.

— C'est vrai, nos enfants nous rendent plus fortes.

Je regarde ma montre : 5 h 45.

— Léa, ça te dérange si je file ?

— Pas du tout. T'inquiète, je suis pas seule.

— Super !

Je me lève comme un vieux machin tout rouillé, m'étire et file dans la salle de bain. Je suis superbe ! Le chignon de travers, des mèches folles qui flottent dans les airs, des traces de crayon noir sous les yeux. Et mon tee-shirt, n'en parlons pas, il ressemble à une boule de chiffon. Tant pis, je n'ai rien pour me faire une beauté.

Hier, je suis repassée à la maison en coup de vent chercher des habits pour les garçons que j'ai confiés à mes parents. Puis j'ai fait un saut chez Léa, j'ai pris quelques vêtements et des affaires d'hygiène au hasard. À aucun moment je n'ai pensé à moi. Je n'avais pas de plan, je n'avais pas anticipé que je resterais aux côtés de Léa toute la nuit. Je me suis adaptée à la situation, un vrai caméléon.

— Loïse, tu déchires ! dis-je à mon reflet épouvantail dans le miroir.

C'est important de savoir se féliciter et d'envoyer des messages positifs, ça impacte favorablement notre état d'esprit. De plus, sans fausse modestie, je me sens fière de moi. Depuis près de quatre ans, je m'enterre dans le contrôle permanent, l'anticipation et là, *bam*, je m'adapte en un claquement de doigts. Si ce n'est pas être remarquable, alors je ne sais pas ce que c'est ! La coach qui sommeille en moi reprend le dessus.

J'embrasse Léa et Maxine, je félicite encore une fois la jeune maman et je roule en direction de chez mes parents dans les rues toulousaines. Je réalise qu'il est un peu tôt et que je risque de réveiller toute la maisonnée. Je pourrais me rendre chez moi, me rafraîchir et me changer. Toutefois, j'opte pour un autre programme : petit déj en terrasse d'un bistrot. Je repère un troquet qui me séduit, me gare non loin. Je m'installe sur une chaise en fer forgé qui racle le sol dans un grincement de ferraille dès que je bouge. Pour mon seul plaisir, je gigote et écoute ce son insignifiant. Je peux faire du bruit sans agresser Paul. Prendre mon temps sans me soucier d'un potentiel danger. Je commande des chocolatines, un café serré et un jus d'orange. Lorsqu'il me les amène, le serveur commente :

— Voilà, ma petite dame. Ça vous fera du bien, j'ai l'impression que la nuit a été sauvage.

Et il me gratifie d'un clin d'œil. Bouche ouverte, je ne sais quoi répondre puis j'explose de rire. En quelque sorte, oui, la nuit a été sauvage. Ce n'était pas une nuit de folie, fiesta, sangria, lambada. Mais, mais, mais, mais… je dois admettre que cette échappée belle, loin du bercail et de ma progéniture, m'a fait du bien. Comme quoi, dormir dans un lit de camp dans une chambre de clinique peut avoir des pouvoirs insoupçonnés. Une petite brise de liberté rebelle souffle dans mes mèches folles, j'en suis tout émoustillée ! Depuis hier, je crois que je deviens vraiment dingue ! Je déguste ce petit déjeuner absolument délicieux. Il a le goût de l'insouciance, la saveur du laisser-aller, dégagé de toute responsabilité. Et c'est foutrement bon !

Au loin, les cloches d'une église frappent sept coups. Je peux raisonnablement me rendre chez mes parents. Quand j'arrive, je trouve porte close, je suis obligée de sonner.

— Eh bien dis donc, ma fille, tu es sûre que tu as passé une nuit à l'hôpital ? Tu as davantage la tête de quelqu'un qui a fait la fête, se moque ma mère en m'accueillant.

Je lui tire la langue.

— Où sont mes monstres ?

— Côme dort encore et Paul est avec ton père, dans le potager. Je te fais couler un…

— Non, c'est bon !

J'ai déjà tourné les talons, et me précipite vers l'arrière de la maison. Dans le jardin, mon père sarcle, tandis que Paul, assis dans la terre, l'observe obnubilé par ses mouvements, le chat de mes parents allongé à ses côtés. Si je ne savais rien de ses difficultés, je pourrais croire que Paul est comme tous les petits garçons. Et cette image m'apaise. C'est un (trop rare) moment de grâce. De ceux qui m'émerveillent à chaque fois et font exploser de joie mon cœur meurtri.

— Paul ! Papa !

À quelques mètres d'eux, je les interpelle. Mon père se relève et m'envoie un salut de la main. Paul ne réagit pas, ça, je ne m'y ferai jamais. Mais j'ai espoir que ça change. Après tout, il réagit bien à la voix de son frère et aux aboiements de Frimousse.

— Tu peux me le laisser encore un peu, si tu veux. Va te détendre, va boire un café avec ta mère. Tu vois bien, on s'en sort parfaitement !

J'embrasse mon père sur la joue. Je suis épatée, jamais je n'aurais pensé qu'il aurait la patience nécessaire pour gérer Paul. Ensuite, je m'accroupis pour me mettre à la hauteur de mon fils. Je voudrais le serrer dans mes bras, le faire tournoyer. Comme d'habitude, je m'abstiens.

— Coucou, mon cœur. C'est maman.

En écholalie, il répète *mama*. Je sais bien qu'il ne m'appelle pas réellement et qu'il ne fait que répéter, comme un robot. Mais je m'en fous. Il dit *mama*. Et ça m'est destiné ! Je me relève et pars rejoindre ma mère dans la véranda qui a posé la cafetière sur la table nappée d'une toile cirée.

— Alors, tout s'est bien passé ?

— Impeccable !

— Maman ? Ne joue pas à l'arracheuse de dents !

— Quoi ? Moi ? Te mentir ? Jamais !

— Vous avez passé toute une soirée et une nuit avec Côme et Paul. Ça ne peut pas être *impeccable* !

Elle verse du café dans deux tasses sans me regarder. Puis elle s'assoit et consent à passer aux aveux.

— Oui, bon, j'ai peut-être un peu exagéré. C'est vrai que garder Paul aussi longtemps n'est pas de tout repos et je ne le ferais pas tous les jours. Mais je ne veux pas que tu te prives de vivre ta vie de femme pour tes enfants.

Elle pose une main sur la mienne.

— Papa et moi, on est là. Et on peut t'aider. Fais-nous confiance. Je garde déjà Paul quelques heures par-ci, par-là, à nous deux, on peut gérer des soirées quand tu en as besoin.

Le café est brûlant, je souffle dessus en la remerciant.

— On se fait du souci pour toi, tu sais. Tu es jeune, tu es rayonnante et tu vis comme une mamie.

— C'est…

— Attends. Laisse-moi finir. Je comprends que t'occuper seule de Paul n'est pas de tout repos. Et je comprends que ton cœur de mère ait du mal à faire confiance. Mais pense aussi à toi, Loïse. Pense à la femme qui est cachée sous les responsabilités de mère. T'as pas envie de sortir parfois avec tes copines ?

— Hum, tu sais, les copines… Depuis Paul, elles ont disparu des écrans radars.

— Alors, fais-en des nouvelles ! Sors, va à un cours de danse, reprends le *karmanga*.

— Krav-maga, maman.

— Oui, voilà, si tu veux. Ça ou autre chose. Mais fais des choses pour toi. Tu me promets ?

Je souris. Les planètes s'alignent pour me faire prendre conscience de quelque chose depuis hier : l'heure est venue de me réconcilier avec la femme ensevelie sous les fonctions maternelles.

— Je te promets. Et merci, vous êtes les meilleurs parents du monde.

Mon père et Paul arrivent, main dans la main. Je suis sidérée de la facilité avec laquelle Paul accepte mon père. Peut-être qu'il manque cruellement de présence masculine dans sa vie ? Thérapeutes, éducatrice, moi, il n'y a que des femmes dans son entourage. Excepté Côme, un mini-homme.

Au bout des doigts de mon garçon pendouille une fleur sauvage, cueillie sur le chemin. Mon père accompagne la main de Paul afin qu'il me l'offre. Émue, je ne peux m'empêcher de déposer un bisou sur la joue de Paul qui n'a aucun geste de rejet. Malgré son trouble proprioceptif, il a accepté cette marque d'affection. Et ça m'émeut encore plus[30] ! Je prends sur moi pour ne pas pleurer comme une madeleine.

— Sans vouloir abuser, vous pourriez les garder deux heures demain après-midi ? Je voudrais retourner à la maternité, avec un petit cadeau pour Léa.

— Avec plaisir, répond mon père sans hésiter.

Veiller sur Paul s'apparente à une tâche ardue et je réalise que j'ai privé mes parents du plaisir de garder leur petit-fils, par manque de confiance, par incapacité de déléguer. Bien sûr qu'ils ne peuvent pas me seconder à temps plein. Et bien sûr qu'ils ne font pas tout comme il faut cent pour cent du temps (utiliser les images, la tablette tactile, faire attention aux bruits, gérer les crises…), mais ils font au mieux, avec leur amour de grands-parents. En plus, leur laisser profiter de leur petit-fils me permettra de m'offrir des bouffées d'oxygène, même si elles sont rationnées. La femme qui sommeille en moi se sent prête pour reprendre les rênes à la mère.

Lorsque je retourne voir Léa à la maternité, ses parents sont auprès d'elles. Le bonheur brille dans leurs yeux. Marc, le grand-père, tient Maxine dans ses bras, fier comme un paon. Quelqu'un frappe à la porte, Maxine invite la personne à entrer. Contre toute attente, c'est Olga.

— Ma fille Fanny m'a dit que vous souhaitiez me voir. Mais je repasserai, vous êtes déjà bien assez nombreux, dit-elle main sur la poignée, prête à s'échapper.

— Pas du tout, restez, insiste Léa. Au contraire, vous tombez très bien : papa, maman, je vous présente Olga, ma sauveuse !

Léa a à peine fini sa phrase, que la gynécologue arrive.

— Je vois que tu es bien entourée, profites-en, je viendrai t'ausculter plus tard.

---

[30] Merci à Sandra qui m'a inspiré cette anecdote ☺

— Oui, mais d'abord, laissez-moi vous présenter. Vous connaissez déjà ma mère et voici mon père. Papa, voici la sauveuse de ta petite-fille !

Marc et Céline se perdent en effusion de remerciements envers les deux sauveuses. Puis Léa me tend la main et jette un regard circulaire dans toute la chambre, en s'attardant sur chacune de nous.

— En fait, on est un peu comme les cinq doigts de la main, maintenant. Parce que sans vous trois, je ne sais pas ce que Maxine et moi serions devenues.

Et elle s'effondre ! Sa mère la prend dans ses bras, me fait signe de lui passer la boîte de mouchoirs en papier.

— Ça va aller, ma puce, c'est beaucoup d'émotions.

— Mais… non…, hoquette Léa, ce sont… ce sont les… les hormones !

J'éclate de rire.

— Ah ces foutues hormones, on sait toutes ce que c'est ! N'est-ce pas ? dis-je en pointant les autres femmes du regard.

Elles approuvent. Oui, on sait toutes ce que c'est. Ça, et tout ce qui fait de nous des femmes.

ÉPILOGUE

Elles s'étaient revues une première fois, réunies autour de Maxine, sur invitation de Léa qui souhaitait les remercier toutes pour le rôle qu'elles avaient tenu dans cet accouchement singulier. Loïse adorait Maxine qu'elle considérait comme sa protégée. Olga adorait Maxine parce qu'elle n'attendait rien d'elle. Mia adorait Maxine parce qu'elle lui rappelait Romy. Et Léa adorait Maxine parce qu'elle était sa fille et lui donnait la force d'avancer.

Cette petite fille est devenue leur lien, le premier qui a permis d'en tisser davantage. Il y eut d'abord cette rencontre chez Léa alors que Maxine avait deux mois. Puis une seconde chez Loïse qui éprouvait le besoin de retrouver une vie sociale. Puis une troisième chez Mia qui souhaitait que Thomas rencontre Maxine. Et enfin une quatrième chez Olga parce qu'elle était polie et se devait de rendre les invitations.

Il y en eut aussi une cinquième, on ne sait plus chez qui et on ne sait plus pourquoi. À laquelle s'ensuivit une sixième et ainsi de suite jusqu'à la concrétisation d'un projet qui avait pris forme au cours de ces rencontres, de ces partages intimistes, avec ou sans les enfants. Entre des rires, des voiles de larmes, des confidences. Car, au fil du temps, chacune s'était dénudée.

D'abord Loïse, dont le handicap sévère de Paul bouleverserait à jamais son quotidien. Elle apprenait à penser un peu à elle, le confiait ponctuellement à ses parents pour ces goûters ou ces soirées entre copines. Maman solo, elle en avait la garde principale à vie. Trouver une institution qui accepte de le prendre en charge à temps complet paraissait relever de l'impossible. Alors cette question la hantait : comment ferait-il quand elle et Ben ne seraient plus de ce monde ? Était-ce à Côme d'assurer la garde de son frère cadet ? Cette idée la bouffait, son aîné ne pouvait pas ruiner sa vie personnelle pour accompagner son frère dans son handicap. Elle leur raconta son sentiment d'injustice, la culpabilité, l'explosion du couple, la fuite de l'entourage, son isolement, les jugements hâtifs, les paroles insultantes, le combat au jour le jour qui ne cesserait jamais, l'épuisement.

Puis Mia se révéla. Donnant une main à Maxine, elle raconta Romy, la culpabilité, la cicatrice pour la vie, la douleur comme un puits sans fond, la difficulté à se reconstruire, à accueillir Lina, à protéger le couple, les remarques désobligeantes, la perte des amis, la solitude. Un jour, la main sur le ventre en un geste réflexe, elle leur annonça cette vie qui grandissait en elle, la boule d'angoisse que ça générait et qui cohabitait avec une profonde joie. La vie vaincrait, elle l'espérait, elle avait retrouvé la confiance, grâce à Lina, grâce à Maxine, grâce à tous les bébés qu'elle mettait au monde.

Encouragée par les révélations de Mia sur sa difficulté à faire une place à Lina, Olga se confia aussi. D'abord à pas de loup, la tête basse, elle parla de la honte, de la culpabilité, de ce sentiment d'indignité, de monstruosité. Puis, avec un peu plus de force, elle rapporta le besoin de se surpasser pour ne pas être démasquée, la fatigue, la charge mentale, la solitude à chacune des naissances et après, la privation de liberté, l'asservissement. Elle dévoila ses relations chaotiques avec Alice, ses mots incisifs, son incompréhension. Elle parla du soutien de Fanny. Elle rapporta aussi la PMA de son aînée et le non-désir de maternité de la cadette.

Léa dévoila sans pudeur toutes les insultes, les jugements, les regards haineux dont elle avait été victime, et le désert social. Ce qui marqua les aînées, c'était sa capacité à faire face, à s'adapter, sans doute une force de sa jeunesse.

Elles n'avaient pas le même âge, provenaient de milieux différents, et avaient un parcours de vie distinct. Mais dans chaque histoire, elles relevèrent des points communs : le jugement des autres, la culpabilité et l'isolement. Ces rendez-vous leur permettaient de libérer la parole, de trouver une écoute bienveillante et solidaire. Une sororité qui leur avait fait défaut durant leur grossesse et par la suite.

Alors elles eurent une idée. Olga griffonnait toujours sur ses cahiers son histoire. Léa maîtrisait à la perfection les réseaux sociaux. Mia connaissait mieux que personne les femmes. Loïse avait des bases en psychologie.

Et si elles créaient un compte Facebook, une page Instagram dédiés à leur histoire et à celles de milliers, de millions de femmes qui connaissaient, avaient connu elles aussi le jugement, la culpabilité, l'isolement ?

Et si elles ouvraient ces lieux de partage à toutes les femmes, qu'elles soient mères ou pas, afin que les femmes qui ne désirent pas enfanter, comme Fanny, puissent l'exprimer librement sans être remises en question dans leur féminité et leur rôle sur Terre ?

Et si, grâce à ces partages sur leurs parcours de vie, elles faisaient réaliser aux femmes qu'elles ont besoin du soutien des unes des autres et non du jugement ? Même si elles n'atteignaient qu'une poignée de personnes, peu importe, ce serait un début de tracé sur le chemin.

Entre excitation, doutes, elles l'évoquaient puis renonçaient. Pas assez de temps, trop compliqué. Jusqu'à ce goûter organisé chez Mia où Léa les mit devant le fait accompli. Elle avait publié un premier témoignage, son témoignage, sous sa vraie identité, sans tabou, sans fausse pudeur. Une fois de plus, elle s'affirmait comme le moteur du groupe malgré son jeune âge. Elle bouffait la vie à pleines dents et ne comptait pas laisser les autres l'en priver. En présentation, elle avait inscrit ceci : « Nous sommes des mères boiteuses, imparfaites, aimantes. Nous sommes des femmes. Alors à vous, à nous, aux femmes, qu'elles soient mères ou pas. »

Revigorée, Loïse proposa de partager le sien lors de la rencontre suivante. Étonnamment, Olga fut la troisième et elle aussi assuma son identité. Mia suivit, puis elles demandèrent à Fanny de se joindre à elles. Elles finirent par convaincre Mariline, la mère de Dong-Soo, de témoigner sur les difficultés d'être une mère adoptive.

Mia témoigna deux autres fois : par rapport à la naissance de Lina et au rejet qu'elle avait ressenti et par rapport à son rôle de belle-mère.

Au début, les récits n'émouvaient pas grand monde. Quelques *likes*, quelques commentaires, une poignée d'abonnés. À chaque histoire postée, le nombre d'interactions augmentait, puis, elles se mirent à recevoir des témoignages d'autres femmes qui souhaitaient elles aussi raconter leur parcours. Des femmes brisées par le fouet de la vie qui ne les avait pas épargnées.

Elles étaient des dizaines, puis des centaines.

« Bonjour, je suis Kenza, j'ai 26 ans et je n'ai pas d'enfants. Pas encore et c'est bien ce qui me rend malade. J'ai fait 2 fausses-couches à 9 semaines la première fois et à 14 semaines la deuxième fois. Pour ma deuxième, dès la première échographie, le médecin m'a dit qu'il y avait un problème avec le bébé. Ses mensurations ne collaient pas avec la date supposée de début de grossesse et son cœur battait trop faiblement. Il m'a dit, sans prendre de gants, que j'allais sûrement faire une fausse-couche. Je n'ai pas aimé sa façon de parler alors j'ai décidé de changer de gynécologue. 3 semaines plus tard, j'avais un nouveau rendez-vous avec un autre médecin. Le verdict est tombé, le cœur de mon bébé ne battait plus. Il n'y avait qu'à attendre que la nature fasse son travail. Tous les jours je me rendais à mon boulot en me demandant à quel moment j'allais perdre mon sang. Devant un client ? En pleine réunion ? Et il ne se passait rien. Jamais. Alors je me disais qu'il y avait eu une erreur. Au bout de 10 jours, je suis retournée chez le toubib qui m'a prescrit une pilule abortive. 10 jours ! 10 jours à me balader avec mon bébé mort dans mon ventre et en attendant chaque jour cette fausse-couche qui ne venait pas.

Ça m'a détruite.

J'ai avorté seule, chez moi, mon mari était au travail. Je n'ai pas réussi à me relever de ce second échec, depuis je suis en dépression. Autour de moi, personne ne comprend que je puisse vivre aussi mal des fausses-couches précoces. Une fausse-couche, c'est fréquent, c'est bénin, c'est sans importance en somme. Mais moi, je les aimais déjà ces bébés, si petits étaient-ils, ils étaient mes enfants et j'avais déjà commencé à projeter ma vie avec eux. Et puis, je ne comprends pas, qu'est-ce qui ne marche pas dans mon corps ? Pourquoi il rejette les vies que j'ai voulu y faire pousser ? Mon mari supporte de moins en moins mon état dépressif, tout devient compliqué dans notre relation. Merci pour ce que vous faites, pour nous permettre de venir parler de notre douleur en toute générosité, sans jugement. Aujourd'hui je ne suis que tristesse et désespoir, lire tous les témoignages des autres me fait du bien et me déculpabilise. »

« Je m'appelle Julie, je suis maman de jumeaux qui viennent d'avoir 18 ans. J'ai découvert il y a un peu plus de 2 ans que j'étais victime d'amnésie traumatique. J'ai occulté des pans entiers de mon enfance, pour me protéger, sans le savoir. Ça a complètement bouleversé mes rapports aux autres et notamment mes relations avec mes enfants. Je ne me suis jamais pleinement investie dans leur éducation, je n'ai jamais réussi à me laisser aller à l'amour inconditionnel. Heureusement, mon époux, Franck, est un homme et un père merveilleux. Il a tout fait pour compenser. Aujourd'hui, je me soigne et je fais en sorte de devenir " une bonne mère ". Merci à vous de me faire sentir moins imparfaite, moins coupable alors que je n'ai été qu'une victime. »

« Je vous lis depuis plusieurs semaines et aujourd'hui, je vous écris pour partager mon parcours. Il n'a rien d'exceptionnel, mais ça fait tellement de bien de se dire qu'on ne sera pas jugée ! Je m'appelle Aurélie et, comme Léa, je suis devenue maman jeune, à 19 ans. J'étais majeure, mais ça n'a pas empêché les mauvaises langues de se défouler. Surtout que le papa a refusé de reconnaître Romane, notre fille. J'ai dû, moi aussi, assumer avec la seule aide de mes parents. Depuis j'ai eu des jumeaux, plus ma belle-fille qui vivait avec nous à temps plein. Le désir d'un autre enfant a été un gros sujet de tension entre mon compagnon et moi, car il rêvait d'une grande famille. Il n'arrivait pas à entendre mon choix, 4 enfants à gérer, c'était bien assez. Et cette vision différente de l'évolution de notre famille a conduit notre couple à la rupture malgré l'amour que nous nous portions, car

j'ai fait un acte qu'il n'a pas réussi à me pardonner : j'ai fait une ligature des trompes sans lui en parler. Peut-être que ce n'était pas une décision à prendre seule, mais je n'ai pas vu d'autre issue et je ne pouvais pas me résigner à faire un autre enfant pour son plaisir et son seul désir à lui. Merci pour votre page, vous êtes des fées ! »

« J'ai toujours aimé passer du temps avec les enfants, jouer avec eux, m'en occuper. Quand j'étais gosse, puis ado, mes parents accueillaient tous les étés des enfants du Secours catholique, ce qui a renforcé mon intérêt pour le maternage. Pour moi, c'était une évidence : adulte, je fonderais une grande famille.
Et puis j'ai grandi, et j'ai réalisé que la maternité n'était pas aussi idyllique que ce que je l'avais imaginé. Mes résolutions ont changé. J'ai rencontré Marc il y a 16 ans de ça. Il a 13 ans de plus que moi, il a déjà une fille issue d'une première union. On a parlé de mon non-désir d'enfant et il a adhéré à ma décision. Mon premier frein est génétique. Que ce soit de son côté ou du mien, il y a de nombreuses maladies et on trouve ça cruel de transmettre ces risques de pathologies en connaissance de cause. Le deuxième frein, c'est la pression de la mère parfaite qui est trop grande. Je sais que j'aurais croulé sous cette pression. Pour ces raisons, je me suis reconnue dans les vécus d'Olga et de Fanny.

Après avoir été assistante maternelle pendant des années, je suis devenue assistante familiale il y a 4 ans. J'accueille des enfants à temps plein pour des durées indéterminées. Ce métier me permet de materner sans être dans la maternité. Je ne suis pas seule pour assurer l'éducation et prendre les décisions, la lourde charge éducative est partagée entre plusieurs professionnels. Et c'est sécurisant pour moi. Pour accéder à cette profession, j'ai dû passer des tests psychologiques et la conclusion était limpide : la maternité n'est pas faite pour moi et je ne fais aucun transfert sur ces enfants que la protection sociale me confie. Je m'y attache, je les aime, j'aime passer du temps avec eux, mais je ne suis pas leur mère. Je me sens à ma place, même si je subis les propos médisants de collègues qui m'imaginent incompétente pour ce travail, puisque je ne suis pas

mère...
Florence — 37 ans »

Parfois, au milieu de cette marée de femmes, émergeaient un témoignage masculin ou des témoignages de couples.

« Stéphane. Sans " i ", ce n'est pas une erreur puisque je suis un homme. Je vous lis régulièrement, j'admire votre bravoure et bien que je ne sois pas une femme, je connais tout ce que vous racontez. La mère de ma fille nous a abandonnés quand notre fille a eu 2 ans. Elle n'a jamais été heureuse dans cette relation à 3. En raison d'une dépression du post-partum sévère, elle a été hospitalisée avec notre fille au sein d'une équipe mère-enfant pour tisser le lien. Elles sont revenues à la maison quand notre petite a eu 5 mois. Malheureusement, le temps passait et elle n'arrivait pas à s'occuper de notre enfant. Elle a préféré disparaître. J'espère qu'un jour elle reviendra pour voir sa fille, parce que ma puce en a besoin, même si je fais au mieux pour remplir mon rôle de père et de mère. Aujourd'hui elle a 10 ans, je crois qu'elle va bien. J'appréhende les moments où une présence féminine lui manquera, ses premières règles, ses premiers amours et chagrin d'amour... »

Face à cet intérêt croissant, Alice, la fille aînée d'Olga, s'abonna à leur compte. Elle lut le témoignage de sa mère, les commentaires de soutien qui avaient été postés, les « Moi aussi, j'ai connu ça ». D'autres parcours de regret maternel avaient été partagés et peu à peu, elle finit par admettre que sa mère pouvait l'avoir aimée tout en regrettant sa fonction de mère. Elle décida de se joindre à l'aventure et publia son parcours PMA.

Elles ne purent empêcher les détracteurs de balancer leur fiel, leurs insultes. Il y aurait toujours des gens pour juger, rabaisser, réprouver. Mais qu'importe, elles n'étaient plus seules face à leurs difficultés et elles s'encourageaient les unes les autres à prendre soin de la femme qui se cachait sous la mère.

Parce qu’être une femme ne se résume pas à être un utérus dévoué à l’éducation de sa progéniture.

À vous, à nous, à toutes les femmes, merci de m’avoir lue.

Jeanne.

EN CADEAU

Envie de découvrir l'histoire de Léa ? Téléchargez la nouvelle ***Maxine*** sur mon site https://jeanneyliss.fr/bonus ou scannez le QR code ci-dessous.

REMERCIEMENTS

Cette idée de récit sur la maternité sommeillait en moi depuis de longues années. Lorsque j'exerçais comme orthophoniste, j'ai croisé de nombreuses mamans, que j'ai côtoyées durant de longues années. Avec certaines, un lien s'est tissé et elles finissaient par s'ouvrir à moi quant aux difficultés qu'elles rencontraient ou avaient rencontrées dans ce rôle.

Alcoolisme fœtal, incapacité à parler avec calme à son enfant, grossesses et/ou accouchements compliqués, sentiment d'incompétence, regrets, angoisses, solitude, incompréhension, etc. À travers leurs mots et ma propre expérience, je comprenais que pour beaucoup d'entre nous, il y avait un réel décalage entre la maternité qu'on nous racontait et celle que nous vivions. Rien que trouver une image qui mette en avant une mère en difficulté pour la création de la couverture a été compliqué ! Le synonyme de la maternité, c'est forcément le bonheur, des femmes rayonnantes, en pleine forme quelques jours seulement après leur accouchement. Les photos de mères épanouies avec leur(s) enfant(s) foisonnent. Pourtant, il existe une autre réalité.

Dans mon travail d'orthophoniste, j'accompagnais essentiellement des enfants porteurs de handicaps sévères (autisme, mais aussi diverses formes de trisomie, syndrome de West, syndromes rares). Le choix de la maternité face au handicap s'est imposé de fait, car je connais la montagne de difficultés que cela représente pour ces familles, surtout pour ces mamans qui doivent gérer seules dans bien des cas. Les couples explosent plus facilement quand ils doivent affronter ce genre de situation.

J'ai décidé de centrer les autres récits sur le deuil périnatal, le regret maternel et la maternité à l'adolescence (cf. la nouvelle offerte ***Maxine***[31]) pour avoir connu ces situations à plusieurs reprises dans mon entourage. J'aurais pu choisir de relater aussi les parcours PMA plus en détail, l'adoption, l'homoparentalité, la monoparentalité, la prématurité, le choix de ne pas avoir d'enfant, la dépression sévère du post-partum, le décès d'un enfant à la suite d'une maladie ou d'un accident de la route, etc. Les situations de maternités « différentes » ne manquent pas !

Pour élaborer Olga, Mia, Loïse et Léa, j'ai recueilli plusieurs témoignages. Alors un immense merci à toutes celles qui ont accepté de m'ouvrir leur cœur en toute confiance, qui m'ont rapporté leurs parcours sans tabou, qui ont répondu à toutes les questions que j'ai posées sans pudeur. Merci à toutes ces femmes : Bénédicte, Bérangère, Charlène, Élodie, Fanny, Géraldine, Magali T. et Magali M., Myriam, Stéphanie, Yasmina.

J'ai aussi sollicité mes fidèles lectrices pour l'écriture de ce roman. Je leur ai proposé de partager une anecdote, un moment marquant de leur expérience de mères, pour l'intégrer au roman. Je n'ai malheureusement pas pu tous les insérer, mais j'ai fait au mieux pour en mettre un maximum. Leurs mails m'ont fait sourire, rire, et parfois, m'ont profondément émue. Alors merci à toutes celles que j'ai citées en note de bas de page tout au long du récit.

Merci aussi aux bêta-lectrices Agnès, Alexia, Florence, Gwendoline, Loreleï, Rose.

Merci à Christine pour les données médicales.

Merci à Guillaume pour ses massages des trapèzes absolument divins et nécessaires lorsque je suis en pleine session d'écriture, coincée derrière mon ordinateur plus de douze heures d'affilée par jour !

Merci à Émilie Robert pour la correction professionnelle et à Lydie

[31] Téléchargeable sur mon site https://jeanneyliss.fr/bonus

Wallon pour la création de la couverture.

Et bien sûr, merci à vous lecteurs, surtout lectrices (je pense que ce récit intéressera davantage les femmes), de m'avoir lue. Si ce roman vous a plu, n'hésitez pas à en parler autour de vous, à le noter sur Amazon, à en parler sur les réseaux sociaux. Merci pour votre soutien, vos messages de plus en plus nombreux et toujours aussi encourageants.

Retrouvez-moi sur mon site jeanneyliss.fr et suivez-moi sur Instagram et Facebook @jeanneyliss

Prenez soin de vous ☺

Printed in France by Amazon
Brétigny-sur-Orge, FR

18196487R00162